楊郁文——
其佛法之理解與實踐

黃侃如 著

中華佛學研究所論叢 51

通序

　　中華佛學研究所的前身是中國文化學院附設中華學術院的佛學研究所，自1968年起，發行《華岡佛學學報》，至1973年，先後出版了三期學報。1978年10月，本人應聘為該所所長；1980年10月，發行第4期《華岡佛學學報》。至1985年10月，發行到第8期之後，即因學院已升格為中國文化大學，政策改變，著令該所停止招生。於是，我假台北市郊新北投的中華佛教文化館，自創中華佛學研究所；1987年3月，以年刊方式，發行《中華佛學學報》，迄1994年秋，已出版至第7期。這兩種學報，在現代中國的佛學研究史上，對於學術的貢獻和它所代表的地位，包括中國大陸在內，應該是最有分量的期刊了。

　　本所自1981年秋季開始，招收研究生，同時聘請專職的研究人員。1986年3月，便委託原東初出版社現為法鼓文化出版了研究生的第一冊研究論集——惠敏法師的《中觀與瑜伽》；1987年3月，出版了研究生的第一冊畢業論文——果祥法師的《紫柏大師研究》；1989年5月，出版了研究生的第一冊佳作選《中華佛學研究所論叢》，接著於1990年，出版了研究員的研究論著，曹仕邦博士的《中國佛教譯經史論集》及冉雲華教授的《中國佛教文化研究論集》。到目前為止，本所已出版的佛教學術論著，除了東初老人及我寫的不算之外，已達二十多種。

　　本所是教育機構，更是學術的研究機構；本所的教師群
也都是研究人員，他們除了擔任授課工作，每年均有研究的撰
著成果。本所的研究生中，每年也有幾篇具有相當水準的畢業
論文，自從1989年以來，本所獎助國內各大學碩士及博士研究
生的佛學論文，每年總有數篇很有內容的作品。同時，本所也
接受了若干部大陸學者們的著作，給予補助。這四種的佛學著
作，在內容的性質上，包括了佛教史、佛教文獻、佛教藝術、
佛教語文、佛學思想等各方面的論著。

　　由於教育、研究以及獎助的結果，便獲得了數量可觀的
著作成品，那就必須提供出版的服務。經過多方多次的討論，
決定將這些論著，陸續精選出版，總名為「中華佛學研究所論
叢」（Series ofthe Chung-Hwa Institute of Buddhist Studies，簡
稱SCHIBS）。凡本所研究人員的專題研究、研究生的碩士畢
業論文、本所舉辦的博碩士徵文、大陸學者的徵文、特約邀
稿，及國際學術會議論文集等，透過中華佛學研究所編審委員
會嚴格的審查通過，交由法鼓文化事業以此論叢名義出版發
行。本所希望經由嚴格的審核程序，從各種來源中得到好書、
出版好書，俾為佛教學術界提供好書。

　　出版「中華佛學研究所論叢」的目的，除了出版好的學術
作品，更是鼓勵佛教研究風氣，希望由作者、讀者中能培養更
多有志於佛教學術研究的人才。此外，更期望藉由本所與法鼓
文化合作出版的學術論著，與國際各佛學研究機構的出版品相
互交流，進而提高國內佛教研究的國際學術地位。

　　　　　　　　1994年7月30日　　釋聖嚴序於台北北投中華佛學研究所

序　阿含學園的老農：楊郁文老師·甘露道上的新英：黃侃如同學

在2007年6月下旬，我接到侃如同學的電子郵件，報告她所撰寫的中華佛學研究所畢業論文《楊郁文——其佛法之理解與實踐》已經高分通過口試審查，將會將論文紙本印製寄送給我，讓我有先睹為快的機會。此外，她提到：許多楊郁文老師的學生希望此論文能夠出版，以便能分享更多同好，有出版社積極與她接洽；但是，她為了回饋中華佛學研究所與法鼓山的恩惠，優先想讓法鼓文化出版；可是不知如何進行才好；尤其她正忙於準備到泰國學習泰文與南傳佛教，無暇等候，故請教我。當時我詢問相關單位，知道在安排作業流程中，無法立即進行。不久，侃如同學便到泰國開始其繁忙的學習與服務工作，出版因緣也暫停。

隔些時候，我收到國史館所贈送《口述歷史叢書——佛教人物訪談》系列書籍，聯想到可以建議侃如同學：將此書加入此系列中出版。於是，在2007年3月初，我與國史館的兩位老師討論此書出版事宜，他們提到：其實他們早有接洽想為楊老師做口述歷史之事宜，但是當時侃如同學已經為撰寫論文，開始進行訪談楊老師工作，楊老師無暇再接受重複訪談，所以國史館沒有繼續進行。他們審閱過侃如同學的畢業論文後，對其成果則是大大肯定。只是，由於國史館之《口述歷史叢書——佛教人物訪談》體例統一是：全文需要以第一人稱敘述，不是

一般論文格式。因此，他們的建議：此畢業論文仍然請適當的
出版社出版；但是，期待侃如同學能將此論文之訪談資料整理
成為國史館「口述歷史」第一人稱敘述的體例，則可在此系列
出版。此建議獲得楊郁文老師與侃如同學的同意，所以，我拜
託中華佛學研究所學術出版單位與法鼓文化接洽出版事宜，侃
如同學在泰國百忙之中，也配合進行出版審核程序。終於，在
2008年11月初，接到她報告可以出版的好消息，並且邀請我為
此書寫序言。

　　首先，我要讚歎侃如同學之研究精神與求學勇氣。因為
以《楊郁文——其佛法之理解與實踐》為研究題目，有很高的
難度。不僅是楊老師對佛法孜孜不倦鑽研的時間長久，並且在
講學、弘法、實踐等層面也非常深廣，需要很有耐心與毅力，
才能同時以「人物訪談」、「著作研讀」、「課堂參與」、
「參與活動（盡可能地出席楊老師所有公開發表言論的場合，
包括學術研討會、與學者對談、論文口試會場等）」等方法來
進行研究，以完成如此豐碩的成果。此外，近十多年來，楊老
師一直呼籲台灣佛學界培養懂泰語的研究人才，鼓勵學生學習
泰語，因為佛音論師為《南傳大藏經》所寫的巴利語注釋書都
有泰語版，若能借助泰語版，則容易解讀佛音論師的巴利語著
作。可是，似乎目前只有侃如同學有此求學勇氣，實踐楊老師
的願望。也可見她對此《楊郁文——其佛法之理解與實踐》研
究主題投入之徹底，不僅「記言傳世」，也能積極「克紹箕
裘」，實踐「志業」。

　　其次，此論文讓我有機會彌補我於1984年在中華學術院

佛學研究所聆聽楊郁文老師所開「阿含學」之後，無緣再親炙
楊老師教導的遺憾。雖然，我從日本留學回國後，1993年於楊
老師之《阿含要略》出版時，為此書撰寫〈出版感言〉因緣而
閱讀，或者拜讀論文或聆聽發表，能夠繼續向楊老師學習。
但是，無法全面性的了解所謂《楊郁文——其佛法之理解與實
踐》。特別是〈第二章：出生與成長〉親切地描繪了外人不容
易得知的楊老師成長歷程，〈第九章：佛法之實踐〉呈現出楊
老師在一般論文不容易呈現的佛法修行心得。因為一般論文
的寫作受限於學術格式，不容易隨心如實地表達佛法實踐體
驗。侃如同學以此章壓軸，讓我們知道對於楊老師理解佛法特
別具有關鍵性重要經文，例如：《差摩經》、《羅睺羅經》、
《第一義空法經》等所蘊含之「十不緣起」、「空相應緣起隨
順」、不同深度的「我」、有關「阿含道次第」等幾項主題。
就像侃如同學在此章之結語所說：在本章「關鍵性經文」中，
可以看到楊老師對於經文層層解析的功力，而也可以見到他對
於法義的體會，往往是來自於他個人對於佛法的整體性理解，
以及實際運用佛法的心得。

　　於此大作出版之前，有緣拜讀，覺得此書內容豐富，架構
完整，法喜油然而生，已經不需要我再畫蛇添足，只能敘述出
版過程以及往事一二，衷心隨喜讚歎，並且藉此，祝福楊老師
法體安康，侃如同學大願成就。

釋惠敏　2008年12月9日
（東京大學文學博士、法鼓佛教學院校長、國立台北藝術大學教授）

序　黃侃如《楊郁文──其佛法之理解與實踐》

　　本人在文大開的佛學課程，除專宗、專題外，最多的就是佛學概論，從未敢開過佛教史。因講佛教史是要講人、事、地、物及及思想史的連結；而佛學概論則只是佛學橫斷的切割，要省力很多，而且對哲學系的學生來說也較適合，所以在《阿含經》方面，就沒有深入的觸及。

　　印順導師研究佛學是從部派著手的，才意識到阿含的重要，遂強調阿含的研究。在此一契機下，佛學界從「九天之外，飛來了一位不速之客」──以一位從黃金職業之大夫「降落」到佛教教育之行列，從事阿含學之研究，竟然以一生相許，使我們專門從事佛學研究者相顧失色。

　　這一大事因緣中，居然也有我的一份小因緣：1978年中國文化大學創辦人張曉峰先生敦聘聖嚴法師為中華學術院佛學研究所的所長，本人有幸擔任主任秘書；1981年又敦聘星雲大師為印度研究所的所長，本人兼任副所長。實際兩所之教務行政都是我在負責。

　　由於印度研究所助教依淳法師告訴我：楊郁文醫師在編審《佛光阿含藏》；我也拜讀過楊先生的兩篇鴻文，所以就專程商請他在兩所合班授課；並非是如本文所記（頁111）：「當時李志夫老師自己先來旁聽『看看是不是可以』，聽過以後就邀請我……」如然，就是我對楊老師的大不敬。而實際是：我

帶著兩班同學一齊去上課，我因為工作忙，聽了二次課後無以為繼，所以就「休學了」。現在，楊老師已為阿含學之權威學者，真是與有榮焉。楊老師執業期在本所兼任的鐘點費悉數捐出；直到休業，在本所專任才領一份微薄薪水。二十幾年來，他一直在協助本所成長，他是我們的良師，也是我的益友。

印度《博伽梵歌》認為解脫可從信、解、行三方面入手；大乘佛教主張信、解、行、證。信、解是理入；行、證是行入。信從疑起步；解從理著手。信從疑帶有好奇；解從好奇帶有期待。行是信解的實踐；證是實踐後之了悟。

正如本文頁404作者指出：「筆者卻與楊郁文之間始終存在著一種難以言喻的隔閡。這種情況一直等到筆者對於研究內容愈來愈熟悉，並且自己很自然地能夠在生活中體會到這些法義之後，那一層隔閡才逐漸消失。但卻在此時，心中原先的那一份感動也逐漸淡化，取而代之的是更多的客觀與理性。」本書是作者從楊老師的生命、生活的信仰上雕塑而成的一部傳記力作，侃如同學現又在泰國深造，茲可預祝楊老師的阿含學後起有人。

1993年，我奉聖嚴法師之命籌設法鼓人文社會學院，其中社工系、所的籌設計畫就是台大詹火生教授主持的，我親自把聘書送到他的研究室，他召開過好幾次籌備會議我也敬陪末座候教，他的熱心、細心、負責使我非常感激、感動。不期侃如同學社工所碩士論文的指導老師就是詹火生教授，詹教授是社會學家從事宗教體驗而走入佛教，侃如同學之所以有此成就，信有以也。尚希更進一竿，有厚望焉，是以為序。

2008年1月29日　李志夫序於法鼓山中華佛學研究所

自序

提筆寫這一篇自序的時候，才驚覺自己已經來到泰國近一年半了。從一句泰語都不會說，到現在終於可以開始練習解讀泰語藏經。望著占滿一整個櫥櫃的大藏經，我的心裡很清楚，這是一條窮畢生之力也走不完的道路。而年紀不小、資質又不甚聰穎的我，只能抱著拋磚引玉的心情，埋首一小步、一小步地走在這一條譯經大道上。

當初促使我來泰國學習的因緣有很多，而其中最重要的就是這一本論文的影響。看到楊老師終身致力於《阿含經》的教學與研究工作，更以十餘年的時間獨力完成《中華阿含辭典》，我的心中只有滿滿的感動。其實，譯經工作是我很不擅長的，儘管我以前學習得很廣泛，包括工程、金融、輔導，還有口述歷史等，但就是沒有語言或翻譯這一項，更何況還要到異地生活，適應不同的傳統與文化。因此，我之所以決定如此做，並非因為相信自己能夠做得好，單單只是想為延續楊老師的工作，盡一點小小的心力，以報答他對我多年的信任與教導而已。所幸的是，學習佛法的道路是不會寂寞的，不但身邊有許多善知識與我為伍，藏經中也都是佛陀的法句以及古聖先賢的心得，相信這將是一條充滿法喜的道路。

至於這一本書的出版，我除了要向法鼓山師兄姐、佛研所師長朋友們表達衷心的感恩之外，還特別想要說明的是，楊老師乃是活生生的一個人，而他每天都積極地在法上用功，所以

這本書的內容只可視為是他生命歷程的一部分，也受限於我當時所能領略到的而已。因此，要了解楊老師的最好方法，應當是親自去向他請益。而我個人的經驗是，自己也同時要在法上用功，包括研讀經典以及將佛法實踐在生活之中，不然對楊老師的理解只能停留在一個表象，且無法對自己的生活有實質上的效益。當然，我相信向其他高僧大德的學習也應當如此，只不過我是經由這一本論文的研究過程而有如此深刻之體會。

回首過往，我心中最想要感謝的是聖嚴師父，因為假使沒有他創立中華佛學研究所和法鼓山佛教園區，我根本不可能有這麼好的因緣在山上靜心地學習佛法，甚至這一輩子能否有機會親近三寶都還是個未知數。實在無法報答法鼓山的恩情於萬一，只能竭盡所能做好自己分內的學習功課。因此，即使這一本書只能算是一個未臻成熟的研究成果，但其背後卻是我對法鼓山及三寶的無限感恩。

學佛這十多年來，要感謝的助緣實在太多了，論文中感謝辭所說過的部分請恕我在此不再重述。衷心感謝生命中的每一位善知識，願將一切功德回施有情，特別是我的家人。而此處所說的家人是廣義的，包括與我有血緣關係的親人，還有將我視為家人的所有師長朋友與團體。再次感恩各位！

2008年12月12日　侃如序於泰國

楊郁文——其佛法之理解與實踐

目錄

略語表

《A》	*Aṅguttara-nikāya*（增支部）	Oxford：PTS（1885-1900）
《S》	*Saṃyutta-nikāya*（相應部）	Oxford：PTS（reprinted 1960）
《大正藏》	《大正新修大藏經》	台北：新文豐出版公司
《中》	《中阿含經》六十卷	《大正藏》No.26, Vol.1（瞿曇僧伽提婆譯）
《別譯雜》	《別譯雜阿含經》十六卷	《大正藏》No.100, Vol.2（失譯）
《長》	《長阿含經》二十二卷	《大正藏》No.1, Vol.1（佛陀耶舍共竺佛念譯）
《阿含藏》	《佛光大藏經・阿含藏》	高雄：佛光山宗務委員會（1986出版）
《阿含辭典》	《中華阿含辭典》	台北：法鼓文化（待出版）
《增壹》	《增壹阿含經》五十一卷	《大正藏》No.125, Vol.2（瞿曇僧伽提婆譯）
《雜》	《雜阿含經》五十卷	《大正藏》No.99, Vol.2（求那跋陀羅譯）

第一章　緒論

第一節　研究動機與目的

一、台灣佛教教團之現況

　　佛法經過兩千五百多年在不同時空的發展，其理解與實踐❶方式已經產生許多演變，包括南傳佛教、漢傳佛教、藏傳佛教，還有日本新興佛教宗派等。而台灣自從解除戒嚴以後，這些不同佛教宗派逐漸傳入本土，使得佛教界呈現百花齊放的狀態（藍吉富2003：251），除了傳統的漢傳佛教系統以外，其他三大佛教文化圈的寺院道場或修行中心也皆可得見。❷從

---

❶ 在此所謂的「理解」，指的是對於佛法的了悟，巴利語為aññā；而「實踐」是將佛陀的教法一步步加以落實，巴利語為paṭipatti。根據巴英辭典 (Pali-English dictionary), aññā: "recognition, perfect knowledge, philosophic insight"(T.W. Rhys 2003:14); paṭipatti: "way, method, conduct, practice, performance, behaviour"(T.W. Rhys 2003:396)。若以《阿含經》的觀點來看，aññā為對於佛法的「知見」，也就是對於佛法高度的理解；paṭipatti是跟隨著佛陀行道之道跡，亦即按照八正道一步步實踐。資料來源：楊郁文2007年6月16日補充說明。

❷ 根據王俊中（1999：69-102）的研究，台灣大台北地區就有藏傳佛教道場近百所，例如諾那精舍、金剛乘學會、噶陀佛學院等。台灣的法雨道場便是以弘揚南傳佛教的經典與禪修方法為主要的道場，其他像內觀中心、國際法身中心等都是屬於南傳佛教的禪修中心，上述可參考各南傳道場的網站。基本上南傳佛教在台灣的傳播重點是教義與修持方法的弘揚，並不是道場的建立，而日本佛教則有創價學會、立正佼成會、靈友會等（藍吉富1999：241）。

某個角度來說,台灣佛教徒能夠因緣際會地處在這個多元的宗教場域,或許是一種幸運,大家不必到處遊走就可以很容易地接觸到各種不同的訊息。但是這也可能帶來台灣佛教徒特有的挑戰,因為大眾往往會面臨到不同宗派理解與實踐方式的抉擇。

佛教向來強調「解行並重」,❸所謂的「解行並重」指的就是對於佛法的理解與實踐,所以應當如何理解與實踐佛法自

---

❸ 例如《法光雜誌》在法光研究所成立 (1989年) 之初,就曾經訪問當時各教團創辦佛學研究所的目的,結果大家都不約而同地提到為了要「解行並重」。茲將當時《法光雜誌》創刊號的訪談內容整理如下表:

版面	受訪者	回答辦學之目的
2	印順法師	「聞所成慧」→「思所成慧」→「修所成慧」
2	法光　恆清法師	「希望透過現代學術訓練和教育方式,使學生成為佛學與學佛兼優的佛教徒。」
3	藍吉富	分四點回答,其中第一點為「解門與行門並重」。
4	圓光　惠空法師	「本所寺院和學校結合、又獨立,所以環境清雅,宗教和學術氣氛能互為融攝。」
4	福嚴　真華法師	能夠「真實地對佛教教義有所了解,並培養宗教情操,有正知正見,才是最重要的。」

其中印順法師所說的「聞所成慧」、「思所成慧」、「修所成慧」也就是「聞、思、修」。
又,本研究涉及相當多的人物,人物的稱謂就成了必須考慮到的問題。雖然一般學術界慣用直接稱呼其姓名,而不加上「法師」、「大師」等稱謂。但由於本研究中許多出家眾都很德高望重,例如「印順法師」、「聖嚴法師」等,如果直接稱為「釋印順」、「釋聖嚴」反而與時下的稱呼習慣格格不入,甚至有不夠尊敬之嫌。因此,本研究所有出家眾一

然是佛教團體與佛教徒非常關心的議題。也因為如此，許多佛
教團體相繼發行了學術性刊物，❹並且長年舉辦講經課程和演
講活動，甚至每年還提供佛教學術研究獎學金。❺而許多佛教
徒不但出錢贊助各教團的研究工作，還主動參與佛法課程以及
學術研討會。❻這些忙碌的上班族甚至於上了年紀的老人家都
不是佛教學術研究者，卻願意花費寶貴的時間去聆聽那些充滿
學術語詞的論文發表會，這或許是佛教學術以外的學科領域難
得見到的社會現象。

　　由此可見，研究佛法或是加強佛法的理解是有助於實踐
佛法的，但是這樣的現象也似乎透露出佛教的行門與解門存在
著某種程度的分離狀況。其原因為何呢？惠敏法師（2002：
111）曾經分析道：「今日的社會分工很細，佛學研究主要在

律加上「法師」二字，除了出現在標題名稱或是書名作者的地方才不加
稱謂。
「在家眾」原本也應該要加上「教授」或「先生」等稱呼，才與出家眾
的處理方式較為相當。然而本研究乃從楊郁文出生開始述說起，如果小
時候的楊郁文就稱為「楊教授」或是「楊先生」則未免過於突兀，且讓
人不易隨文想像他年幼時的模樣。幾經考量，決定在家眾不加任何稱
謂。但受訪者口述內容則不做修改，保留他對該人物的習慣性稱呼。這
樣的作法，只是為了兼顧大眾的習慣以及文章的一致性與可讀性而已，
沒有任何重視出家眾而輕視在家眾的意思。特在此說明。
❹ 例如由法鼓山教團所發行的《中華佛學學報》與《中華佛學研究》，佛
光山教團所發行的《普門學報》，還有為悲廣基金會所發行的《正觀》
雜誌等，都是知名的佛教學術性刊物。
❺ 例如印順文教基金會、正覺堂、慧炬出版社、華嚴蓮社、演培基金會等，
每年都會舉辦佛學論文獎學金甄選活動。活動內容可參考各基金會網站。
❻ 以弘誓文教基金會每年為印順法師舉辦的祝壽研討會為例，2002年兩天
參加人數超過七百人，2003年人數逾五百人，2004年人數亦超過七百
人，2005年則超過八百餘人。資料參考《弘誓電子報》第135、138期。

大學、研究所,修行則歸寺廟、道場;再加上一些因緣,便不太容易發揚以前〔解行並重〕❼的優良傳統。」而為了讓研究與修行更緊密連結,2007年法鼓山教團將「中華佛學研究所」轉型為「法鼓佛教學院」。不過從惠敏法師的分析中,也可以見到教團現況與社會環境發展是有關聯的,所以探討佛教教團之問題並不能忽略外在環境的影響。可惜的是,目前有關「佛法之理解與實踐」的研究大多以教理哲學性的分析居多, ❽或是僅限於某一宗派法門的修持教導而已,❾缺乏與大時代的關係,也並非從人物的生命經驗出發。

    為什麼探討人物的經驗是重要的呢?除了這是目前較為缺乏的研究角度,更重要的是如此的研究議題可以顯現鮮活可用之智慧,而鮮活可用之智慧是需要學術能力來加以描繪的。 ❿然而現代人面對浩瀚的三藏十二部,光是釐清佛法法義就很耗時費力了,為何還必須要兼顧實踐面呢?事實上實踐佛法不但不會阻礙學術知識的發展,還可以促進對於佛法的理解,而且此二者的結合是有其必要性的。對於此,惠敏法師(2002:111)提出了他的想法:

---

❼ 〔 〕內為筆者加字。

❽ 例如:Ramana(1974)、Schmithausen(1976)等。

❾ 例如:陳錫琦(2000)、Gillani and Smith(2001)、Lee Ming(2002)等。

❿ 例如冉雲華 (1992:43-44) 曾經探討「慧」與「多聞」的關係,而將「慧」解釋為哲理深度或是個人主觀的經驗,把「多聞」解釋成學術知識或是可以看清楚自己身在何處的能力。他認為只有「慧」而無「多聞」的人無法用學術來為自己的智慧定位,那就好比是擁有眼睛卻處於暗室的人,將無法看清楚自己身在何處。唯有兼具「多聞」的「慧」者,才可以知道自身在現象世界中的特點,並且帶來超越。

　　要將研究與實踐的學習結合，就要先回歸到佛教解
行並重的傳統，融合古今中外的學問，建構起對佛教
或對個人有意義的理論與修行，這應該是比較正面的
態度。不然的話，修行與理論分得太清楚了，儼然河
水不犯井水一般，其實並不是個好現象。因為佛教教
理真正能再發展下去的背景條件，一定是要能跟實踐
面相結合。

就其意見來看，建構個人有意義的理論與修行經驗是值得肯定
的，而透過理論與實踐的結合將有助於教理的發展。如果過度
著重學術知識而偏廢實踐面，佛學研究的目的將會脫離佛陀本
懷（佛法乃是佛陀為了教導眾生而說），佛法實踐也會缺乏正
確的思想做為指引。

　　上述種種，都讓人感受到佛法之理解與實踐是具有時代性
的重要議題，不但直接影響到佛教徒本身如何「行」、「解」
佛法，也與社會脈動相互扣連。而如此與「人」及「環境」有
關的問題，能否從當代過來人的身上去找答案呢？也就是說，
這些身兼佛學研究者以及佛教徒的前輩們，他們到底是如何
「走」過來的？是否曾經面臨到不同宗派之間的抉擇？是否對
佛法有一套系統性的理解方式？是否能夠將這樣的理解方式加
以落實？又是否能夠將佛法之理解與實踐加以結合？

二、楊郁文與《阿含經》

　　楊郁文1937年出生於雲林縣斗南鎮，是一位土生土長的台灣人。他在日治時代就讀小學，戰後就讀醫學院成為一名婦產科醫生，可謂是台灣當時的高知識分子。他在偶然的機會裡接觸到民間善書，引發對於佛教經典的好奇與興趣。這三十餘年來，他憑藉著醫學院的教育訓練以及成長背景所具備的漢語與日語能力，自己鑽研佛教經典，特別是《阿含經》。

　　《阿含經》在漢傳佛教文化圈傳統上被視為「小乘」經典，所以在漢傳佛教盛行的區域（例如台灣）一直遭到忽視，直到印順法師的提倡，才讓《阿含經》的地位有所提昇。而楊郁文由於印順法師的影響，畢生致力研究與講授《阿含經》。在這段期間，他發表過數十篇佛學研究論文，在多所佛教教學單位授過課，甚至還以十年的時間獨力完成一部內含三萬多辭條的《阿含辭典》。而無論是在從事研究或是教學的工作，他都相當重視佛法於日常生活中的應用，尤其是人際關係的處理。

　　一般佛教徒談到佛法的實踐，常常聯想到的是宗教性的修行活動，例如誦經、念佛、打坐等，然而佛法的實踐真的僅只於此嗎？宗教修持活動對於日常生活的意義是什麼？學佛數十載的楊郁文，是如何看待此二者的關聯性呢？這跟他長年研究佛法的心得有何關係？他自己又如何統整他所認知的佛法，並且加以實踐？

　　再就楊郁文的成長背景來看，他出生於台灣宗教被禁止的日治時代，成長在民間宗教逐漸復甦、佛教日益興盛的國民

政府統治時代，而弘講佛法於佛教各宗派百家爭鳴的當代，因此大時代環境對他可能造成的影響，以及他過程中可能有的態度是令人好奇的。例如高知識分子的他，何以會在佛教未興盛普及的年代成為一名佛教徒？而他如何運用西方醫學訓練來幫助自己研讀經典？又這樣的成長與教育背景，對他理解佛法有什麼樣的好處？在汗牛充棟的佛教經典之中，他為何畢生獨鍾《阿含經》？而是什麼樣的信念在背後支持著他，讓他能夠長年研究不斷、誨人不倦，甚至獨力完成《阿含辭典》呢？

綜合以上，本研究將以「人（楊郁文）」的角度出發，探討佛法之理解與實踐的可能方式，藉此省思在地知識之建構與佛教信仰之實踐，希望經由兼具理智、情感與行動等多重面向的生命敘事，來找尋佛教發展的歷史軌跡，並且形塑大時代脈絡的整體感，包括社會、宗教、教育環境對佛教徒可能造成的影響，還有佛學研究與其他學科知識可能的共通之處等。

第二節　相關背景資料檢討

一、對於楊郁文之採訪報導

目前與楊郁文有關的資料，除了他自己發表的研究成果以外，只有一些片段的訪談內容出現在某些傳記[11]的角落，或者是一些刊物的人物專題報導而已。有關楊郁文的採訪報導，如

---

[11] 例如印順法師的傳記（潘煊2002：251-253）。

下表所列：

刊登時間	篇　名	採訪者或整理者 期刊出處
1980年 8月、9月	以《阿含經》為主之無我論的研究（上）、（下）	郭疊昕，《中國佛教》29：23-31；30：30-36。
1988年 7月、8月	根本佛法——《阿含經》的特色（上）、（下）	張慈田，《新雨》14：25-29；15：44-50。⓬
1988年11月	《阿含經》上的「道」	《新雨》18：88-91。
1991年4月	從《阿含經》的觀點看非自然死亡	《法光雜誌》19：3。
1991年5月	阿含學與阿含道	趙孟隆，《新雨》45：17-24。
1991年6月	阿含學與阿含道（問答篇）	謝素鳳、陳素玉，《新雨》46：5-8。
1991年8月	阿含道性（上）	李冷雪芬，《新雨》48：5-12。
1991年9月	阿含道性（下）	李冷雪芬、姚玉芝，《新雨》49：4-10。
1993年 3月、4月	增上信學（上）、（下）	陳正芬、白芳英，《新雨》65：3-11；66：3-8。
1996年3月	解脫病苦——從「七覺支」談起	《法光雜誌》78：4。
1997年8月	南北傳佛教的解脫觀	《中國佛教》488：22-25。
1997年7月	楊郁文——良醫與良師	朱秀容，《人生》167：44-49。
1998年10月	回歸佛陀的本懷	《法光雜誌》109：3。

⓬ 這兩篇亦於1988年8月、9月發表在《菩提樹》429：28-31；430：25-29。

以上這一些都只是訪談者就特定幾個問題訪問楊郁文，或者事先擬定一個主題而請楊郁文來講述，並且只有採用素樸的訪談稿或是演講稿的呈現方式而已，偏向於資料的記錄與整理，對於人物的刻畫並不深入，也未進行系統性的分析與探討，更欠缺與大時代環境的扣連。其實「人」的構成包括「理性」、「情感」、「行動」等多重面向，而「人」的存在也不能脫離大時代環境。因此要深入了解一個人對於事物的理解與實踐方式，光理智面的資料蒐集是不夠的。❸

　　不過值得注意的是，這些訪談時間大多上都是在1990年以後，這與台灣戰後的宗教發展趨勢是一致的。根據中研院台史所林玉茹（2003：2）的調查，1950年代首先出現的出版品是天主教史的專論，1970年代開始才有民間信仰的研究，而1980年代以個別寺廟的研究居多，到了1990年代以後才有比較多的佛教、基督教、天主教、齋教的研究成果。另外陳杏枝（2001：476-477）也指出，台灣在1945年到1964年是基督教與天主教的成長期，1960年到1980年民間廟宇數數量大增，直到1990年以後佛教才有比較明顯的發展。

二、有關台灣佛教史之研究

　　Buddhism in Taiwan（Charles 1999）是一部描述台灣佛教發展的外文專書，但是年代僅限於1660年到1990年，並未包含

---

❸ 一般以為研究要強調的是純粹理性，但是陳美華（1999，2002a，2002b）曾經就其個人研究經驗提出「學術客觀性」的對話，對此議題有深入的探討與反思，並且從人物的角度出發，探討個人與歷史及宗教的關聯性。

1990年台灣佛教開始盛行以後的史料。當代台灣佛教的歷史社
會研究以江燦騰的著作最為豐富，包括1993年的《臺灣佛教文
化的新動向》、1994年與龔鵬程主編的《台灣佛教的歷史與
文化》、1995年的《20世紀臺灣佛教的轉型與發展》、1996年
的《台灣佛教百年史之研究》、1997年的《台灣當代佛教》、
2001年的《日據時期台灣佛教文化發展史》等。

其他諸如1993年梁湘潤與黃宏介合編的《台灣佛教史》、
1996年高淑玲主編的《跨世紀的悲欣歲月——走過台灣佛教
五十年寫真》、闞正宗1999年的《台灣佛教一百年》與2004年
《重讀台灣佛教》正編及續編等，都是採用蒐集史料結合走訪
各地所寫成的。這些作品對於史料的分析程度不一，例如《跨
世紀的悲欣歲月》一書就僅以資料性的整理方式來初步呈現台
灣佛教歷史的風貌。

然而為什麼這些作者要走訪各地呢？從各著作的序文中，
可以看到他們有一個共同的心聲，那就是台灣佛教史料不足，
使得歷史重建工作相當困難。例如江燦騰在《20世紀臺灣佛
教的轉型與發展》（1995：自序）以及《台灣佛教百年史之研
究》（1996：64）的序言都曾經說道：

> 各寺廟不重視本身歷史文物的保存，對佛教史的
> 重要性缺乏理解，以致要從事田野資料的調查，乃至
> 舊有寺誌文獻收集等，都面臨幾乎一片空白的難以下
> 手之苦。也因此，本書的撰寫，實在是宛若在補綴百
> 納衣一樣，必須在無數斷簡零編的資料中，嘗試各種

組合的可能方式，然後才*在無理路中衝出一條思維之路，並將各種零散或表面看來不相涉的佛教史料，有系統的貫連起來。

同一段話會在兩本書的序文中重複出現，顯見這是作者內心相當深刻的感受。而從這段描述也可以看到，作者在廣讀盡力蒐集的零散資料後，設法衝出一條思路的困難。而他（1996：64）從這樣的經驗認知到，「要從事其他研究途徑或重新提出完全不同的觀點，都是可能的。」顯見歷史的見證並不是如數學公式那樣具有清楚且具體的定義，也不是只有唯一的解讀可能，而是包含著許多生命因緣際會的偶然。

江燦騰提到各寺廟不重視佛教史的狀況，在佛光山出版的《跨世紀的悲欣歲月》一書也得到了印證。永芸法師（1996：316）在該書編後語談起蒐集史料的過程：「我們曾數度公開徵求或發函全省寺院道場，祈請十方大德提供資料，總是石沉大海。最後不得不用最笨的方法，以地毯式的拜訪，親自再到全省行腳。」因此，親自走入田野蒐集就似乎成了一種最直接且確保可以得到史料的作法。

三、口述歷史研究

然而大環境乃是塑造個人生命發展的背景，個人生命歷程則將感知大時代場景的線索，因此陳啟能（1998：序21）認為理想的歷史學「應該既有科學性，又有文學性；應該既做結構的分析，又做事件的敘述；應該既是總體的宏觀研究，又是個

體的微觀研究。」然而要如何將人物訪談與台灣佛教發展扣連
呢？或許近年興起的口述歷史❶熱潮是一個可行的方式。

2000年張炎憲就任國史館館長，清楚勾勒出國史館所要
扮演的口述歷史角色，與館內同仁研擬研究主題，積極開拓口
述歷史的議題（蔡篤堅2003：116）。於是乎2002年侯坤宏、
卓遵宏、高明芳、賴淑卿等人提出「台灣佛教人士口述訪問計
畫」，展開佛教四眾弟子的訪談工作（侯坤宏2004：215）。
該計畫在2003年有了初步的成果，所出版的「吳老擇」一書可
說是國內第一本用口述歷史寫成的佛教居士傳記。不過雖然該
書是從受訪者的角度出發，但是敘述重點乃在事件發生的經
過，未能兼顧人物多個面向的統整與描繪。

其實對於人物的訪談，乃有不同的訪談過程與結果分析方
式，並不是一定要先擬定主題，也不一定要以史實記載為重，
這與訪談者（或者說是研究者）對於知識產生所抱持的態度
有關。蔡篤堅（2003：115-119）曾經將知識產生的方式分為
「同意」、「同理」、「同感」等三層次，如下表：

層次	說　明	使用的領域
1.同意 ↑	強調證明的功效與重要性。尋找對於理論邏輯所推演出來的結果，是否同意。	自然學科、實證主義
2.同理 ↑	同理是達成同意的基礎，判斷同意與否乃立基於社會的集體共識。但是要藉由互為主體、賦予意義的過程，方可建立起集體共識。	社會學科、詮釋學派

	主張由生活體驗中形塑感知，是賦予意義與邏輯推演的前提。因為感知結構是理解知識權力關係發展的基礎，而沒有同情共感為基礎的邏輯推演，會錯失對於自身生命體驗局限的反省與警覺。	口述歷史研究
3.同感		

蔡篤堅在這裡所說的「口述歷史研究」，指的是「無預設立場」並且以受訪者為論述主體的一種方式。這種方式乃以「同情共感」為基礎，將產生知識的層次拉回到最原始、最素樸、最貼近人類實際生活方式，進而可望引發「同理」與「同意」層次的再省思。

第三節　研究設計

一、「放空」之研究態度

　　應當如何立基於「同情共感」的層次去從事本研究呢？其中最重要的是對於「放空」之研究態度的掌握，也就是在訪談以及研究成果分析過程要警覺自己（訪談者或研究者）主觀意識之反省，注意傾聽受訪者的聲音，不讓既定立場干擾了對方的敘事邏輯。如此一來，訪談過程將更能保持對方講述的完整性，以較強的驅動力與支持力去促使其回憶，並且暢談事件帶給他的感受以及特殊意義。

　　當訪談者放下主觀意識，便能夠比較容易地跟隨受訪者走入回憶的時空，看到大時代歷史場景生動地重現在眼前。而如此所蒐集到的史料，其深刻程度將更勝於傳統史書上的文字記

載（楊豫1998：645）。而因為受訪者在反思過去經驗的過程中，不僅是為了自己以及訪談者在進行「述說」這個動作，同時也是在覺察到自己與周遭人際相對關係時所從事的述說，所以他的述說將會形成一個具有整體感、邏輯性與歷史感的生命故事。如此一來，不但可復原其個人歷史，同時也可以復原到他與群體（外在環境）的關聯性，亦即「把主體和客體聯繫起來，引導我們把公共世界與私人世界聯繫在一起。」（覃方明等譯1999：243）

然而語言的表達需要理性的思考過程，但是當受訪者受到支持且不被他人意識的干擾下，往往更能夠細緻地去表達其生命情感以及生活經驗。所以「放空」的訪談態度，所接收到的受訪者敘述內容將不再局限於「理性」層面，還能夠更清楚地掌握到「情感」這一項理解生命意義的重要元素，超越語言文字所帶來的溝通限制。而立基於此所發展出來的分析，將使得研究成果更為生動與深刻，並且確實掌握受訪者的生命意義。

放下研究者的主觀意識事實上是對於傳統史學的一種挑戰，因為此時所進行的人物訪談，已經超越了傳統史家用來彌補史料不足的工作層次，並且捨棄了傳統史家高高在上的專業權威，改以普羅大眾的生命經驗為基礎，重拾對於生命最素樸的感受與體會能力，期望達到與受訪者「同情共感」的層次。

傳統歷史學家強調實證，認為歷史只是探尋過去的事實而已，但是立基於「同情共感」的口述歷史研究者所著重的是整體時代感的建構，藉由「曾經創造過和經歷過歷史的人們自己

的語言，重新賦予他們在歷史中的中心地位。」而「一旦各種各樣的人的生活經驗能夠做為原始材料來利用，那麼歷史就會被賦予嶄新的維度。」（覃方明等譯1999：2-4）因此，這樣的研究方式是具有行動力的，可望引發新的省思，並且帶來新的理論之建構。

　　很多抽象的邏輯思考在現實生活中不一定會發生，而傳統歷史的記載也都是經過人為篩選的，故以現實生活經驗做為基礎才能夠帶來更為豐富的歷史記載，並且開拓出更多元的觀點。而歷史是「可以」也「需要」去行動的，研究歷史的目的「不是要去鞏固這個世界，反而是要去改變這個世界。」或許受訪者並不很精確知道事實是什麼，還有事件發生的因素，但是他們卻可以輕易地知道他人所不知道的事物以及背後的真實意義。這樣意義之探討，將「自下而上地引入新的證據，轉移歷史重心，開闢新探索領域，向某些假設和公斷發出挑戰，對曾被忽視的實質性群體加以新認識，便會產生一種累積式的、運動著的過程。」（覃方明等譯1999：6-7）

　　但是為什麼「同情共感」的口述歷史研究可以令本土的專業知識再生呢？因為「我們每一個人，我們的生活方式，我們的個性，我們的意識，我們的知識都是直接從我們過去的生活經歷中建立起來的。」（覃方明等譯1999：137）但是傳統歷史學界將受訪者附屬在訪談者專業權力之下，從自己專業的使命感以及自己的認知投射於歷史的詮釋當中，不似口述歷史研究者顛覆了自己的專業角色，放棄傳統史家的專業權威，改由訪談的方式建立在地的資料與邏輯，以受訪者的記憶去引導理

論。因此其研究成果不是從理論（由上而下）出發，而是從當代的共同情感與生活經驗（由下而上）架構出來的。

二、研究進行方式

本研究以楊郁文為焦點，探討當代理解與實踐佛法之可能方式，而資料蒐集方式以「人物訪談」與「著作研讀」為主，「課堂參與」之觀察研究為輔。此外，筆者也盡可能地出席楊郁文所有公開發表言論的場合，包括學術研討會、與學者對談、論文口試會場等。

在「人物訪談」方面，訪談對象包括了楊郁文本人以及他的學生們。而對於楊郁文的訪談，又可分為生平訪談與著作訪談。前者主要是依照時間順序，訪談楊郁文從出生到現在的生命歷程；後者較沒有特定的先後順序，乃是搭配「著作研讀」訪談楊郁文的研究動機以及所要傳遞的重點。至於學生的部分，則是以他與楊郁文之間的互動關係為主，改以學生們的角度來看待楊郁文的教學特色與人格特質。（訪談記錄請見附錄三）

而雖然本研究很重視受訪者個人生命的獨特性，但是同一時代的人也有其共同性，故諸如統計等客觀史料以及有關人士的訪談也是能夠增強理解的有效工具。也就是說，在運用受訪者的話語進入其故事場景之後，還要參考其他有關史料，鋪陳出一個具有時代感知並且邏輯完整的生命敘事，讓讀者能夠藉由閱讀而進入該人物之述說脈絡及時代場域中。

三、章節架構

本研究共計十章，其架構分析與說明如下：

章　節	說　明
第一章　緒論	研究動機與目的、相關文獻檢討、研究設計。
第二章　出生與成長	從楊郁文的出生時代背景談起，敘述他的出生過程、童年成長環境、中學以及醫學院的求學狀況。
第三章　學佛與潛藏	楊郁文大學時代曾經接觸過基督教，回鄉開業後才因善書對佛法產生興趣，進而開始閱讀佛教書籍，並且展開皈依受戒、潛藏閱藏、為人講經等學佛過程。
第四章　弘法與研究	為了讓孩子有更好的學習環境，楊郁文決定舉家北上，而開始在北部各佛教研究所授課，並且自修巴利語及參與《阿含藏》等編審工作。
第五章　與學生之間	本研究共訪談了楊郁文六位推廣部的學生以及六位佛學研究所的研究生。
第六章　講義式專書	分別說明了《阿含要略》以及兩本與印度朝聖有關的書籍，而此三本著作皆是為了課堂所需而編寫的教材。
第七章　學術性研究	分別說明了《阿含藏》四篇題解以及發表在《中華佛學學報》八篇論文的重點與撰寫緣起。
第八章　宗教性論文	將楊郁文發表的八篇宗教性論文及一篇講稿，分為「印順法師著作」、「修行」、「人本思想」等三部分說明之。
第九章　佛法之實踐	回顧影響楊郁文的關鍵性經文，還有研究佛法的態度、生活中實踐佛法的方式，以及如何回饋父母並且影響他人的心得。
第十章　回首來時路	為本研究之結論章節。

　　筆者將楊郁文的生命歷程分為「出生與成長」、「學佛與潛藏」、「弘法與研究」等三個章節，而以「開始接觸佛法」和「舉家北上」做為章節之間的時間切割點，鋪陳一個具有時代演進效果的生命故事。

　　而第五章「與學生之間」，則改以學生角度來看待楊郁文的人格特質與個人風格，其內容與楊郁文之自述具有相互呼應與補充的效果。而為了保留每位學生生命故事的完整性，故採用單一人物出場的方式敘述之。又為了讓各生命故事更能聚焦，乃以該學生特有的學佛經歷以及和楊郁文的互動關係做為主要敘述重點。至於結語的部分，則企圖讓各人物對話，以架構楊郁文在他們心中的整體印象。

　　第六章到第八章乃分別敘述了楊郁文的三類著作，包括為上課使用所編寫的講義式專書，以及偏向於「學術性（佛法理解）」與「宗教性（佛法實踐）」等兩類論文。但是論文之分類乃是不得不採用的切割方式，其實每一篇皆非純粹地單屬於某一類。因為既然是一篇學術論文，就不可能全然沒有理性的佛法研究；而既然是為了幫助佛法實踐所從事的學術論述，就不可能完全脫離佛法的宗教情感與實踐目的。

　　第九章以楊郁文對於佛法之實踐為焦點，回顧其一生。先從對他影響深遠的經文談起，進而歸納他研究佛法所秉持的態度，還有在生活中應用佛法的實例。而除此之外，楊郁文還格外重視「在人際互動之中學佛，並且邁向成佛之道」，因此本研究特別整理他對於感恩及影響他人的看法與作法。

第二章　出生與成長

第一節　時代背景

　　1895年清廷戰敗，簽訂馬關條約，將台灣割讓給日本，自此台灣進入了日治時代。日治初期，台灣衛生環境惡劣且疫病肆虐，日軍病死者高達戰死人數四十倍之多。❶日本政府為了因應當時醫療環境的需求，同時也為了防止知識分子從政而引發動亂，積極鼓勵優秀的青年學子棄政從醫。在此時代背景下，當楊郁文的父親於台南一中以第一名優異成績畢業時，便被保送台北帝國大學❷就讀醫學系，即今日國立台灣大學。

　　楊郁文的父親畢業後，服務於台灣大學醫學院第二附屬醫院（今日台北市立中興醫院）。由於該醫院乃日本赤十字社於1945年在台灣所設立的，故在民間俗稱「赤十字」醫院。❸楊郁文的父親由親友介紹認識了一名助產士，即楊郁文的母親，兩人結婚後租屋住在台北「二條通」。

---

❶ 參考台灣醫療史料數位博物館網頁「台灣醫界典範人物」，http://203.65.117.106/project/。
❷ 該年日本政府隨即於台北大稻埕創設「大日本台灣病院」，次年改名「台北病院」，院內設立的醫學講習為台灣近代公立醫學教育之濫觴。參考台灣醫療史料數位博物館網頁「台灣醫療教育」，http://203.65.117.106/project/direct/。
❸ 參考網頁同上。

　　當時所謂的「通」，指的是東西向的道路。日本政府在圓山建立了神社，為了方便日本皇族及特使參拜，故開闢了「敕使街道」（即今日的中山北路），將東側街道稱為「大正町」，西側則稱為「御成町」，❹從南到北計有「一條通」、「二條通」等東西向道路。❺

第二節　出生

　　幾年後，楊郁文的母親懷孕了。快要臨盆之際，兩人搬回父親的故鄉待產，於是楊郁文的出生地便在斗南：

> 　　母親因為快臨盆了，就回故鄉。我大姨媽也是嫁給醫生，姨丈的醫院在斗南鎮鎮公所的斜對角，地點很好，他的醫療技術也很棒，生意很忙，所以請我父親當助手，分擔他的醫療業務。我就是他們醫院裡生下來的。（訪1）❻

---

❹ 參考楓香咖啡節網頁「條通文化祭」（由台北市政府中山區公所、中華電信台北北區營運處、宏碩文化事業公司共同合作）http://www.maplecafe.com.tw/street/site/profile.html。

❺ 參考台北市中山區公所網頁，http://www.chsn.gov.tw/room2/e-10.htm。一條通緊臨鐵道旁，為今日的市民大道；二條通為一片日式建築，乃當時日本人居住的地方；三條通是日本宿舍；四條通為今日長安東路；而五條通、六條通乃當時日本高官居住的地方，有許多著名的餐館。

❻ 楊郁文訪談編號與日期，請見附錄三。

1937年3月楊郁文誕生在姨丈的醫院裡而不僅楊郁文的父親和
姨丈是醫生，大伯也是一名中醫。如此的身世背景乃是楊郁文
日後向醫學領域發展的主要原因，但是當時的政治與社會環境
也是成就此事的相關助緣。

楊郁文最早的相片是七個月大能夠坐起來的時候。長得很
可愛，又是家中第一個孩子，特別受到大家的喜愛：

> 鄰居搶著要抱我。還有一位遠房的親戚，是男生，
> 特別喜歡我，常把我放在草編織的籃子裡面，往上一
> 丟又接住。我母親看了很擔心，但是我好像很愉快的
> 樣子。反正只要讓他逮著，他就開始丟呀丟，這是我
> 母親告訴我的。（訪1）

除此之外，楊郁文週歲時，家人也特地為他拍照留念。至於其
他的兒時照片，則是搬到石龜溪以後的事情了。

楊郁文的祖先自大陸福建漳州府海澄縣移民到台灣之後，
曾經在土庫、古坑、石龜溪等地居住過，這些地方都可算是他
們的故鄉。楊郁文出生後沒幾年，父親為了報答鄉土恩，決定
搬到更偏遠的鄉下去行醫：

> 差不多兩歲多，我們已經從斗南鎮搬遷到再更鄉下
> 一點的石龜溪。到那邊去之前，我父親是住在前往雲
> 林縣的一處山坡地，一個叫做古坑鄉的地方。實際上
> 古坑也好、石龜溪也好，都是我們楊家祖先待過的地

　　方。我父親有本土意識，要回饋鄉民，要報國土恩、
　　鄉土恩，所以在那個區域醫療，替大眾服務。（訪1）

父親這樣的本土意識以及報恩心情，與當時的時代環境形成強
烈的對比。楊郁文出生那年發生盧溝橋事件，從此之後中國
與日本展開戰爭。當時日本政府為了從台灣得到戰備支援，開
始在台灣地區施行「皇民化」運動。不但強烈要求台灣人民說
日語、穿和服、住日式房子，還要大家放棄民間信仰和祖先牌
位，改信日本神社。更於1940年公布辦法，要台灣人民廢除漢
姓而改為日本姓名。此運動持續一直到1945年日本戰敗，二次
大戰結束為止。❼
　　以大時代發展來說，「皇民化」運動可說是台灣人受到迫
害的政治事件，可是就楊郁文個人而言，卻意外奠定了他學佛
以後，自修日文典籍的語言基礎：

　　　日文很重要，因為用日文寫的有關佛教學術書籍很
　　多，但是我有日據時代國小二年級的日文程度，已經
　　可以看懂日文了，所以不必再學日文。我沒有透過正
　　規的學術研究訓練，是剛好有機緣、有機會、有那一
　　個學習環境在。（訪1）

當某時代或個人事件正在發生的時候，沒有人能夠預料該事件

---

❼ 參考維基百科網頁「皇民化運動」，http://zh.wikipedia.org/wiki/。

即將造成的影響，往往在回溯時才益加清晰。不僅楊郁文學習日語的因緣是如此，父親搬到石龜溪的事情也是如此。

原本楊郁文全家住在古坑鄉，但是有一回父親外診險些出意外，才又搬到石龜溪。以前交通工具不便利，山區的道路也未經開發，有人生病無法來診所，家屬就會拜託醫生出診：

> 但是去的時候，醫生還有伴，甚至溪流大一點，家屬還會背醫生走過去。可是看完診要回來，有時候病人的家屬不會護送，醫生要單獨回來。但是地勢很陡峭，所以有時候本來溪水很少，可是內山一下大雨，水就會一下子沖下來，溪流暴漲。（訪1）

古坑鄉地處山區、地勢陡峭，溪水暴漲快速，往往令人措手不及。楊郁文的父親獨自回來，差一點就被溪水沖走：

> 我父親心裡想不太深吧，可是一下子水就沖過來了，我父親差一點被水沖走。我祖母說那不行，雖然存心要救人，可是自己的命要先保住，保得好才可以救更多的人。所以我們就從雲林縣的古坑鄉，又往海邊搬到石龜溪。（訪1）

由此可見當時的醫療狀況仍然相當困窘，而醫生治療病患必須耗費相當大的心力。這事情雖然不是楊郁文記憶所能及的，但是經由家人的轉述，卻也使得他自小對生命平添一份無常感。

　　這一起意外讓他們又舉家遷移，搬去石龜溪。而石龜溪悠久濃厚的民間信仰讓他們全家開始受到宗教的洗禮。不但楊郁文的父親後來當了鸞堂的堂主，年幼的楊郁文也在這樣的環境熏陶之下，自小相信有不可知的神力存在，並且也從閱讀鸞堂善書之中，養成了閱讀漢文典籍的能力，以及奠定「增上善學」的人格基礎。因此居住在石龜溪這段時日，對於楊郁文的父母以及楊郁文本身可說是影響深遠。

第三節　童年

一、鸞堂再起

　　楊郁文的童年記憶是從石龜溪開始的。石龜溪也是楊郁文的故鄉，差不多有四代的楊氏祖墳都在這裡。而石龜溪乃是當地民間信仰的一處集中地，宗教氣息相當濃厚，信仰中心包括贊天宮感化堂、媽祖廟、元帥爺廟等。❽

　　鸞堂為台灣傳統民間信仰之一，奉祀主神為關聖帝君，扶鸞儀式在中國寺院也有二千多年的歷史了。由於鸞堂皆以四書五經為教本，信眾容易賦有大漢民族的意識，所以皇民化時期日本政府下令禁止鸞堂所有的活動。不過鸞堂的活動並未全面止息，仍然在民間不斷運作。

---

❽ 參考網路村里網頁「雲林縣斗南鎮公所」，http:// http://www.dounan.gov.tw/web/。

　　1949年國民政府來台，宣布恢復宗教信仰的自由。此時這股民間信仰的力量便化暗為明，鸞堂如雨後春筍般盛極一時，石龜溪贊天宮感化堂便成為當時重要的鸞堂堂口之一（林永根1984：73-74）。此時楊郁文正值頑皮好動的年紀，鸞堂扶鸞如此熱鬧的活動，他自然不會錯過：

　　　小孩子頑皮，覺得鸞堂的宗教儀式還有扶乩過程都很神奇，有空就跑去參觀。我很小的時候就可以確定，除了人類以外還有看不到的鬼神存在，為什麼會這樣想呢？因為目不識丁的農夫，白天去農田工作，太陽下山回來，吃過飯、洗完澡就來鸞堂，就是神明會附身的那一個乩身。來了以後，先靜下心來。時間一到，站到鸞堂的神殿裡面唱誦迎神的偈，然後就開始活躍起來了。（訪1）

楊郁文原先只是基於一時的好奇，跑去鸞堂看熱鬧。沒想到發生的事情如此的神奇，讓他不得不相信真的有鬼神：

　　　燒香是在背後，我站在風頭本來聞不到香味，可是不久有一陣很奇怪的香味飄過，但不是燃香的氣味，就像是風這樣吹來。只要聞到了，不要幾秒鐘扶乩的人就嘎嘎嘎嘎，像神明附身了那樣，開始轉那個Y字型有一個往下垂的，用桃木做的乩筆，在弄平的香灰上面寫字。有好幾個人在看他寫什麼字，一個字、一個

字記錄下來。（訪1）

不管民眾要問身體、前途、平安等任何問題都沒有關係，只要把姓名和住址寫下來，在神祀之前燒掉就可以了。這些原本目不識丁的農夫一旦開始被附身，就會用乩筆寫字回覆信眾，並且使用的是五言或七言押韻的詩詞：

> 名字普通是三個，但是兩個、四個字也都有，假使三個字就添加最後一個字，然後以合乎作詩的押韻原則開始寫。有時候是五言的，有時候是七言的。每一個問題都會回答。而且要答給誰都很清楚，因為從橫的第一排念下來就知道姓名了。（訪1）

回覆的詩詞，每句開頭的第一個字合起來就是提問人的名字，這是一般很難做到的事情，更何況是由目不識丁的農夫所寫出來的：

> 有人說這可以騙人，另外有一批會背誦詩句的人，已經按照原來構想好的字句弄成答案寫出來了，但是我看到的這個絕對不是這一種情形。所以我從小就相信，一定有人類以外的精神體在操作這個不識字的人，讓這個人在他的指揮下傳達某一些事項。（訪1）

無論從身上飄過去的特殊香味或是扶鸞的儀式，都讓楊郁文深

信確有神力存在，況且他的父親還經常為那些乩生看病，很清楚他們真的不識字，要作假是很困難的。所以不僅楊郁文自己，就連他的父親也逐漸相信了：

> 那一些乩生都是不識字的人，怎麼可能像讀過漢學好幾年的人，能夠隨時弄成一首詩來回答人家所詢問的事？所以我父親開始相信有鬼神，我媽媽跟著相信。我雖然也相信，但不是信徒，只是相信有鬼神在。（訪1）

扶鸞活動每逢三、六、九日——也就是每隔三天——就有一次。楊郁文分析，早期扶鸞具備的社會功能是「勸人為善」與「為人解決困難」等兩大項，但是影響他較為深遠的，應該是鸞堂所印製的善書——《覺路金繩》：

> 在皇民化禁止前，早期他們有將扶鸞寫成一本善書，名字叫做《覺路金繩》。意思是要成就大覺、要開悟，所順著最好的一條道路。皇民化以後禁止台灣民間信仰的活動，神像都要拿去燒掉，但是有許多人把它藏了起來，後來有人把底本拿去重新複印。（訪1）

這本《覺路金繩》對楊郁文之重要影響有二：一是讓他在年少時期，便已奠定了「增上善學」的人格基礎；二者是讓他養成了日後研習漢語佛典的漢文根基。

二、學習漢文

　　國民政府來台以後，台灣人民開始有著回歸祖國的夢想，民間盛行學習閩南語發音的漢文課程。楊郁文說道：

　　　　那時代的台灣人都被壓迫，認為光復像是回歸祖國
　　一樣的。認為自己是漢民族，那個是大和民族，所以
　　有民族自尊心的一股熱情，大家都去學漢語。以前叫
　　做漢學，就是小班教導漢文的學校，體制外的私塾。
　　（訪1）

由於父親有朋友是私塾的老師，所以楊郁文得以免費跟著一起上課。不到兩年，像《覺路金繩》這類的書籍，他已經看得懂了：

　　　　沒有幾年幾乎常用的字都學過了。所以《覺路金
　　繩》，我才小學就已經全部看得懂，曉得要行善才
　　好，存著歹心是不好的。那時候學的漢學相當於中古
　　漢語，所以我後來閱讀《阿含經》這些比較早期翻譯
　　的經文，障礙就很少。（訪1）

因為閩南語的漢文保留了許多和古漢語的共通之處，所以自小受到漢語熏陶的楊郁文，讀起早期翻譯的佛教經典障礙就很少。

　　目前普遍使用的國語僅有四音，但是閩南語卻仍然如中古

漢語的發音那般保留著八音。在一些梵唄的木刻本，都還可以
看到標注八音的痕跡：

> 　　那種梵唄用木刻的誦本，像《金剛經》、《般若蜜
> 心經》或者是《阿彌陀經》，方塊字上面就有符號，
> 那個符號就是在標明是八音裡面的第幾音。念的時
> 候，音就不會發錯。音不發錯，意義就不會混淆。比
> 較早期佛經的版本，特別是木刻的，它都有把會混淆
> 的字標出要讀第幾音。（訪1）

楊郁文小時候就是用閩南語的發音來閱讀典籍的，而如此的發
音方式也與中古漢語較為接近，因此他至今仍然保留著這樣的
閱讀習慣：

> 　　「古漢語」是那個時代漢民族最共通的話。許多漢
> 譯經典是在中古漢語的背景翻譯出來的，文章的構造
> 和語言的表述跟現代白話文有一些已經差異很多了。
> 所以現在我讀經還是用閩南語的漢文讀的，講課的時
> 候才用國語說出來。（訪1）

楊郁文平常都使用閩南語閱讀佛經，在課堂上才改用國語說出
口。他認為自己的國語發音始終不是很標準，這和當時教他的
老師有關係。這些老師們自己也不知道應該要如何發音，只聽
過廣播就去教學生了：

假設八點是第一堂課，六點就有廣播，老師透過收音機學會了什麼，八點馬上就來教我們。可是聽覺差一點，發音就會差一點。就算聽得很好，可是一些轉音，包括舌頭的運用、口腔的形狀、共鳴點的差異也會出錯。所以我的國語很不標準，但也沒有辦法，那時候學的已經印下很深刻的烙痕。（訪1）

為了彌補因為發音不準可能造成的誤解，在上課時候只要遇到關鍵字，他就會寫白板。而他的白板字包含了「紅、黑、藍、綠」等四種顏色，分別表示出該字辭不同的涵義。所以寫白板的好處，不只是可以避免學生聽錯，又可以讓學生藉此學習到他獨特的顏色標記方式。

三、農家空襲

從楊郁文描述他學習國語的狀況來看，台灣戰後國民教育才剛起步而已，不過當時更嚴重的卻是經濟問題。❾由於太平洋戰爭爆發之後，戰爭規模不斷擴大，日本政府從1945年全面

---

❾ 參考維基百科網頁「皇民化運動」，http://zh.wikipedia.org/wiki/。太平洋戰爭爆發後，由於戰爭規模不斷擴大，所需兵員愈來愈多，日本當局也在1942年開始在台灣實施陸軍特別志願兵制度、1943年實施海軍特別志願兵制度、並於1945年全面實施徵兵制。除了徵兵制造成的台灣青年大量傷亡外，被視為「皇民」而無端加入太平洋戰爭的台灣，也在經濟方面大受打擊。1944年後，受到盟軍25次大空襲影響，受波及的台灣農工生產值於戰爭結束前的1945年降到最低點。比方，與1937年相比，農業產值只有1937年的49％，工業產值更不到33％。煤礦由20萬公噸降到1萬5千公噸，電力供應從戰前32萬瓩，戰後僅能供應3萬瓩。

實施徵兵制，造成台灣青年大量傷亡，致使台灣民生經濟大受打擊。

戰亂期間，台灣曾經受到盟軍大規模的空襲多達二十五次，使得農工產值在1945年降到最低點。不但農業產值僅剩下戰前的一半，工業產值更剩下不到三分之一。所以國民政府甫自來台那段時期，人民生活非常清苦，孩子們都要必須做童工貼補家用。因此，就連父親是一位名醫的楊郁文，小時候也要去牧羊、趕鵝，或是幫同學撿落花生、拾稻穗：

> 農家收落花生，有一些會留在土裡面或是露出一點點，撿起來很麻煩，所以就允許別人家去撿，鄉下窮人家就靠撿這些東西過日子。像稻穀遺落在那裡一點點、一點點的也都會去撿來。還有人家收蕃薯，犁過或是用鋤頭弄過以後，還有一小塊蕃薯留在那邊，他們也會撿回來當食物。（訪2）

農人收成以後，允許窮人家的孩子撿拾殘留的農作回家。這種景象固然刻畫出農民生活清苦的一面，但是也同時描繪出農家彼此扶持的人情味。

窮人家連吃正餐都有問題了，小孩子根本不可能有零嘴可吃。而當時到處種滿了甘蔗，有些小孩子抵不住誘惑，就會想要偷摘來吃：

> 同學比較窮一點，沒什麼零嘴，看到甘蔗好像可以

　　吃了就要動手。巡田的人遠遠看到了就開始嚷嚷，喊
　　起來了！我們大家就開始跑呀！我根本不想要，不過
　　我同學真的是想要摘來吃啦！我不敢，因為曉得這是
　　很嚴重的事情。（訪2）

農家把農作當作是寶貝一樣地在看管，十分珍視農作，怎麼能
夠讓貪嘴的孩子亂來呢！不過就是因為這些農民的兢兢業業，
台灣幾年之後經濟逐漸發展起來了，不久後國際糖價大漲，台
灣國際貿易收支於1964年首度出現順差，經濟成長率更高達
12%。❿而從1961年算起的十年之間，台灣雖然歷經退出聯合
國等多起外交險阻，國民所得年增率卻始終維持在兩位數以
上，被世人稱為「台灣的經濟奇蹟」，⓫這是胼手胝足農民們
辛勞的成果。
　　除了農作被視為珍寶以外，連年戰亂也讓人目睹戰爭的可
怕。在日本政府投降以前，楊郁文就曾經親眼看到美軍空襲糖
廠的畫面：

　　那裡是虎尾糖廠，所以變成轟炸的目標。站高一
　　點，就可以看到轟炸虎尾糖廠的那種情景。飛機飛得很

---

❿ 參考李國鼎先生紀念網站「大事年表」，http://www.iii.org.tw/ktli/year/
　year.htm。
⓫ 根據行政院主計處網頁，http://www.dgbasey.gov.tw/。國民所得摘要表顯
　示，台灣從1951年到現在，只有1971年到1981年十年間，國民所得年增
　率連續超過16%以上。

低很響，從樹梢很快速地飛過，還開了機關槍，我們隔壁巷有人鼻子就被打掉了。那時候我在學校校門口，外面有一個布告欄，我就趕快跑到布告欄後面。（訪1）

戰亂時期最容易令人感受到生命的無常，而當時就算有錢也買不到東西吃，所以楊郁文的母親也必須下田去種菜。有一回空襲的時候，他的母親就剛好在菜園裡：

我母親很擔心家人有沒有受傷，因為掃射的聲音很近，就有人鼻子剛好被打掉呀！而我母親在菜園就地隱蔽起來，看到飛機飛過，心裡想，牛車架子朝著上面，好像高射砲那樣子，不知道飛機會不會掃射過來呀？（訪1）

擔心家人會不會受傷、擔心轟炸機會不會把牛車架子看成是高射炮，生動描寫出戰亂期間許多老百姓的心情。

儘管生活十分困苦，戰亂時期又充滿無常感，但是楊郁文卻認為這些都是增進他日後了解佛經的資糧。尤其當他看到佛陀舉了許多有關農作的比喻時，他一眼見到就感覺非常熟悉，馬上能夠有所體會。可惜這段令他懷念的農村歲月並沒有持續很久，在楊郁文即將步入中學以前，父母為了他的學業著想，決定舉家搬回到斗南鎮。

四、關於死亡

　　除了教育和經濟環境以外，影響台灣人民最深的就是醫療了。盤尼西林（penicillin）是在第二次世界大戰結束之後才有的，所以當時許多化膿性與感染性的疾病根本無藥可醫，病患都只能依靠自己的體力把病菌消滅掉。抵抗力較弱小孩子，很容易會被流行性疾病奪走了他們的小命。

　　楊郁文的兩個妹妹就是因為罹患麻疹而最終宣告不治，他們過世時年紀都還很小，甚至其中一位還未滿週歲。捨不得女兒早逝的母親，只能把怨嘆發洩到其他三個兒子身上，尤其年紀最長的楊郁文感受特別強烈：

　　　我兩個妹妹都沒有長大，我媽媽有一點埋怨我，說我是「鎮棚瓜」。就像菜瓜開始蔓延的時候，第一朵花最靠近前面這一部分。假使這一個瓜長得太營養的話，後面菜瓜的營養分就會被吸收了，就長不成啦！所以我媽媽埋怨我是「鎮棚瓜」！（訪1）

雖說母親把妹妹的死亡責怪到楊郁文身上，但是楊郁文週歲時也曾經罹患麻疹，後來還是因為母親的一再堅持，才讓他撿回這條小命的。

　　當時楊郁文年紀很小，麻疹還沒有痊癒，又罹患膿痂疹。由於先前麻疹已經讓他消耗了許多體力，此時病上加病，狀況十分危急。他不斷發高燒、流汗，不但墊被溼透了，楊榻米下面的木板也都溼掉了。身為小兒科醫師的父親都已經決定要放

棄他了：

　　心跳停止的時候，父親還在看病人，媽媽就喊爸
爸過來打強心針，心跳才又恢復過來。有一次脈搏又
幾乎摸不到了，媽媽要求父親再打強心針，父親說：
「算了！」用他的經驗來看，已經是沒救了。但是我
媽媽說：「再打一針看看。」結果，那一針打下去以
後，我才慢慢恢復過來。（訪2）

要不是母親不忍心孩子就這樣死去，不斷請求父親再給一次機
會，楊郁文恐怕無法活到今日，所以母親愛護孩子的那顆心是
無與倫比的。而這乃是楊郁文今生第一次沒死成的經驗。

　　對於罹患麻疹沒死成的經驗，楊郁文記憶不深。但是中
學時沒死成的經驗，他就印象相當深刻。嘉義中學位於嘉義的
「山仔頂」，從地名就可以想見學校是在一處山坡上，楊郁文
每天上下學都必須花大約半個小時去走這段很陡的山坡路。山
坡底下是嘉義的空軍眷村，由於當時大家都只有腳踏車可騎，
除非是高階軍官上下班才有吉普車接送，所以平常道路上很少
遇見車輛。某一天下了一場滂沱大雨，頂著傘前進的楊郁文，
根本沒有想到自己差一點就發生車禍了：

　　雨勢很強，我逆風而行，所以拿雨傘擋住前面，只
有看到下面的腳和路而已。可是我很放心，因為這一
段時間應當沒有車子。我頂著雨勢往前走，突然雨傘

　　碰到東西。把傘一移開來看，發現差大約五公分就撞
　　到吉普車了。那時候駕駛員來不及煞車，還是旁邊的
　　人彎下去，用手按煞車器才停下來的，所以情況很緊
　　急。（訪2）

由於雨勢太大，楊郁文聽不到車子的聲音，等撞到東西的時
候，才曉得自己跟車子之間只剩下些許的距離而已。還好坐在
吉普車駕駛座旁的人反應快，才讓他又撿回一條命。
　　回想起這兩次驚心動魄的經驗，他感嘆地說道，這是否意
味著他這一生有重要的任務必須去完成：

　　我現在所做的不只是替我自己做，也是在替佛教盡
　　一些棉薄之力，我的命撿回來就是要做這些事情也說
　　不定。因為我認為以我的過程和現在所負擔的工作，
　　是千載難逢的，至少是兩個千載難逢的呀！我有這樣
　　的使命感，覺得這是難得的機會，所以一定要把它弄
　　得很好才可以。至少要對自己，也對全體人類有貢
　　獻。（訪2）

他所說的「正在進行的工作」就是編纂《阿含辭典》。楊郁文
認為自己這一生有幸研究佛法，又能夠將畢生學習的心得彙整
成這一部《阿含辭典》，可說是非常難能可貴的機緣。所以為
了自己，也為了佛教與全人類，他一定要盡最大的心力編這部
辭典。

五、一老一小

　　楊郁文自己有兩次沒死成的經驗，但是生平第一次曉得人
會死亡，是國小一年級外公往生的時候。那時候校園深處往往
會設置一個小神社，供日本人朝拜日本先皇及祖先。他還清楚
記得那時候家人來帶他回家，他人就站在小神社附近：

> 家人來帶我回去，說外公死了，那是我第一次曉得
> 有人會死。回去媽媽很傷心，說要回去娘家，我就跟
> 著媽媽去。在斗六附近的溝子埧，那裡也有一個製糖
> 的大崙糖廠。雲林縣當時種植甘蔗，是高經濟作物，
> 所以有虎尾糖廠、有大崙糖廠。這附近都收割甘蔗賣
> 給糖廠，比一般種水稻可能更好，我母親是那一邊的
> 人。（訪1）

身為長子的他，陪著母親回娘家奔喪。其實在當時醫療不發達
的年代，平均壽命只有四十幾歲，所以三代同堂的家庭並不多
見，以外公五十多歲往生的狀況來說，已經算是長壽的了。不
過難得的是，楊郁文的祖母卻活到了八十多歲。

　　楊郁文的祖母不只相當長壽，也是一名罕見的高齡產婦，
她在四十三歲才生下楊郁文的父親，在當時普遍營養不良的情
況下，這樣案例是很少見的：

> 我祖母以為是更年期了，肚子慢慢大起來，才曉
> 得懷孕了。那時候大家都對我祖母說，你現在才生他

　　出來，等到養大的時候，你自己老早就走了，因為當
　　時平均壽命才四十歲上下。可是實際上我祖母活到
　　八十一歲，後面的十三年都是我爸爸在反哺照顧的。
　　（訪1）

正逢戰亂，傳染病肆虐，醫療與衛生環境均不佳，所以楊郁文
的大伯很早就往生了，二伯也在戰後不久過世，幸好祖母還有
父親可以撫養。一般都認為「老蚌生珠」不利於孩子的成長，
可是楊郁文的父親卻體格健壯，後來還考取了當時濁水溪以
南、高雄路竹以北，唯一的中學「台南一中」。

　　由於父親是一位小兒科醫生，母親也在診所裡幫忙，所以
夫妻兩人十分忙碌，無暇照顧楊郁文，就把他交給祖母帶。楊
郁文就和祖母一老一小相互陪伴、彼此照顧，幫祖母搥背的畫
面至今都還深深留在他的腦海裡：

　　　老人家會腰痠背痛，需要人家搥，可是小孩子小小
　　拳頭，就算用很大的力量搥，也還不夠。雖然已經搥
　　得手很痠了，可是祖母沒有說不用了，就還是要繼續
　　搥。後來祖母說：「來！來！來！我躺著，你用腳跟
　　使力搥。」這些印象還留下來。（訪1）

楊郁文不但幫老祖母搥背，國小學校鬧鬼的那一段時間，他還
要去宿舍陪老師。這位級任老師是父親台南一中的學弟，所以
和楊郁文一家人很熟，再加上楊郁文在校表現極為出色，所以

老師特別點名要他去。

　　被老師看中雖說是一項榮譽，但是小孩子也怕鬼，尤其楊郁文從小就相信真的有鬼神存在。所以他每次吃完晚飯的時候，就要想盡辦法克服恐懼跑去學校宿舍：

　　　我每天晚上要去陪老師睡覺，真的很苦呀！為什麼？因為孩子更怕鬼！我吃過晚飯才去，去的路上沒有伴，空蕩蕩的。而鄉下路燈遠遠才一盞，後面路燈的影子拉得很長，我們動，影子也在動，所以要吹口哨用跑的，希望趕快到呀！（訪1）

那段時間，只要太陽下山，楊郁文就在擔心要怎麼樣跑去學校。好不容易跑到宿舍，晚上睡覺又感覺到有鬼壓床，幸好這時候有祖母教的咒語幫他：

　　　那時候可能是害怕，就有壓床的現象。我把這一件事情告訴我祖母，祖母教我請神咒，說請神來保護你啦！我就學會了，好像有效，實際上是自我安慰。不過以後感覺那一種情況要來了，就會趕快念請神咒。（訪1）

宗教最世俗的一個效用，就是安心。因為真的相信，所以就可以自我安慰，安定自己的心。而楊郁文使用吹口哨或是持咒的方式來驅除害怕的這些兒時記憶，後來也都成為他課堂所說明

的好範例。果然生命過程的點點滴滴，都是楊郁文不斷成長的養分。

六、人格奠定

楊郁文認為父母親工作忙碌對他也是好的，因為這樣他從小就能夠學習照顧自己，並且還能夠到朋友家幫忙。最後不但把農事都弄得熟了，就連裝潢工作，他也學習得興高采烈：

> 家裡裝潢，有工人來做什麼，我一定站在旁邊目不轉睛地觀察。他們在比畫，我就看為什麼要比畫。以前的師傅教徒弟是不說明的，只是做給他看，反正師傅也要花時間做東西給客人。眼力好的徒弟就會曉得，師傅為什麼要進行這樣的動作，慢慢就學會了。（訪1）

好奇心十足的楊郁文，凡事一定要找出個道理來，總是不斷想著「為什麼、為什麼」。後來家裡簡單的維修工作，只要有材料、有工具，他都能夠自己動手完成。除此之外，他還會自己做陀螺或者是橡皮筋竹槍等玩具。有一次去台中回來，就開始動手模仿都市小孩的玩具：

> 有一次我跟我的老師從鄉下到台中，真的很高興，住在高級住宅區。早上出來看到小朋友在那裡玩一種槍，覺得很好奇，就仔細看是怎樣組裝的。回來用竹筷子弄一弄，也可以用呀！還有玩彈珠，我也是很準

的，手的技巧很好。（訪1）

楊郁文這些手巧和研究精神與母親的特質很相像。他母親小時候想學習縫製唐山裝的鈕扣，大姊沒有空教她，她也會自己想辦法去研究出來：

> 唐山裝有一種布條編成團丸的鈕扣，要用線穿過來穿過去再拉緊，但是線的走向從外面看不出來。我大阿姨會，我媽媽不會，要求阿姨教她，她們沒有空理睬她。我媽媽就把老衣服的鈕扣剪下來，慢慢把它鬆開，看看是怎樣結紮起來收緊的。（訪2）

因此，楊郁文認為自己的個性和母親有相似的一面，遇到問題都會自己盡量想辦法解決，萬不得已才會去請教別人。

而楊郁文自小也很喜歡玩剪刀和做女紅，這些都是他後來會選擇婦產科的部分原因：

> 女紅的工作，像是做帶子什麼的，我都看媽媽怎麼樣做，就開始自己弄。從小也喜歡剪紙花，常常對著一張紙折來折去。所以我以後學醫，父母建議我選婦產科，他們說：「你從小手很靈巧，刀剪玩得很順，可以往外科系統去。」婦產科有時候也需要開刀。（訪2）

選擇婦產科除了因為手巧以外,還因為母親是助產士。可是為什麼不選擇跟父親一樣的小兒科呢?那是因為父親是小兒科的名醫,生意好得不得了,但是小孩子怕看病,見到醫生就會開始哭鬧、吵得不得了,而且都是一些小病痛而已,所以父母就建議他朝婦產科發展。

雖然楊郁文人格特質跟母親類似,職業生涯也跟母親有關,但是在教養的角色當中,母親卻是扮演黑臉的。不只曾經用竹條打過他的小腿,對他往往也特別嚴厲。年幼的他還曾經因此而心生疑竇,懷疑自己是撿來的:

> 我這樣想著、想著,就想說我是不是撿來的,所以母親比較不疼?但是我在樓上大鏡子前面站了好久,仔細端詳,怎麼看都是媽媽的孩子。大弟弟長得完全像我爸爸,二弟弟各一半,我就完全像媽媽。本來有疑竇,懷疑不是母親親生的,但是照過鏡子以後,發現長相一模一樣。說出來有點不好意思,但是我就是需要佐證啦!(訪2)

雖然楊郁文長大以後,已經可以理解到母親是想把老大給管教好了,下面兩位弟弟自然會有樣學樣,不必再花時間管教了。但是他小時候確實曾經有過懷疑,再加上自己既好奇又喜愛觀察的個性,使得他想到在鏡子前面用觀察法來驗證,其理性和實事求是的個性由此可見一斑。

楊郁文外觀像媽媽,個性卻像爸爸一般地勤勞與節儉。但

是向來扮演白臉的好爸爸，也責罵過他：

> 斜對面一條小巷子，有榨麻油還有花生油的小工廠。有一次著火了，我從來沒有看過那樣大的火，覺得很壯觀，就說：「喔！這麼好看！」我爸爸在旁邊聽了，就說：「人家失火很傷心，你還在那裡幸災樂禍！」我從那一次就曉得，雖然是自然的反應，但是這樣也不行，要能夠體諒別人。（訪1）

對於純真的小孩子來說，「火」就只是「火」，「好看」就是「好看」而已，根本沒有去想那是什麼火、會造成什麼災害等等。可是話一旦說出口，就會影響到其他人，所以父親教導他必須顧慮到別人的感受才對。

　　楊郁文天真調皮的事件還不只這一起。凡事都想要嘗試的他，見到大人吞雲吐霧的樣子不免又心生好奇，想知道抽菸到底是怎麼一回事：

> 剛好有機會，有菸也有火，就在堆積簑衣成品的倉庫裡面偷抽香菸。大人從窗口看到煙飄出去，以為著火了，就趕快跑進來。我聽到聲音就趕快把菸蒂弄熄，才曉得玩火很危險，又是在燃料庫裡面。小時候我真的很頑皮，什麼事情都想要嘗試一下。（訪1）

小孩子只是純真地想要嘗試一下抽菸的滋味，沒有去細思潛在

的危險。而如此驚險的經驗讓他體會到，其實要孩子不敢玩火的最好方法，不是一味地禁止，而是帶著孩子在安全的範圍裡面伸出手，直接去感覺火的溫度和危險性，這樣的體會日後也成了他教導學生的生動教材。

小時候的楊郁文不只是充滿好奇心而已，一般男孩子都是好動的，他自然也不例外，小時候神經和肌肉協調性特別好：

> 只要我站起來能碰到跳箱的上緣，就有辦法用整個身體的衝力，扭腰把跳箱跳過去。同學沒幾位能這樣跳過去，但是我都可以。可是到成功嶺，操場上矮的跳箱，我都跳不過去，因為脊椎骨的肌腱都硬化了。小時候我也可以拱腰，手腳反拱到塌塌米上，現在往前彎腰也碰不到地了。（訪1）

不但單雙槓很拿手，跳箱也很厲害，甚至還可以反手拱腰，但是後來致力於讀書的他，就漸漸失去身體的靈活度了。

七、搬到市鎮

1948年楊郁文已經快要升小學六年級了，父母親為了方便他將來去嘉義中學讀書，決定再搬回斗南鎮，而首要之務當然就是買房子了。沒想到買完隔年恰巧遇到台灣更改幣制的大事：

> 賣給我們的是二姨媽夫家的親戚，他們因為缺錢用

要賣房屋。我媽媽認為地點很好就買下來了，三十二
萬都給他了，沒想到隔一年變成只剩下八塊錢。屋主
的孩子也是我嘉中的同學，我感覺到這位同學很恨我
們，可是我們也不是故意的，不是故意曉得有這樣的
風險，趕快買不動產來投資，只是為了我方便到嘉義
上學而已。（訪2）

經過國民政府更改幣制之後，四萬塊的舊台幣只能換取一塊錢
的新台幣，造成社會財富重分配的效果。原本購屋的三十二萬
台幣，在一年之後立刻貶值到僅剩八塊錢，賣屋的一方蒙受到
莫大的損失，而購置的買方卻意外成為獲利者。雖然楊郁文的
父母並非有意要投資理財，純粹是為了生活上的需要才購置不
動產的。如果用佛教「業報」的觀點來看的話，這就是在大時
代脈動之下，社會整體有其「共業」（共同的業力），而個人
也有其「別業」（個別的業力）。

　　當時斗南國小六年級有四個班級，兩班升學班之中，一班
是男生班、一班是男女合班，結果楊郁文被插班到有女同學的
班級裡面。從小在鄉下長大的楊郁文，思想非常單純，生平第
一次遇到女同學主動示好，但他卻完全不解風情，只以為女同
學在無理取鬧而已，如此青澀地度過他國小的最後一年。

第四節　中學

一、嘉義中學

小學畢業後，楊郁文如願考上嘉義中學。進入初中以後的他，個性依舊害羞靦腆，即使在路上遇到母親，也不好意思在同學前面跟母親打招呼，結果回家被大罵一頓：

> 放學了，我要到車站，在路上跟我母親面對面，因為旁邊有同學，我不敢跟我媽媽打招呼。我不曉得是害怕同學笑我還沒有斷奶，看到媽媽就要黏著媽媽還是為了什麼，反正沒有打招呼就閃過去了。結果回去被我媽媽大罵一頓：「人家在外地看到自己的母親多麼高興呀，你好像沒有看到一樣，只顧跟同學說話，就閃過去了。」（訪1）

心裡知道碰到親人應當要高興地打招呼，但是年少的他卻是如此地害羞。而這樣害羞純樸的個性，在和同學之間的互動也會表現出來。錄取嘉義中學之後，新生要視力檢查，同學好心幫他暗示答案，他也乖乖地跟著比畫，完全搞不清楚視力檢查的目的：

> 我在比畫視力的時候，那個同學就幫我指揮，上、下、左、右，我以為大家都是這樣的。上課以後我才

發現糟糕了，老師用粉筆寫的幾何圖樣，大的外框看得清楚，再細的地方就看不清楚了。幸好隔壁的同學幫忙，老師怎麼樣畫，他很快就畫下來了，我再拿來對照著看。其實應當已經近視了，可是沒有想到要戴眼鏡。（訪2）

同學們大家相親相愛，彼此互相幫助，不但視力檢查是如此，上課做筆記也是如此，完全不把視力矯正當成一回事。楊郁文就靠著看同學筆記而上完初中三年的課程，一直等到進入高中，學校再度視力檢查，他才被家人帶去配眼鏡，但是已經剩下零點二的視力了。

楊郁文的視力會惡化如此快速，跟他奮力看小說也不無關係。在初中一年級的時候，楊郁文通車路上會經過一家小說出租店，因為收費不貴，他又希望提昇自己的閱讀能力，盡快趕上都會地區的同學們，所以每天都去租小說：

幾乎每天一定看一本，一直到初二。偵探小說很好，可以訓練推理能力，而對武俠小說也很著迷。我們那一代剛光復不久，只有還珠樓主寫的，最有名就是《蜀山劍俠傳》，很引人入勝，帶有一點幻想，情節變化多端，很吸引我。我一本一本接著看，結果視力惡化得更快了，但是也讓我訓練了速讀。（訪2）

一天看一本武俠小說或是偵探小說，持續一年以後，閱讀速

度果然加快不少，不過付出的代價就是視力減退。從小在鄉
下農村長大的他，沒有什麼課外書籍，所以這些都是珍貴的
回憶。

對於一個純樸的鄉下學生來說，閱讀課外讀物是少有的經
驗，而「詐賭」也不是他當時能夠想像到的事情。個性既好奇
又單純的楊郁文，就這樣被騙光期待了一整年的壓歲錢：

> 寒假後的返校日，等車子還要很久，看到旁邊有攤
> 子，上面有三個火柴盒，其中只有一個有記號，兩個
> 沒有記號。火柴盒這樣移來移去、移來移去。我很小
> 心地看，他又移得很慢，看了十多次都命中了，到了
> 第十一次，就把錢押下去了。我看的是左邊這一個，
> 他卻翻另外兩個，結果中間這個中了，就賠錢給押中
> 間的人，我的錢就被收去了。我不甘願，就一再地
> 押，可是都沒有中！（訪2）

過年拿紅包是小孩子最快樂的事了，也是吃完年夜飯最期待的
時刻，沒想到他居然就這樣白白損失了一整年的壓歲錢。向來
喜歡思考又善於觀察的楊郁文，怎麼樣都不能理解自己為何會
看錯，後來看到報導才曉得原來是騙人的：

> 應該只有一個有記號，可是他卻有兩個做了記號。
> 你押的那一個事實上也有記號，可是他不翻出來。如
> 果你要他翻，他就說另外這個已經中了。當時其他

兩、三個客人都是他們的人，都會讓他們中。只要有
外人參與，外人的錢就被抓進去。那一次年紀還很
小，一年的經費都輸去了，開始曉得賭博是有技巧
的，千萬不能賭。（訪2）

經過這樣的教訓以後，楊郁文知道賭博是不好的事情，即使是
抱持著好奇和好玩的心理，也會造成自己莫大的損失，所以最
好一開始就不要去學。如今回想起來，他很慶幸自己這麼早就
得到了教訓，這筆的壓歲錢花得也算值得。

這樣的體驗再度驗證楊郁文常對學生提起的：「小孩子
喜歡玩火，你叫他不要碰，這樣沒有用。只要拿他的手指頭在
火焰底下，他的手一靠近就會自動縮回去，以後不敢再玩火
了。」而從楊郁文對這事件的解讀方式來看，也可以發現他往
往會把成長過程中的種種遭遇，不管順逆境都轉化為促使生命
成長的正向力量。

二、進入高中

雖然楊郁文喜歡看小說，可是成績還是很好，甚至過了
保送高中的門檻，後來卻因為體育成績沒有過關而喪失保送資
格，但是還是以相當優異的成績輕鬆地考進嘉義高中。

據楊郁文描述，當時嘉義中學有許多江、浙外省籍的老
師，最好的大陸老師幾乎都被嘉義中學聘請過來了，可說是當
時的名校，所以像蕭萬長、李鴻禧等這些名人都是從嘉義中學
畢業的。而在當時台大醫學院尚且不到五十位學生的時候，嘉

義高中每年考進台大醫學院的畢業生就大約有十位，因此後來
嘉義高中前幾名的畢業生都可以獲得直接保送的機會：

> 畢業典禮的時候，才曉得我是全校第四名。當時嘉
> 義中學前五名可以保送台大，我也是其中的一個，但
> 是五個裡面四個都要申請要進入醫學院。結果台大把
> 第一跟第三收進醫學院，第二跟第四就分發到工學院
> 去。（訪2）

全校第四名畢業的楊郁文，雖然保送進入台大，卻沒有分配到
他最想讀的醫學院。為了達成他當醫生的理想，他決定隔年轉
學到高雄醫學院。儘管繼續就讀工學院的同學後來在航太工業
有很好的發展，但是楊郁文卻從來不後悔決定轉學：

> 現在回憶起來，學醫的確很好，不是當醫生賺大
> 錢這樣的好，而是可以認識到身心的機能或是互動等
> 等。站在「阿含學」的立場，這就是名色的把握——
> 「陰、處、界、根」四大法門。實際上有醫學的訓練
> 或是現代醫學的常識，可以更容易體會佛陀的種種說
> 法，那也是我認為最有利的部分。（訪2）

當醫生不僅可以讓楊郁文繼承父業，更重要的是可以把醫學院
學習到的知識用來體會佛陀的種種說法，這才是他最在意與感
恩的部分。

　　在高雄醫院院學習的那一段日子，楊郁文最感激的恩師是曾水池老師，畢業後他與老師一直有保持聯絡，甚至持續到現在：

　　　　老師從師範學校畢業不多久就來教我們，現在也是七十多歲了，差我不會超過十歲，他是好老師。還有一位同班同學一直書信聯絡到她就讀現在的台北女子師範學校，而我就讀醫學院這樣子。我們互相欣賞對方，但是沒有提過要結婚，甚至連暗示都沒有。（訪2）

除了老師以外，還有一位女同學也是楊郁文印象深刻的故人。不過在那一段純真的年代，雙方只保持著單純的同窗之誼，沒有展開進一步的交往關係。楊郁文一直到了高雄醫學院學業完成，工作穩定以後，才在父親的提醒與督促之下，透過相親找到陪伴他一生的伴侶。

第五節　醫學院

一、做筆記

　　大腦有記憶區、推理區、詞彙語言區和空間觀念等區域，楊郁文認為自己的推理區特別發達，尤其喜歡數學幾何。在學期間，學校老師給的題目不夠他練習，他還會去找其他參考書來做：

　　我自我反省，我有一些人格特質或是腦力的特點
在。初中的平面幾何，我很有興趣，除了指定的教科
書以外，我還有日本的參考書。參考書裡面有好多奇
奇怪怪的問題，我都嘗試把它一一解決，解決不了的
問題就去請教老師。（訪3）

雖然擅長於推理和空間觀念，但是記憶能力就不是太好。因此
他想辦法截長補短，自行開展一套輔助記憶的方法：

　　我自己把許多點弄成一個樹枝狀圖形，然後靠圖形
來記住重點。假使答案有四個小部分，就用四個分支
的圖形弄起來，很快就可以聯想。我要求自己把別人
的意念消化以後，不能再用別人的話講，而要用自己
的話把這些重點講出來，但是第三個人可以聽懂，而
且這兩種說法都是同樣的。（訪3）

經過這樣的自我訓練之後，他可以很快地將重點消化吸收，再
重新濃縮組合表達出來。這一套自行開發的方法與目前流行的
記憶力提昇法有異曲同工之妙，但是他當初卻是無師自通的。
　　一般常見做筆記的方法，就是把老師講的話照抄下來，可
是楊郁文卻比較喜歡用自己的話去表達：

　　有些同學的記憶就像錄音帶一樣，老師怎麼樣說，
他們筆記就怎麼樣抄，把老師的話全部照抄出來了。

可是有些老師比較欣賞我的表達方式，就是吸收了以
後，用自己的話呈現出來，又能夠讓人了解到所有的
重點。（訪3）

明白自己的特長，將優點發揮到極致，並且彌補無法像同學擁
有錄音帶那樣的記憶能力，結果卻往往更加獲得老師的青睞。

　　所謂的幾何，就是由「點、線、面」所組合成的空間關
係，楊郁文後來編著的《阿含要略》，便是具有「點、線、
面」立體關係的佛法書籍：

　　幾何就是由「點」拉成「線」，然後組成一塊一塊
的「面」。這一種「點、線、面」幫我了解到佛法也有
許多重要的點、線和不同的區塊，《阿含要略》也有
「點、線、面」的表現在。實際上都是我這一生或者加
上前一生，慢慢累積這些能力所做出來的。（訪3）

楊郁文認為自己能夠具備這些研究佛法的能力，應該是好幾生
所累積起來的。而這一生曾經訓練過他如此思考的，則有高雄
醫學院的郭中波老師：

　　學解剖的時候，會學到肺；學小兒科的時候，也
會教到肺部的毛病；到了生理學，又有肺部的生理。
內科有內科的肺部病理，外科也有外科的肺部病理。
老師建議我們不要一科一本筆記本，應當用活頁紙來

記。把組織學學到的、解剖學學到的、病理學學到全部都放在一起。這樣就可以看出各科之間大同與小異的地方。（訪3）

郭中波教導他們把每一科相關的病理資料彙整在一起，使楊郁文養成將記錄分析和歸類的習慣。學佛以後的他，因而想到使用卡片來整理要點，日後許多研究成果也跟這樣的思考方式有莫大的關係。

二、學習過程

在醫學院的時代，有兩件事情令楊郁文相當有成就感，其中之一是有關台南沿海一帶的烏腳病事件。在病理專家和當地的醫生都還不曉得真正病因是什麼的時候，他就能夠嘗試推斷出可能的原因：

當時來上課的是台大病理科的教授，隨堂小考要我們單靠皮膚發黑、潰爛來說明可能的病理。那時候我想一想，認為一定是循環障礙引起的，所以如果不是血塊塞住，就是血管壁增生讓血管塞住了。我這樣子的推理，教授非常欣賞。（訪3）

做為一位醫生，不僅要懂得教科書上所寫過的醫學知識，對於尚未看過或聽過的狀況也要有應變能力，適時做出合乎醫學原理以及病情的推理判斷。那一次考試，楊郁文得到全班最高

分。由於題目非常富有挑戰性，又是當時十分熱門的醫學話題，所以讓他得到莫大的肯定。

另外一件事情發生於他在小兒科實習的時候。那時候台灣小孩子罹患腦膜炎的狀況相當嚴重，所以只要小孩子一出現頭部僵硬的狀況，醫生就會建議抽取脊髓液檢驗。可是民眾普遍認為精液、血液和脊髓液都是身體精氣之所在，不能夠輕易抽取出來，尤其是被俗稱為「龍骨髓」的脊髓液。楊郁文在擔任實習醫師的時候，恰巧遇到這樣的案例，他主動嘗試去跟家屬溝通：

> 我跟他說：「阿伯呀！你不用擔心，因為腦脊髓液分泌出來以後，也有一個管道會流出去。新鮮的分泌出來，又流出去，就像腎臟一樣。血液流過去，好的成分通過，壞的成分就從組織系統排泄掉，所以是一直生生不息的。現在抽的脊髓液，實際上不是龍骨髓，只是腦脊髓液而已。抽完以後，馬上又會補充回來了。你現在小孩子這樣的毛病，不靠這樣的特殊檢查不能夠證實，也不能開始治療，你一定要聽我們勸。」結果他就點頭了！（訪3）

當時醫院所有的醫療人員都來勸過家屬，但家屬連主治醫師的話也聽不進去。畢竟小孩子現在還能坐、能走，要是抽取後把身體弄傷了，那可怎麼辦呢？最後楊郁文運用善巧的說明方式，適當地解決了當時的醫療困境，讓他感覺非常欣喜，因為

這些都是教科書上不會教的，完全要靠自己臨機應變的能力來處理。

第六節　結語

　　楊郁文出生於日治時代末期，經歷了日語、漢文、國語等不同語言的教學體系。如此的時代環境，意外奠定了他日後自行閱藏的根基。但是在語言基礎以外，更重要的是好奇心以及實事求是的性格，而他後來的學佛過程與研究成果，都跟他自小的性格及受教育的過程有莫大的關係。

　　由於父母親非常忙碌，楊郁文自小便有樣學樣，非常善於觀察及自我摸索，他凡事都要探求原因，甚至找出證據來，這些過程使他逐漸培養出獨立思考的習慣。再加上成長於農村，當時物資又不豐富，所以楊郁文經常主動到同學家裡去幫忙，這些農作細節都對他日後體會佛法有相當正向的助益。此外，台灣連年遭到空襲以及醫療資源嚴重缺乏，都讓楊郁文見證到生命的無常與脆弱。而台灣民間鸞堂盛行，年幼的他在扶鸞活動中，確信了鬼神的存在，這一股探索生命真相的驅動力，終將使得他一步步走上親近佛法的道路。

第三章　學佛與潛藏

第一節　接觸宗教

一、基督教團契

　　1956年楊郁文轉學進入高雄醫學院就讀，當時基督教已經在校園活動了，基督教徒經常邀請其他同學來團契讀誦《聖經》。而自小就對鸞堂的扶鸞儀式很有興趣的楊郁文，此時遇到同學邀請他去教堂，他看到一神論的基督教與多神論的台灣民間信仰非常不一樣，於是好奇心不免又起來了。但是去過一次以後，他就很清楚自己不可能成為基督教徒了：

　　　同學禮拜天帶我到他們教堂，我非常感謝第一次上教堂就遇到一位對我很好的牧師。我說他對我很好，是因為他讓我覺得我不用來，可以回去了。當然他不是直接這樣對我說，而是他在教堂講道的時候，談到他們的先知都把異教徒當作魔，覺得該殺。那時候我聽到這裡，就覺得怎麼會是這樣呢？我的想法是，就算是魔也不一定要殺，只要教導他、勸化他就好了。現在不只是對魔，而是要把不相信的人都殺掉，這怎麼行呢！《新約》裡面談到的先知比較少，《舊約》

比較多。雖然新約我都看過了，不過《舊約》我就不
想看了，我認為當基督徒有問題，就沒有興趣再研究
下去了。（訪3）

基督教認為異教徒是魔，魔就是撒旦，既然是撒旦就應該
殺，這樣的說法無法得到楊郁文的認同。楊郁文認為魔只
是充滿憤怒以及不健康心態的眾生，終究還是會有救的。對
於魔，應該要想辦法去誘導他。如果暫時不行，那就先放開
他，等有適當的機會再去關心他、影響他。不管怎樣，都不
應該因為擔心魔會危害到我們，就要馬上殺死他。更何況現
在所談論的，只是不相信我們的異教徒，怎麼可以抱持著
「殺」的心態呢？因此楊郁文決定不再去教堂，開始用距離
遙遠等理由向同學推託：

　　醫學院是在高雄火車站的後面那一邊，以前那裡都
　　是田，要走兩公里多才會到市區。我們那時候住在附
　　近村落出租的房間裡，如果禮拜天要去教堂，必須特
　　地走到市區去，所以除非很有吸引力，否則就不想去
　　了。（訪3）

不去教會的表面理由是距離太遠了，但實際上是不能接受牧師
所講的教義。楊郁文反省，如果那一天牧師所講的內容不是這
樣，或許他這一生就有可能成為基督徒，而錯過了接觸佛法的
機會，因為楊郁文認為虔誠的基督徒還是有相當值得尊敬的一

面，例如《新約聖經》所提到的人際互動就很具有啟發性：

> 假設那一位牧師剛好是講到博愛、講到耶穌怎麼樣
> 為人類犧牲自己，那我可能就會一直繼續去了。等去
> 到某一種程度，已經有一種印象固定下來，就會變成
> 感情用事，沒有理智判斷能力了，那我這一生就可能
> 不會再想要碰佛法了，所以我一直很感謝那一位高雄
> 新興區長老教會的牧師。（訪3）

因此這一生能夠學習佛法，不但要感謝接引自己學佛的因緣，
也應該要感謝使自己不能接受其他宗教的因緣。楊郁文那時候
還沒有接觸到佛教，佛法尚未進入他的腦海中，但是他當場就
拒絕採用「殺」的態度來看待異己了。楊郁文認為這可能就是
所謂的「天性」，也就是與生俱來的人格傾向。人的習慣會逐
漸轉變為習氣與品性，而這種習氣與品行會延續到來生，即形
成所謂的「天性」。

　　1961年楊郁文於高雄醫學院畢業，入伍擔任國軍陸軍醫
官，被保送到台大醫學部（今日台北市立中興醫院）徐千田教
授的婦產科受訓。三年期滿，楊郁文決定回鄉開業。當時很多
人都勸他留在台北市教學醫院，可是他一心想要回鄉照顧父
母，同時也效法父親那樣回饋鄉里。因此，他就在1965年離開
台北，帶著新婚一年的妻子回斗南定居。

二、一貫道善書

　　生性好奇又喜歡思考的楊郁文，除了對民間宗教和基督教有興趣以外，對一貫道也有所接觸。特別的是，楊郁文是因為一貫道的善書才與佛教連上線的：

　　　　我要感謝一貫道的組織。三十多年前，政府很擔心他們可能會危害政體，所以就嚴格取締。實際上愈是嚴格取締，愈是反效果，變成愈地下化，造成愈強的吸引力。他們靠著善書去發送教義，因為一貫道是「儒、道、佛」三合一的，所以善書有好幾類，一種是勸世的，一種是關於佛教的善書。（訪3）

楊郁文的父親不但是一位醫生、是高知識分子，後來又擔任了鸞堂的堂主，所以一貫道只要有剛印製出來的善書，一定會主動寄到楊郁文家裡，希望招攬人才：

　　　　只是要新鮮的善書，他們都會寄過來給我們，後來《金剛經註解》就這樣寄來了。在這一本寄來之前，我父親有時候會誦經，所以我也會看到，但是我只是翻閱式的，不會想要仔細看。所以《金剛經》，我也看到過，但是只有看看經名，連翻都不想翻。（訪3）

不過寄來的善書卻始終吸引不了楊郁文動手翻閱，直到有一天他拿到「濟癲和尚」署名的《金剛經註解》，才驅動了他

的好奇心。因為濟癲和尚俗稱為濟公，民間經常流傳著相關的傳奇故事，楊郁文小時候就曾經看過濟公的傳記，所以當他拿到這一本《金剛經註解》，不禁好奇濟公會怎樣註解佛教的經典：

　　順著濟癲和尚的《金剛經》白話註解，我這一生跟佛法又非常強而有力地重新連線了！我以前沒有看過佛經裡面的內容，就認為那只是參雜迷信的信仰和勸人為善的而已。現在我發現不是這樣，佛經在談道理、在談人生的真相。「無我相，無人相，無眾生相，無壽者相」，這是很新鮮的，明明「有」，為什麼說「沒有」呢？而「應無所住而生其心」，為什麼「無所住」，卻還會「生心」呢？類似這一些問題，透過註解書的善巧解釋，我慢慢地都能接受，還認為這跟生命、生活有關，所以決定要認真用心地來重新注意它。（訪3）

三十一歲的楊郁文，因為讀到《金剛經註解》而領略到佛法的奧妙，發現佛教所談論的道理與人生實相有關，並非充滿迷信的教材。雖然比起後來的學佛經歷，當時的體會並不是什麼大發現，但是那一股振聾發聵的震撼力卻讓他往後的一生產生重大的變化。

三、佛書出版社

看完《金剛經註解》以後，楊郁文開始四處尋找佛教書籍，想要深入了解佛法，那時候他先找到的是《菩提樹》雜誌，不過裡面都只是短篇的文章而已，無法滿足他的需求。但是他依循著雜誌上的線索，聯絡到當時台灣僅有的兩家佛書書店，一家是台中的瑞成書局，一家是台北的台灣印經流通處。楊郁文寫信請他們寄目錄過來，他再從目錄隨意挑選書籍：

> 我認為應當要很用心地去了解佛法，就開始蒐集資料，但是沒有人從旁協助或是開書單給我，所以我都是從書目隨緣地挑。而當時能挑的幾乎都是淨土宗的，因為那時候台灣光復不久，台中李炳南居士強力推廣淨土，有《佛法解答集》什麼的。我從這裡很快地進入情況，知道佛法有哪一些問題，而這些問題的答案又是什麼。（訪4）

當時可以買到佛教書籍都以淨土宗為主，所以楊郁文很自然地就開始接觸到淨土思想了：

> 在這個時候，我先透過《印光文抄》了解淨土信仰。《印光文抄》很吸引人，對於淨土信仰有過底子的人很容易就可以接受。《印光文抄》之後，我開始讀《淨土三經》。後來《淨土叢書》出版，我就把《淨土叢書》都看完了。（訪4）

他那時候還不曉得佛法有不同時代的演變，看到淨土相關書籍
所形容的極樂世界是那樣地美妙，心想移民到那邊應該很理
想，所以開始建議父母在鸞堂講授《阿彌陀經》。雖然是在鸞
堂，可是講著講著，大家也都開始有興趣了，後來還定期舉辦
念佛會。

　　楊郁文當時的淨土信仰並非盲從，是經過理性思考判斷
的，他還很用心地鑽研淨土宗的三經五論，並且了解到西方極
樂世界存在的原因：

　　那是法藏比丘花了好幾劫的時間去參訪各方世界的
優點，特別挑出最吸引人的那一些條件，把它濃縮在
西方極樂世界的架構裡面。而有時候對於某一些佛陀
的說法，一般人難以達到這樣高度的要求，所以他又
設計好各種根器可以符合的條件，不管上根、中根或
是下根，都可以讓他們移民到極樂世界來。以現在的
社會來說，這樣的想法就好像有一個新開闢的地區，
有一個偉大的建築師在構想怎樣配合地理環境設計公
共集合的場合、私人家居的場合，或是遊戲的場地等
等，然後廣告喜歡的人都可以來，而條件是什麼。
（訪4）

往生西方極樂世界的條件就是臨終要正念分明、發願往生，即
所謂的「信、願、行」。因為佛法不離世間，所以他用現代新
社區的開發模式去理解西方極樂世界，認為極樂世界的建構方

式跟社區開發很類似。

一般人對淨土法門經常會有懷疑，主要是因為要學佛、成佛很困難，怎麼只要持續念十個名號就可以往生極樂了呢？難怪《阿彌陀經》也說這是難信之法，因為太簡單了所以才難以置信。但是楊郁文對淨土法門的懷疑不僅於此，當他接觸的佛法愈來愈多以後，發現《阿彌陀經》乃是大乘佛教盛行之後才開始流傳的，另外也有學術界考證，淨土經典對於極樂世界的描述與安息國（也就是現在伊朗）有很多類似的地方。印度有一個教派就是崇拜太陽神的，而安息國就在印度的西方，印度高低不平的地方太多了，安息國剛好就是一大片平原。

其實極樂世界「七重欄楯、七重羅網」等架構，在《阿含經》的確也有提到過，那是古代人類想像中最為理想的生活環境。但是問題在於，《阿含經》裡面並沒有提過「西方極樂世界」與「阿彌陀佛」，那些是後出的經典才有的。到底要如何理解這些問題呢？沒想到閱讀的書籍愈來愈多，反而讓自己愈來愈困擾：

> 我是站在剛才說的新社區開發的緣起立場，還有《淨土賢聖錄》的描述，才把它當作是實實在在不騙人的。這一千多年來，有許多賢聖出現過往生淨土的瑞相，所以我最後又安下心來了，認定西方極樂世界的存在是合情、合理、合法的。多年來有那樣多人嚮往這個地方，最後有共業就會聚合在一起。以《阿含經》說六觸入處天，像地獄界、人間，實際上都是一

心而已，極樂世界也只是一心而已。只要大家有共同
的一心、有一個交集的話，精神就能夠會合在那一個
時空繼續活動。（訪4）

他後來的想法是，即使釋迦牟尼佛陀沒有介紹淨土，可是從
五百多年後流傳到現在也有兩千多年了，那麼多人往那邊移民
過去便會有共業聚集在一起，所以應當也是可行的。就好比是
對台灣失望的人，可以移民到美國、加拿大、澳洲去一樣，當
然有人認為台灣或是娑婆世界很好，不必移民：

　　我對釋迦牟尼佛陀的了解是，因為他很有自信，認
為用他的教法來學佛甚至成佛就已經夠用了，不必移
民或留學。釋迦牟尼佛陀並沒有把成佛的方法隱密起
來，已經全部公開了。四聖諦「苦集滅道」是佛法中
最根本的，但是極樂世界跟「苦、集」太不相干了。
不過如果有討厭娑婆的「苦、集」，嚮往極樂世界
「滅、道」的人，就可以移民過去。可是在我看來，
修行要快速增長的話，還是留在苦樂參半的娑婆世界
比較理想。就像《增壹阿含經》所說的，人間是天的
善趣呀！連天上的神明都認為人間才是修行的好地
方。（訪4）

因為天上唯樂無苦，極樂世界也是唯樂無苦，不太契合四聖
諦。所以不是說極樂世界不好，只是往生到那一邊學佛的速度

會慢下來。而在娑婆世界雖然苦了一些，但是這些都是學佛、成佛的教材。

第二節　學佛歷程

一、《學佛三要》

　　當楊郁文開始對佛法有興趣時，經常把佛書擺放在診察桌上，等有空閒就可以翻開來看。有一天，楊郁文石龜溪的小學同學帶太太來看診，同學注意到楊郁文的桌上有佛書，曉得楊郁文對佛教有興趣，就介紹他閱讀印順法師的著作：

> 　　我們那個時代，西醫會信佛教的人很少。我同學眼睛尖，一看就曉得我在研究佛經。他比我早接觸佛教，而他所接觸的是跟印老有關的，就給我介紹他有一本小冊子《學佛三要》，但不是現在《妙雲集》的那一本，是江浙同鄉會印的。台灣這一批主要佛教領袖的法師幾乎都是從江蘇、浙江過來的。他們為了使更多的人能夠認識到印老，同鄉會出資印了一本小冊子，就是《學佛三要》。（訪3）

雖然江浙同鄉會共同印行的《學佛三要》只有薄薄幾頁而已，卻已經讓楊郁文堅信可以發願成佛了。因此，《學佛三要》不僅讓楊郁文這一生與印順法師連上線，更讓他發願成為一名

佛教徒。往昔的《金剛經註解》只是讓楊郁文注意到佛法的價值，真正讓他對學佛產生信心的乃是印順法師的這一本《學佛三要》：

> 真正扭轉乾坤的，不是《金剛經註解》，而是《學佛三要》。《金剛經註解》只是帶進門的，曉得《金剛經》當然也是正見，可是認識到有成佛的途徑、發心要成佛卻是更高明的正見。我因為《學佛三要》而肯定，假使我這一生要皈依某一種宗教，那就只有佛教了，我絕對不會選擇其他的。（訪3）

讀過印順法師的著作之後，楊郁文確定了自己今生唯一的信仰就是佛教，而且發心要學佛、要成佛。所以，雖然楊郁文那時候還沒有接受形式上的皈依儀式，但是已經具備了實質皈依三寶的情感與信念。 ❶

二、學醫與佛學

　　經過一段時間以後，楊郁文體認到成為一名醫師固然不是一件簡單的事情，但是能夠進入佛法核心的人卻更為稀少，因此他逐漸將研究重心移向佛學研究領域：

---

❶ 根據印順法師（2004：32）對於「皈依」的解說，皈依是「深切的信願，信得這確是真皈依處」，而且「將自己的身心，歸屬此三寶，不再屬於天魔外道」。

　　一般學校的教育制度、家庭教育、社會教育當然會提供人生觀和宇宙觀的確立，可是比起佛陀所了解的、佛陀所說的，差得太遠了。我本來沒有預備以後要當弘法師，純粹只是為了要了解人生，可是後來考慮到醫生多得是，反而研究佛學的人相對比例太少了，自己有能力應當往研究佛學這一邊去才對。（訪4）

原本只是單純地想要解答自己生命的困惑、建立更寬廣的人生觀與宇宙觀，但是這條路卻越走越長遠，甚至後來成為一名專職的佛學研究者與弘講師。這些雖然都不是楊郁文事先設想好的，可是在因緣具足的時候便會自然成就。

　　其實學醫和學佛並非完全不相干的兩條路，因為佛陀向來有「大醫王」之稱，佛法也被視為解決心靈痛苦的良方，而楊郁文還再加入「僧伽」，比喻為現代的醫療團隊，形成了「三寶」與醫學的關係：

　　我們皈依三寶，就是要成就四不壞淨，四不壞淨就是預防醫學。所以我們要尊敬診斷和治療我們的醫生，要尊重能治癒我們的藥，也要感謝圍繞醫生旁邊的助理人員，包括護士、檢驗人員、調劑藥的人員等等，這是一整個團隊在進行的。（訪4）

楊郁文認為佛教徒皈依三寶，就是進入以「三寶」為運作中心的醫療架構之中，治療我們因為貪瞋癡所引發的各種心靈

疾病。而「四不壞淨」指的就是「親近善士」、「聽聞正法」、「內正思惟」、「法次法向」，成就了這四項步驟便可從「增上善學」進入到「增上信學」的階段，也就是成為正信的佛弟子。❷

三、皈依受戒

在「僧寶」當中，楊郁文接觸最多的是印順法師。印順法師從1952年擔任善導寺的住持以後，經常為了弘法利生而四處奔波，不但到日本、泰國、高棉、香港、菲律賓等國弘法，還在台灣建立了福嚴精舍、慧日講堂等道場。1963年印順法師決定南下閉關，經由居士介紹，選定嘉義一處山林建築靜室，取名為「妙雲蘭若」（潘煊2002：181）。楊郁文說：

> 印老是喜歡安靜的人，可是那時候當忠孝東路善導寺的住持，應酬太多並不理想，送往迎來很浪費時間。後來他開始尋找比較安靜的地方，終於找到嘉義來了。那時候內行的人都已經認識到他是大人物了，可是一般人只是把他當作是一位和尚而已。印老選中的地方是嘉義中學後面的山仔頂，一邊是嘉義公園、

---

❷ 根據楊郁文（1997a：18）的說明，成就「四不壞淨」可以從外凡轉為內凡。而「增上信學」中「四不壞淨」的具體意涵，則是「四不壞信」的意思，意指具備這四項條件，便不會損毀對三寶的正信。另外根據印順法師（2004：43），「四不壞淨」又稱為「四預流支」，因為是「預入聖流所必備的四大條件」。

> 一邊是嘉義中學。嘉義中學後面有天龍寺，本來是齋
> 教龍華派的一座齋堂，後來大陸佛法移入台灣，齋堂
> 就改為正式的寺廟「天龍寺」。（訪4）

一直缺少出家眾前來弘法的嘉義地區，居然有如此知名的法師
要來閉關，自然成了當地的佛教盛事。

1964年妙雲蘭若建造完成，印順法師離開台北到嘉義閉
關。1970年應天龍寺心一和尚的邀請，到該寺主持大殿落成啟
建法會以及傳授在家五戒與菩薩戒，當時消息傳遍了整個台
灣佛教界（潘煊2002：398）。楊郁文早已拜讀過印順法師的
《學佛三要》並且深受影響，當他知道這個消息後便萌發要去
參加的念頭，但卻差一點無法報名：

> 天龍寺的住持說要有皈依證，我說：「沒有！」
> 他說：「那你有沒有熟悉的法師？」我說：「沒有！
> 但是我看過得戒和尚的一本書。人沒有看過，書看
> 過。」他說：「好吧！他就在天龍寺後面，我們請他
> 當皈依師父好了。」我說：「好！可是我想介紹我父
> 母、阿姨，還有我內人一起來皈依。所以我明天再
> 來！」（訪4）

就在如此因緣際會之下，楊郁文不但可以參加印順法師主持的
菩薩戒受戒儀式，還有機會請求法師作證皈依。面對這樣的大
好機會，楊郁文不忘他最親密的家人，於是要求住持再給他一

天，讓他可以帶父母家人一同前來皈依。

　　楊郁文皈依隔天就是菩薩戒的戒期了。受戒期間，楊郁文結識了許多學佛多年的前輩，從口耳相傳當中，陸陸續續知道了更多印順法師的事蹟：

> 　　得戒和尚是印老，開堂和尚是現在中國佛教會的理
> 事長淨心法師。當時我對印老的了解只限於那一篇文
> 章，還不曉得他是那麼樣偉大。在過程當中，私底下
> 流傳許多尊敬印老的原因，我才曉得有那麼樣多的人
> 在等印老當得戒和尚才要來受菩薩戒。（訪4）

　　在眾戒兄當中，影響楊郁文最深的莫過於趙茂林了，他比楊郁文年長四十歲，在大陸就曾經跟印光法師等學過佛法，到了台灣以後，還在電視台主持弘法節目。趙茂林非常敬仰印順法師，先前放棄了好多次受菩薩戒的機會，就因為他一直在等待印順法師傳戒，好不容易終於等到了，於是他不辭辛勞地從台北來嘉義受戒。

　　此時楊郁文已經透過出版社寄來的佛書鑽研佛法好幾年了，雖然頗有心得，卻也累積了不少困惑，於是趙茂林就成了他最好的討論對象：

> 　　我尊敬趙居士是因為他對佛法了解很多，又是在電
> 台弘法的人。他看我也投緣，認為西醫會想要皈依、
> 又想要受戒，是很稀少的，所以他很關心我。安排床

位，我就躺在他旁邊。我認為機會難得，就開始用尖
銳的問題來請教他。當然我問得好，回答的人也會驚
訝：「咦！你怎麼會這樣問？」實際上我是找我不能
確定而想要肯定的問題來跟他溝通，後來我們就成了
忘年之交。（訪4）

楊郁文和趙茂林在一問一答之間，雙方相互欣賞，最後還成了
忘年之交。而戒期結束後兩年，有一位同期的戒兄寄給楊郁文
一本《印度之佛教》影印本，對楊郁文的影響非常深遠。當時
那一本《印度之佛教》是最早期的版本，由於印順法師要重新
修訂，所以不對外流通，但是有心學習者早已經拿著影印本開
始研讀並且流傳起來了。

這一切是發生在楊郁文三十六歲的時候。回顧起這一年，
楊郁文覺得有很難說的因緣在。在他就讀嘉義中學的時候，學
校隔一面牆就是天龍寺了，由於天龍寺很安靜、風景很好，他
有時候也會在那邊的庭園看書。但是萬萬沒想到自己日後受戒
以及影響自己一生的地方，竟然就是在「天龍寺」。

第三節　潛藏閱讀

一、《印度之佛教》

畈依受戒後，楊郁文決定要更有系統地深入佛法的瀚海，
可是只聽說過有一部《大正藏》，卻找不到管道購買，只好利

用星期假日去嘉義普德寺閱藏。1972年楊郁文收到戒兄寄來的
《印度之佛教》，他一拿到書就迫不及待從頭看到尾了。

　　剛學佛的人常常會對不同派別之間的差異感到迷惘，尤
其當各宗派都有非常德高望重的古大德時，自己到底要如何
看待這些不同的言論，實在是一件令人困擾的事情。不過當
楊郁文讀完印順法師在該書的說明以後，積存許久的疑惑終
於豁然開朗了：

　　　　我們初學的人還沒有辦法分辨孰是孰非，後來看了
　　這一本書，對佛法的很多存疑都一掃而光了，曉得大
　　家都是站在自己派別的根本主張在發言的。因為佛法
　　在流傳，隨著法的「無常」所以會變，因為法的「無
　　我」所以會吸收新的。（訪4）

其實不只早期有部派的分裂，中期也有大小乘的論爭，後來大
乘又分為好幾宗，如果用歷史流變的角度來看這些紛爭就會更
加清楚了，這些只不過是大家站在各自的立場為自家宗派所做
的辯護而已。

　　楊郁文逐漸體悟到，花時間在派別之間的爭論對學佛本身
沒有多大利益。然而，不同宗派的說法的確是存在的，要如何
抉擇這些說法來處理自己的問題呢？楊郁文認為：

　　　　問題應該怎麼樣對付有一定的因緣條件，而時間
　　也在不斷變動當中，所以針對某一種問題，用甲派的

說法容易安心，就選擇這樣的說法。可是一旦時間改
變了，用原來的說法會有困惑，用乙派別的說法反而
很好，那就改用乙方式來理解佛法。因為法就像藥一
樣，是因病而對症開藥的，病情不同，藥就要隨著改
變。沒有一成不變的病，自然也沒有一成不變的藥。
一帖藥能治萬種病，這純粹只是理想，現實絕對不存
在的。（訪4）

他加上時間軸以及個人習氣的考量，對宗派的對立採取開放的
態度，認為沒有唯一的答案，也沒有永遠不可改變的選擇。而
適合自己的，不一定就適合別人；某對治方法在某時段是有效
的，也不代表永遠就會有效。

印順法師的《印度之佛教》把佛教的傳播史分為五個時
期，清楚呈現出佛法在不同區域弘化所造成的變遷。而佛法又
可以分為「權法」以及「實法」：

實法是根本對付人性的，而人性過去、現在、未
來、十方都雷同，所以實法永遠不會改變。它是真理
實相、真理實用的，過去、現在、未來或是娑婆、極
樂都通用。但是也有一種權法，是佛陀權宜而說的。
例如印度人有不同的特性，包括特殊的地理環境以及
代代傳承下來的看法，所以有不共通於其他地區的問
題，佛陀針對這些特殊問題的說法就是權宜之說了。
權宜而說是在那個時代、那個地區，對那些人最好的

方法，但是移到別的地區或是時代就會不一樣了。
（訪4）

「實法」是永久不變的，「權法」卻不斷地因時制宜，所以會引發爭議的往往是「權法」。楊郁文認為對於權法的了解，要把握住它的相應性，思考為何這樣的說法對於當時這些人是最好的，只要能夠抓住那樣的精神，就可以隨處應用了。甲地的權法不能全盤移植到乙地，必須進行改良，如此一來佛法自然就會衍生出許多不同的宗派了。

雖然佛法有不同的權宜之說，但是詮釋與應用的精神仍然必須符合最核心的法義，也就是實法。楊郁文說：

> 每一代大德都是有眼光的人，表現的詞彙會改變，但是內容、精神、意義不能不同於佛陀的說法。所以我們對於佛法的了解，要時時刻刻分析這是屬於實說還是權說。任何時代的佛法都包含這兩種成分，阿含、阿毘曇、大乘初期、中期，甚至大乘後期的密教也都一樣。只是越往後，實法愈來愈少，權法愈來愈膨脹，甚至有些膨脹到變樣了。後期印度開展出來的已經算是印度教的，許多行為跟密教很難分開。不是說密教沒有佛法在，純粹的佛法還有，只是這些權法不是第一義諦，只是世俗諦。（訪4）

後期發展的佛教仍然有實法存在，但是裡面包含了太多因時空

不同而產生的權宜之說。雖然這些說法有安心的作用在，但是
對於淨化身心，力道就差了一些，因此學佛人要有能力分辨自
己聽到的教法是屬於「權法」還是「實法」，這樣才不會對不
同的說法感到困惑。

　　閱讀《印度之佛教》使楊郁文能夠站在比較客觀立場，
去看待佛教內部不同宗派的說法，這些大多只是關於權法的
爭論而已：

　　　會產生爭論的都是權法，實法不會產生爭論。除
　　非沒有開法眼，一旦開法眼，對實法就已經無所爭論
　　了。至於權說，如果不體諒別人的心情，只是以自己
　　為主，那就太有「我、我所見」了，實際上就已經錯
　　了。（訪4）

《印度之佛教》讓楊郁文不再被不同宗派的說法吸引住，佛法
是用來修行與改善生活的，那些爭論並不能幫上忙，所以面對
不同的說法不必太過在意與執著，更不可以因此而阻礙了自己
學佛的道路。

二、《妙雲集》

　　隔一年，楊郁文三十七歲，這時候他的學佛生命又有一大
突破，因為《妙雲集》開始印行，他終於可以飽覽印順法師的
所有著作：

　　《妙雲集》有上篇、中篇、下篇。「上篇」是經、論的解釋和講記，「中篇」是印老系統性的研究，包括性空學派、唯識學派、如來藏性等等，「下篇」是許多主要問題逐一地討論。所有的著作我都看過了，而受到印老的影響，比起「經」來說，我開始更加地重視「論」。因為如果不透過「論」，就會看不懂「經」或是誤會了它，所以要透過「論」才能夠深入到經典裡面去。（訪4）

受到《妙雲集》中篇及下篇的影響，楊郁文愈來愈重視論典，也因此發現到《阿含經》與南傳文獻的重要性，展開未來進一步的研究旅程：

　　從《妙雲集》中篇跟下篇，可以很明顯發現印老有引用「四部阿含」和五部《尼柯耶》，讓我注意到有南傳的文獻在。還有印老所有的理論都是以《阿含經》為最主要的依據，再配合後期的資料來敘述的。我們現在是從水的源頭順流而下，跟溯流而上不太一樣。溯流而上是說，許多小支流會合成長江、大海，所以源頭是小支流。可是現在反過來了，法脈如同佛陀心臟的血液，最先擠出來的是大動脈，那就是「阿含」。再往下分流到四肢、往上分流到頭腦，那就是動脈。動脈再下來有小動脈，再下來有毛細血管，愈來愈細密。（訪4）

楊郁文用他熟悉的人體構造來說明佛法的法脈，佛陀的心海就是心臟，法脈流傳的大動脈就是《阿含經》：

> 佛陀的心海就像是心臟一樣，你碰不得。可是心臟流出來大動脈的血液，你才碰得到。佛陀透過三示導說出來而記錄下來的，就是北傳四部《阿含經》、南傳五部《尼柯耶》。再往下的小動脈，那就是《阿毘曇》，再下來就是大乘初期、中期和後期，不過《阿毘曇》跟大乘初期時間是重疊的。（訪4）

佛陀說明佛法的方式可分為三種，即所謂的「三示導」（tini pāṭihāriyāni），包括神足、觀他心、教誡等❸，而經由文字記錄下來的就是北傳的《阿含經》和南傳的《尼柯耶》了。

三、《阿含經》

雖然有心深入《阿含經》，但是楊郁文也只能利用假日去佛寺閱藏，一直等到後來斗南居士園有人送他一套《雜阿含經》，他才真正地與《阿含經》結緣：

> 有人送給我十二小本的五十卷《雜阿含經》，我就從那裡開始閱讀，才真正跟「阿含」結緣。不久後《大正藏》出版了！台灣印經流通處的《雜阿含經》只是一

---

❸ 參考《大1-9c》。即《大正藏》第一冊，第9頁，下欄。

種版本而已，可是《大正藏》是七、八個版本校對出來的，讀一本等於七、八個版本一起讀。（訪4）

1973年新文豐出版社成立，以出版佛教各種版本的藏經做為出版社的特色，隔年（1974年）發起《大正藏》的預購活動。❹早已期待多時的楊郁文，終於如願購買到《大正藏》：

　　然後我就開始閱藏了。結果發現到「阿含」所談的都是關鍵的事情，雖然是一小段、一小段的經文，但是這些都是生活和修行上常常會碰到的。我參考印老《妙雲集》中篇、下篇的說法，又加上自己的體會，我就有許多的心得了。（訪4）

有了印順法師的《妙雲集》，現在又加上新文豐的《大正藏》，楊郁文總算可以實現潛藏閱藏的心願。他從《大正藏》第一冊地毯式閱讀起，寫了許多眉批、製作了許多書卡，直到

---

❹ 高本釗於1973年成立新文豐出版社，以出版佛教各種版本藏經為一大特色。高本釗本業為印刷業，1949年從大陸來到台灣，接觸到許多亦從大陸過來的法師，包括東初法師、道安法師、南亭法師等，受到這些法師的鼓勵，決定致力於佛教的藏經的印製流通工作。1960年開始嘗試倡印《大正藏》，然而當時台灣正值政治、經濟各方面動盪的時代，不敢貿然付印。一直到1973年新文豐正式成立以後，印刷設備也較為完善，故於1974年即再次發起《大正藏》的印製工作。儘管當時台灣正值經濟風暴，紙價上揚，但是仍然按照原價發行出售，並且讓讀者可以選擇所需的冊數零購（釋舜融1999：34）。

藏經的紙張都被翻爛了：

> 我《大正藏》差不多五年就要換一本新的，因為整
> 天摸來摸去的，翻到旁邊都毛毛的，尤其夏天流汗紙
> 張比較容易變質，變得很難翻。但是捨不得丟，因為
> 裡面充滿許多符號，許多我想要提示的文字在裡面，
> 這些都是寶貝。（訪3）

雖然在藏經做眉批的時候，必須心存恭敬才比較如法，但是楊
郁文認為佛法就像藥一樣，按照正確的方法把藥服用下去才是
對藥最高的尊敬，所以如果只是把《大藏經》供奉起來，連碰
都不敢碰，那只是表面上的恭敬而已，不是最高明的辦法。

楊郁文《大正藏》第一、二冊的損耗速度，一直等到電子
藏經CBETA❺問世之後才減緩下來，可以保留得比較久，並且
成為上課的活教材。例如蔡奇林在當楊郁文學生的時候，就對
這兩冊磨損嚴重的《大藏經》印象非常深刻：

---

❺ CBETA全名為「中華電子佛典協會」（Chinese Buddhist Electronic Text Association），由「北美印順導師基金會」、「菩提文教基金會」與「中華佛學研究所」於1998 年贊助成立，以《大正新脩大藏經》與《新纂大日本續藏經》底本。1998年至2002年以完成《大正新脩大藏經》第1冊至第55冊及第85冊之電子化為目標，已於2001年3月完成第一版測試版，四月發行光碟版。2003年至2007年以《新纂大日本續藏經》之電子化為目標，已於2006年2月順利加入續藏之第54 冊至第 88 冊，包括諸宗著述部、禮懺部、史傳部等。參考中華電子佛典協會網頁「版權宣告」，http://www.cbeta.org/copyright.htm 。

　　老師不是特別帶來給我們看的，是他上課自己要用
的。老師會要我們去看他那兩本大正藏怎麼畫重點、怎
麼用五顏六色的筆做筆記。像佛法的重點用什麼顏色、
外道的思想用什麼顏色，還有註記哪一經提到什麼，以
及很詳細的眉批。我記得他說：「這第二套已經爛爛
的，第一套已經翻到爛掉不能用了。」（蔡訪3）❻

學生可以從藏經上面所留下的痕跡，學習到各種做學問的技
巧，並且看到老師研究經典的紮實工夫，體會老師深入佛陀教
法的期待。

第四節　隨緣講經

一、居士園

　　楊郁文首次與大眾分享《阿含經》研究心得是在離自家住
處不遠的居士園，那是一名居士所管理的修行處所：

　　居士園是一位居士在管理的，他有收徒弟，後來鼓
勵他的徒弟出家為比丘尼，而他自己還負責那個廟不
算廟、寺不算寺的居士園。我們斗南最初只有這樣而
已，但是佛教的根據地在這裡，我第一次嘗試傳播佛

---

❻ 共訪談蔡奇林三次，編號及日期請見附錄三。

法也是在這裡。（訪4）

居士園雖然不大，也沒有法師常住，但卻是斗南地區最初佛教
的根據地，有心學佛的居士們經常聚集在這裡討論佛法。此時
自修經藏已經有段時日的楊郁文，應邀到居士園宣講心得，這
是他第一次在大眾面前解說佛法：

> 雖然只是對著十幾個熟人，有題目地在談佛法這樣
> 子，但是在談的時候，師母發現我說話的聲調有些膽
> 怯，因為我從來沒有這樣跟大眾在互動。可是我的父
> 親不一樣，在鎮內許多人婚嫁都喜歡我爸爸去主持，
> 因為我爸爸很風趣，漢文底子也很好，又喜歡做這一
> 種工作，他經常侃侃而談，說得很讓結婚雙方喜歡。
> 我父親也當鸞堂的住持，常常對大眾訓話、開示。
> （訪4）

向來很少有機會為人演說的楊郁文，剛開始時不免有些膽怯，
但是他後來想起父親曾經教導過他，假使演說的時候自己已經
有了全盤的了解，能力也不會比在場的同行差，那就不必感到
膽怯了。楊郁文自我評估，自己所說的都是經驗談、是自己實
實在在的看法，而佛陀之所以有「四無畏」，就是佛陀談論的
都是自己經歷過的事情，並且佛陀已經成就了無上正等正覺，
所以在任何場合說話根本不會擔心害怕，所以從此以後，楊郁
文就對自己為人說法更有信心了。

　　楊郁文後來在研究所任教時，時常針對學生不同的背景問問題，就曾經以「四無畏」為題問蔡奇林，令蔡奇林至今仍記憶猶新：

　　　　他知道我在教書，就問我：「為什麼佛陀會無畏？」那時候我不知道怎麼回答，他就提示我說：「你當老師，你什麼時候會畏、什麼時候會無畏？」我還是答得不完全，然後他就解釋說：「我們可以用一個老師的心情來體會。如果老師對教學的內容準備不充分，教起來就會有不踏實的恐懼。可是如果對所有的內容都很清楚了，而且是真才實學、是自己所經歷過的，自然就沒有任何畏懼了。佛陀可以獅子吼、可以無畏，那是因為他所作證的東西是實實在在、確確實實的，他只是把自己經驗過的宣說出來而已。」（蔡訪3）

楊郁文根據《增壹阿含經》的描述，說明佛陀具有「四無所畏」，所以在大眾之中能獅子吼、轉法輪。亦即佛陀乃依其智慧建構出所宣說的法義，具備了恰如其分的自信，故而無畏。❼

---

❼ 參考楊郁文於中華佛學研究所「《阿含經》研究」之課堂講授筆記，2003年9月17日。

二、妙雲蘭若

幾年之後，印順法師又離開嘉義移居到中部。雖然印順法師人不在妙雲蘭若，但是有心學佛的人仍舊會定期聚會在此地討論佛法：

> 印老移居到中部華雨精舍或是報恩小築這幾個地
> 方，妙雲蘭若就空下來了。後來一批學佛的年輕人就
> 以那裡為根據地，固定每個禮拜聚會。他們曉得我在
> 研究「阿含」，就邀請我每個禮拜提出心得跟他們切
> 磋，持續了一段時間。（訪4）

此時楊郁文《阿含經》的研究更臻成熟，也累積了許多心得不吐不快，於是他又應邀到此處與大眾切磋佛法，也在這樣的過程中，逐步奠定他日後正式成為弘講師的基礎。

楊郁文自行閱藏的這一段時日，除了應邀到「妙雲蘭若」等地分享心得以外，還曾經幫蓮因寺懺雲法師做閩南語翻譯，以及到嘉義佛教會講說《八大人覺經》：

> 《八大人覺經》是我自己挑的。因為這部經談到八
> 個項目，包括要怎麼樣看待人世間、怎麼樣警覺不違
> 戒，以及依法奉行等八個項目。跟《中阿含經》阿那
> 律尊者的八大人覺不完全一樣，但是有相關，是很好
> 的經，是對佛法很精簡的歸納說明。（訪4）

就這樣，楊郁文在中南部佛教圈逐漸小有名氣，愈來愈多人知道有一位「楊郁文居士」長年在研究《阿含經》。

三、舉家北上

　　1977年楊郁文做了一個重大的決定，那就是要舉家搬來台北。楊郁文當初回家鄉開業有兩個目的，一個是回饋家鄉，一個是為了就近照顧父母，可是這時候父親已經往生了，而母親人緣很好，不但是鸞堂的住持，還是斗南順天宮媽祖廟的住持。而他的三個小孩已經日益長大，為了孩子們能夠在資訊豐富的大台北地區學習，就在母親的鼓勵之下決定舉家北上：

　　　　大女兒六年級，小女兒幼稚園。斗南是個鄉下地方，我認為應該要給孩子比較好的空間，大都會地區有圖書館、博物館，還有展覽會。雖然家裡有買了兩套的百科全書，但是這三個孩子好像不如我想像中的那樣。我小時候的觀察力還有模仿力很強，喜歡看著大人在幹什麼，還很喜歡翻工具書，想盡辦法自我解決。（訪4）

從小喜歡思考又充滿好奇心的楊郁文，認為假使他小時候有一套百科全書的話，一定會很有興趣地把它看完，但是現在孩子的主動學習精神並不高，需要特別用心營造更好的學習環境才行。所謂「天下父母心」，父母的總是會為孩子的學習百般設想，就連楊郁文也不例外。

第五節　結語

　　楊郁文從小就有著好奇與喜愛思考的性格，他生長在信仰氣息濃厚的石龜溪，相信有不可知的神力存在，但同時也看到了宗教迷信的一面。直到他在偶然的機會裡讀到一貫道的善書，才破除了以往認為佛教也是充滿迷信說辭的成見，驅動了他這一生研讀佛書的興趣。

　　然而當時台灣只有兩家出版社有佛書，楊郁文只能透過郵購隨機挑選書籍來閱讀。自行閱讀佛書的楊郁文，曾經一度受困於佛教不同傳承的爭論，幸好有印順法師的《印度之佛教》讓他心開意解，領悟到佛法在不同時期傳到了不同地區，自然會發展出不同的詮釋方式與文化風貌，更由此體認到佛法「權法」與「實法」的差別。後來楊郁文也是受到印順法師著作的影響，認為《阿含經》就像是佛法傳承血脈之大動脈一般，決定致力研究《阿含經》。

　　楊郁文向來喜歡自我摸索與獨自閱讀，很少參加外界的活動，沒想到卻因為自己這樣的個性而與擁有許多著作的印順法師結上不解之緣，甚至有機緣在法師座下皈依受戒，更巧的是地點就在他就讀六年的嘉義中學隔壁。難怪楊郁文在回憶起這一段過程時，會感受到似乎有著一股不可思議的因緣維繫在他與印順法師之間。而另外楊郁文逐漸奠定弘講基礎的地方，也是在印順法師曾經閉關的妙雲蘭若。上述這一切都讓印順法師在楊郁文的心目中，具有不可抹滅的重要地位。

　　當初楊郁文的父母為了他的學業著想，從鄉下搬到斗南，而楊郁文醫學院畢業後，也為了父母回鄉開業。等到楊郁文身為人父之後，也同樣地為了孩子們的學習環境，決定舉家搬來台北市當時規畫最好的民生社區。從這裡可以看到，楊郁文對上照顧的孝心與對下關懷的父母心。因此，學佛並不是完全脫離人倫關係，而是在完成人子、人父職責之餘，更進一步從「增上善學」提昇到「增上信學」，乃至最終的「正解脫學」。其實楊郁文的生命歷程與「阿含道次第」並非是不相干的兩條線，而是彼此交涉又重疊的學佛及成佛之道路。

第四章　弘法與研究

第一節　弘法過程

一、能仁學會

　　當南部的慈雲服務隊知道楊郁文即將搬到台北時，就立刻通知北部的慈雲服務隊與楊郁文保持聯繫：

> 　　慈雲服務隊他們南北有串連，所以就通知北部的慈雲服務隊說有一位楊某某上台北來了，叫他們跟我連絡看看可以怎麼樣互動。我就跟他們約好，在他們當時敦化北路圓一法師的能仁學會為據點，一起討論佛法。我第一次見到聖嚴法師就是在能仁學會，當時我都不敢跟他打招呼，因為他那時候已經很有名了。（訪4）

　　慈雲服務隊的聚會地點在敦化北路的能仁學會，離楊郁文住處不遠。那時候楊郁文聽說聖嚴法師要去能仁學會演講，便前去聆聽，他當時和聖嚴法師並不熟識，見到面也不敢打招呼，可是後來卻輾轉到聖嚴法師創辦的中華佛學研究所任教，法師還為他著作的第一本講義書《阿含要略》寫推薦序。

1980年楊郁文應邀在能仁學會解說《阿含經》，這是他首次在北部弘法。他當時心想，「四部阿含」乃以《雜阿含經》為主，於是便從《大正藏》第二冊第一頁開始解說，可惜卻效果不彰：

> 當時發現錯了，現在更肯定這樣是錯了。佛陀對羅睺羅也不是直接從無常開始講的，佛陀先問：「你有沒有跟別人講解過陰法門、處法門、尼陀那法門呢？」等羅睺羅打好「陰、處、緣起」的基礎，再問他有沒有想到這些跟解脫有關。等羅睺羅已經看出來了，佛陀才跟他說一切是無常的。但是《雜阿含第一經》就已經講到「正觀無常，五陰無常」這些了，等於是對小學生一開始就講大學部的課程，這樣是不適當的。（訪5）

楊郁文從佛陀教導羅睺羅的方法，❶檢討出效果不彰的原因。《雜阿含經》的第一經屬於「增上法」❷，裡面談到的法義相當深，所以學生基礎不夠的話，很難領略其中的法義，因此他

---

❶ 根據《雜200經》，當時羅睺羅（也就是佛陀的兒子）問佛陀，如何成就阿羅漢果。佛陀沒有直接回答羅睺羅的問題，只是要他先去了解並且向人解說「陰法門」、「處法門」，最後才是「緣起法門」。佛陀如此的教導方式，對楊郁文架構「增上慧學」的次第有很大的啟發作用，也是影響楊郁文頗為深遠的經文之一。此部分在本研究第六章、第九章還有相關的說明。

❷ 所謂的「增上法」指的是有關「無常、苦、無我」等第一義諦的佛法，因為直接朝向解脫涅槃邁進，故名「增上法」。資料來源：楊郁文在課堂之解釋，另外可參考第六章有關「增上」之說明與圖解。

毅然終止了這個課程。

　　雖然課程停止了，但是楊郁文講授《阿含經》的熱情卻沒有止息，他經過一段時間的沉澱與思考，決定自行編寫上課講義：

> 　　我考慮應該怎樣有次第地來介紹「阿含」，怎樣講得讓開始接觸的人能夠了解。不能夠按照經典的架構來談，那是不得當的。那時候我約略有一個道次第的脈絡浮現了，就像氣象播報的時候會出現台灣立體圖那樣，山的脈絡都可以看得出來。經過這樣鳥瞰之後，想要登百嶽就會有譜了。假如不先這樣，即使台灣走透透，也不會有一個台灣的圖像在。（訪4）

　　在這一套講義當中，首要工作是如何整理出「阿含道次第」，讓初學者能夠鳥瞰整體的阿含架構。因為一旦有了這樣的立體圖像在，所有的經文段落都可以清楚地歸放在道次第當中，不會迷失學習方向。然而這樣的道次第要從何建立以來呢？《中阿含經》〈習相應品〉給了楊郁文靈感：

> 　　不是我特別高明，我是從前輩《中阿含經》〈習相應品〉發現的靈感。我把這十經相互比對，再跟「阿含」其他散說的地方合起來，《阿含要略》的架構就自然浮現了。介紹「阿含」一定要先從認識善士開始，看看自己是不是善士、別人是不是善士、誰又

是比我們更高明的善士。這樣的話，我們才會親近善
士。有了善根的確立，信根才能開展。信根一旦開展
了，五出世根的「信、進、念、定、慧」和「三無漏
學」就會一一輾轉生起，次第學習，之後無論是阿羅
漢或是佛陀的果位都會順利抵達。（訪4）

楊郁文所說的這段話，其實就是後來講義第一章〈增上善學〉
的內容。這一套設計用來使人容易理解與接受阿含法義的講
義，在1993年編輯出版❸為《阿含要略》一書。這一本厚達
五百多頁的《阿含要略》，不但是楊郁文講授二十餘年的主要
教材，也是國內研究《阿含經》重要的中文參考書籍。

二、靈山佛學研究所

楊郁文編寫講義的主要目的，不只是為了整理自己的心
得，更是為了讓有心學習者有學習的教材。儘管他在進行這些
工作的時候，尚無任何單位邀他授課，但是等他架構整理出來
以後，授課因緣便自動找上門了。楊郁文把這些巧合歸功於命
運的安排，亦即累生累世的福德因緣：

我發現我有一番準備工夫的時候，差不多就有人來
找我。所以雖然我不是完全的宿命論，但是我相信命
運。只要你生生世世有好的因緣，自然會朝著好的方

---

❸ 該書於1993年由東初出版社初版，1997年由法鼓文化修訂出版。

向發展。當你準備到某一個程度，就自然會有外來的力量要你做些什麼。我發現我一路走下來就是這樣，這也是幸福的一部分。（訪5）

他認為只要憑著良心盡力地努力，等到因緣成熟之時，自然會有適合自己發揮的機會到來。而這一次邀請楊郁文授課的單位是靈山佛學研究所，創辦者是越南籍的淨行法師。淨行法師那時候來台灣留學，在辛亥路有一個處所，師大與台大的學生常常去那裡討論佛法，因為學校社團的活動已經無法滿足他們深入佛法的欲望了，所以他們請求淨行法師開辦一系列更具深入且整體性的佛法課程。

　　當時已經是1981年了，距離楊郁文就讀高雄醫學院的年代已經有二十幾年的差距。在這二十幾年當中，校園裡的宗教性社團起了非常大的變化，從原本只有基督教團契發展到許多學校都有佛教性社團，例如台大的晨曦社、師大的中道社等。除了時代的變遷因素以外，還要歸功慧炬出版社居士們的辛勤耕耘：

　　慧炬這一幫居士們認為應該要從大學播下種子，就開始在各大學協助成立佛教社團，每一年暑假舉辦幹部的講座、訓練等等。我剛來台北的時候，鄭振煌老師就在負責這些，有兩三年我也有參與他們的暑假訓練課程。（訪5）

擔任慧炬出版社社長多年的鄭振煌，當時正是台大外文系的學生，已經在校園社團活動中相當活躍了。

　　淨行法師因應台大晨曦社與師大中道社學生的要求，決定創辦靈山佛學研究所。由於藍吉富以前曾經協助佛光山推動佛教教育工作，所以淨行法師便請求藍吉富幫忙尋覓師資。事實上楊郁文搬來台北的隔一年，就曾經向藍吉富買過一整套日譯的佛教經典，所以藍吉富知道楊郁文正在研究佛法。而當初楊郁文所購買的是《南傳大藏經》以及《國譯一切經》，雖然這是很值得引進台灣的重要佛教典籍，但那是七、八十冊的套書，❹有心購買並且具備閱讀能力的人並不多見。幸好楊郁文這兩個條件都符合，雙方就在因緣巧合之下，結下了這一段因緣。

　　當藍吉富帶著淨行法師登門拜訪楊郁文時，已經規畫好要如何授課的楊郁文自然就一口答應了：

　　　　每一個星期天早上講授三個小時，花了三個學期才講完。講義都是我手寫影印的，這一個禮拜寫好了大綱，星期天就去影印上課。下個禮拜寫好的講義，下個星期天又去影印上課。結果來聽的學生都很喜歡、都能吸收，我認為那就是有效了。（訪4）

❹《日譯南傳大藏》共70冊，由高楠博士功績紀念會纂譯，日本東京都大正新脩大藏經刊行會，1970-1990。《國譯一切經》共80冊，岩野真雄編輯，重版，日本東京都大東，1970-1978。 參考香光尼《佛教圖書館電子報》第20期，http://www.gaya.org.tw/library/aspdata/epaper/。

靈山佛學研究所是楊郁文第一次用有規畫的方式教學，從學生的反應當中，證實他的心血總算沒有白費，這樣的上課方式確實是可行的。

三、中華佛學研究所

「靈山佛學研究所」名為研究所，但只是針對大學生與社會人士開設的推廣課程，學生可以自由參加，沒有正規的學校體制。楊郁文授課的消息傳開以後，法鼓山的「中華佛學研究所」以及佛光山的「印度佛學研究所」都聞名前來邀請他開課，自此楊郁文的授課生涯才真正轉入了正規體制的學校：

> 中華研所以前在文化大學，有許多研究生聽說我在靈山佛學研究所開這種課程，就遊說學校請我開課。當時李志夫老師自己先來旁聽看看是不是可以，聽過以後就邀請我。而佛光山印度佛學研究所當時也在文化大學，聽到消息以後，就和中華佛研所一起合請我開課，兩個研究所各分攤一半費用。（訪4）

不過楊郁文當時還在執業，陽明山又路途太過遙遠，所以只能利用假日在佛光山普門寺上課。也因為如此，楊郁文一直沒有機會碰到聖嚴法師，等到中華佛學研究所後來搬到北投，楊郁文才和聖嚴法師見到面。

有了靈山佛學研究所成功的教學經驗以後，楊郁文這一次就更有信心了。而為了符合學校的學年制度，楊郁文把課

程進度集中為一個禮拜四個鐘頭、兩個學期上完。以外，楊郁文也增加了與研究生之間的互動，不同於以往對大學生的教導方式：

> 大學部的學生也有好問的，只要他們提出問題，我馬上就針對他們的問題所在，從「阿含」裡面提供適當的答案。但是如果他們不發問的話，我就繼續一直講下去。可是現在研究所的學生要引導怎麼樣想，不能只是提供答案，跟大學部稍有不同。（訪7）

上課教材仍然是楊郁文手寫的講義，但是裡面只列出阿含道次第的條目與目次而已，並沒有標示所要引用的經文段落。所以學生必須帶著《大正藏》第一、二冊到教室，一邊上課，一邊翻閱大藏經。

楊郁文教學幾年以後，發現開始有其他老師使用他的講義授課，也有一些有心學習者使用這些講義在自修。楊郁文想到自己並未標出經文段落，擔心造成這些使用者不便，因此決定動手編寫《阿含要略》。然而那時候CBETA電子佛典尚未問市，所以全部經文都必須由楊劉淑蓉——也就是楊郁文的太太，逐字逐字慢慢敲打出來。這一本《阿含要略》終於在十幾年後（1993年）出版，從五百多頁密密麻麻的經文，可以想見楊劉淑蓉當初所耗費的心力。

中華佛學研究所從1981年開辦，兩年後（1983年）楊郁文才受邀開課，但是沒想到他這一任教就是二十幾年，到2006年

已經是第二十五屆了❺。而雖然他當初授課的對象是第三屆的
學生，裡面也不乏有第二屆的學生前來旁聽的，例如現在法鼓
佛教學院的校長惠敏法師：

　　那時候上課的學生有三十多位，像惠敏師就是那時
候去的。本來我是對第三屆的學生講課的，他是第二
屆的，可是他也進來旁聽。他後來去日本留學討論到
有關早期佛法的時候，把他上課的筆記還有講義以及
《大正藏》一、二冊拿出來，許多日本的同學和教授
都很驚訝，因為有很多觀點是他們以前沒有想到或是
沒有說到的，所以惠敏師就認為上我的《阿含要略》
很受用。（訪4）

惠敏法師是中華佛學研究所最早出國攻讀博士學位的學生，他
對於楊郁文「阿含課程」的學習心得，在日後出版的《阿含要
略》中有提到（1997a：插頁1）：

　　一年聽下來，該講義以及二本《阿含部》（《大正
藏》）都填滿了密密麻麻的上課筆記，這是我在佛學
研究所時代所得到的寶貝之一。它亦是我到東京大學
留學時，行囊中的「秘密武器」，因為我的「阿含」

---

❺ 這一屆也是中華佛學研究所的最後一屆，因為從2007年9月開始，中華佛
　學研究所轉型為法鼓佛教學院，可以頒發教育部認可的碩士學位。

底子常令日本的師生感到不可思議，此也是我能順利
地在很短的時間內完成碩士與博士學位的助緣之一。

惠敏法師將自己能夠在短時間內取得博士學位的原因，部分歸
功於楊郁文的教導，更將他所講授的阿含筆記視為研讀佛法的
「秘密武器」，對於楊郁文的感恩之情可以想見。

惠敏法師不但在日本留學期間令教授們印象深刻，歸國回
校授課也受到學生們的喜愛。根據統計❻，惠敏法師是中華佛
學研究所指導最多畢業生的老師，尤其他剛回國那幾年，指導
學生特別地多，包括後來到英國牛津大學拿到博士學位的關則
富等人都是他所指導的學生。

而指導學生人數僅次於惠敏法師的，便是楊郁文了。楊郁
文第一位指導學生是第四屆的周玉真，她於1989年畢業，出家
後法號為「釋真慧」：

她的論文是《七佛通誡偈思想研究》❼，後來有在東
初出版。我指導的都比較偏向宗教性質的，這樣一般

❻ 截至2006學年下學期5月份為止，中華佛學研究所共有九十四位畢業生，
其中惠敏法師指導二十三位，楊郁文指導十三位，但是有一位（黃櫻
淇）是兩人共同指導的。而高明道與陳英善均指導十二位。前六屆幾乎
都由創辦人聖嚴法師親自指導，共有八位畢業生。楊郁文指導學生名單
請參考附錄四。資料來源：中華佛學研究所教務陳佳彌。
❼ 主要是在探討〈七佛通誡偈〉中的「七佛」由來，透過經典的比對找出
七佛的類似性，從佛法流布時與印度思想等方面進行分析。

> 信眾比較可以用，所以會出書。指導學生不會辛苦，
> 但說不定有傳聞我比較嚴格。就是改過一次以後還要
> 再看一次。（訪9）

楊郁文為了訓練學生，所以會先讓他們先自行發揮，等到他們
遇到瓶頸或是已經有了部分成果以後，才會說明優缺點並且補
充意見給學生參考，所以學生往往需要再修改第二遍。

除了真慧法師以外，楊郁文還有一位指導學生的畢業論
文也有出書，那就是來自馬來西亞的繼雄法師，他該書序文
（1997a：7-8）特別感謝楊郁文的指導：

> 在撰寫此篇論文的過程中，楊師郁文教授在觀念上
> 和研究方法上給我許多的斧正和啟迪；並透過老師的
> 細心、耐心指導下，讓筆者釐清了某些觀念上的困擾
> 和注意到一些易被忽略的問題及觀念。除了從楊老師
> 那裡學習到研究方法之外，亦從老師的教學中認識到
> 「阿含學」的教義，並建立起佛法知見。

繼雄法師以初期佛教聖典為研究對象，探究如何建立健全的家
庭生活以及獲致美滿和諧人生，而楊郁文不只指導繼雄法師撰
寫此論文，也為該書行文推薦。

除了指導學生寫論文以外，楊郁文對於學生的期末報告、
校內發表或是論文口試，也都盡其所能地提供資料供學生參
考。不過有一個前提是，基於尊重專業的立場，他只對自己熟

悉的領域提供意見，因此像泰國留學生白樸❽的論文比較偏向
社會學，他就不願意指導，只願意擔任口試委員：

> 泰國留學生白樸，他研究法身寺是朝著社會機構運
> 作在研究的，我認為最好是請社會學家來指導比較妥
> 當。口試的時候我有參與，關於佛法的部分，我建議
> 了好多。因為站在佛法的部分，我可以建議，但是社
> 會學的部分，我就不能多說什麼。（訪9）

泰國法身寺一共派了三位法師❾、一位優婆塞（即白樸）到中
華佛學研究所就讀，除了白樸基於上述理由沒有受到楊郁文的
指導外，其他三位法師都是由楊郁文指導畢業的。

　　雖然楊郁文提到有些學生指導起來比較輕鬆，不必逐字修
改，但是逐字修改甚至查閱關鍵段落出處已經是他多年的閱讀
習慣了。他不只修改學生論文和報告會如此做，就連翻譯外國
佛書的譯者請他寫推薦序，他也會要求譯者附上原著，以便他
能回溯作者之原意。例如楊郁文（2002：12）曾經談到：

> 接到出版社傳來賴隆彥居士《森林中的法語》一書

---

❽ 泰國法身寺的優婆塞，就是在寺院裡面服務的淨人，因持守八戒，又稱
　為八戒男。白樸2006年也在法身寺出家，中文法號「釋白樸」。白樸在
　台灣留學期間，除了在中華佛學研究所選讀以外，也同時在政治大學新
　聞研究所就讀。
❾ 此三位法師分別為釋祥代、釋祥智、釋心平，在第五章會再度提到釋祥
　智與釋心平的故事。

的漢譯底稿，迫不及待仔細閱讀一遍，讀者特別授受的部分，再用保羅·布理特先生的英文原版對讀，可以肯定賴居士的漢譯是信、達、雅兼具，實屬難得！

楊郁文如此實事求是的嚴謹態度還有一例，那就是他曾經在佛學研究所推廣部採用《心如熾火》做為上課教材，短短不到兩百頁的中文翻譯，他卻編寫了三本共計三百多頁的講義，以及花了四個學期的時間來講解，裡面的討論內容鉅細靡遺，即使是一張插圖也用了將近一個鐘頭的時間來解說。他這樣凡事探究根源、積極好奇的個性，在生命過程時有所見，不但讓他得以成為社會上的一名菁英分子（婦產科醫生），也讓他開創出一片佛學的研究天地（《阿含經》研究專家）。

四、法光佛學研究所

　　靈山佛學研究所開辦幾年之後，便後繼無力了。然而這時候，如學法師卻在台北市的另一個角落創辦了法光佛學研究所。如學法師邀請恆清法師擔任首任所長，法師乃國內第一位在國外取得博士學位的比丘尼，當時正在中華佛學研究所任教，和楊郁文是同事。恆清法師此時也邀請楊郁文去法光開課，於是楊郁文又多增加了一個授課地點。

　　由於中華佛學研究所對於老師的授課時數有明文規定，學校裡面的專任老師只能在其他學校兼課四個小時。所以從此之後，楊郁文除了在中華佛學研究所專任、法光佛學研究所兼任以外，就不能夠再到其他單位授課了。

　　法光佛學研究所先後招生了十五屆，造就出不少佛學領域的學者，包括現在任職於法鼓佛教學院（由中華佛學研究所轉型）的黃繹勳、師範大學中文系的王開府、南華大學宗教研究所兼任的蔡奇林等老師。然而近年來，國內幾所大學已普遍設有宗教或佛教相關系所，宗教研修學院也納入了正式的教育體系之中（參考附錄五），因此向來只以單一組織型態的法光佛學研究所，有鑒於學院式的進修管道日益暢通，反而「佛學成人教育」的終身學習機制有待提倡，故從2004年暫停招收一般研究生，轉型辦理「佛學成人教育」，採用更為彈性的座談會方式來辦理佛教推廣教育的工作。於是楊郁文在該所的課程，也從一學年的「《阿含經》研究」改為一年兩個學期的「《阿含經》講座」。

五、圓光佛學研究所

　　法光佛學研究所成立不久後，圓光佛學研究所也在1989年教育部立案通過，他們也期盼楊郁文能夠過去授課。然而基於中華佛學研究所的規定，楊郁文已經無法再接受其他單位的邀請了。為了讓有心學習的學生能夠研讀「阿含」，楊郁文研擬出變通的方法，就是先用一個暑假去上課，留下錄音帶，然後再請下面幾屆的學生自行聽錄音帶自修，利用星期假日到台北問問題：

　　　　第一屆在暑假上課，錄了錄音帶，後面的學生就聽錄音帶，聽不懂或是有疑問的地方，利用禮拜天來

台北，按照《阿含要略》的頁碼來發問。「這一頁有
疑問的地方嗎？」如果有，我就開始說明了；如果沒
有，就翻到下一頁。不上課，只採用發問的方式。
（訪9）

這樣的方式共進行了三個學年，圓光每次都來了十多位學生，
借用台北市羅斯福路的一處講堂發問。該處講堂住持惠空法師
乃是中華佛學研究所第二屆的結業生，當時正在圓光佛學研究
所教書並且擔任教務長。❿
　　圓光不同於其他研究所的是，它在設立研究所之前已經開
辦了一所歷史悠久⓫的佛學院（相當於大學部），因此圓光的
研究生比起其他學校的研究生受過更多年的佛學熏陶。但是這
樣是好是壞呢？楊郁文分析道：

　　他們是佛學院一級一級自己帶上來的，所以他們的
研究生經過比較正統的佛學教育，有些人對於傳統的
說法就會比較根深柢固，不過也有一些人比較理性而
不受限。中華佛研所的學生是從普通大學過來的，因

---

❿ 參考中華佛學研究所網頁「校友會」「校友簡介」http://www.chibs.edu.
tw/achibs/。
⓫ 圓光佛學院前身是1948年成立的台灣佛學院，該佛學院曾經因為經費
不足而停辦，直到了1981年才由如悟法師重新開辦，更名為圓光佛學
院。參考圓光佛學研究所網頁「關於圓光」http://old.ykbi.edu.tw/htm/
about_school.htm。

為有興趣而來接觸佛法，這是彼此不一樣的地方，各
有優缺點。（訪9）

不管傳統漢傳佛教的經典教義與《阿含經》有何不同，若是學
生在課堂上無法抱持開放與理性的態度，皆無法全盤吸收老師
的教導。然而儘管各研究所的學生背景有所不同，楊郁文認為
上課本身就是一個教學相長的過程，只要課堂上有兩三位學生
特別能夠跟他互動，他就會教得相當愉快了。

六、中華佛學研究所推廣部

中華佛學研究所於1994年成立推廣部，楊郁文利用星期天
早上到推廣部上課。而推廣部的課程又與研究所有何不同呢？
楊郁文說道：

推廣教育是大學部的程度，要說得深一點或是淺一
點都可以，是採用學期制的。不同的是，研究生要學
習使用學術論文的方式來呈現自己意見，並到達一定
的水準，所以老師們不只是提供資訊給他們，也要稍
微輔導他們怎麼樣想、怎麼樣評論、怎麼樣比對。而
推廣教育等於是在服務社會，透過推廣教育給不能放
下工作專心讀書的人有機會可以選課。（訪9）

在推廣部上課不必背負指導學生研究的責任，所以內容可深可
淺、較具彈性。而大學成立教育推廣部是近年來的趨勢，許多

學校往往透過推廣部開課來拓展財源，但是楊郁文認為中華佛
學研究所成立推廣部是有更為重要的目的：

　　我們中華佛學研究所的推廣部不是要謀取更多的
財源，而是想要服務信眾的。實際上了解「阿含」的
人更多，對我更有利，因為這樣面才會擴散開來，而
每一個人又往下一代傳下去。這樣的話，當我再來的
時候，就會到處碰到許多我以前的說法。假設不是到
處，也有點的存在，我碰來碰去也還會碰到，又再連
線了。（訪9）

楊郁文在推廣部的「《阿含經》研究」廣受歡迎，是最熱門的
課程之一，其中不乏多年重複聽課以及遠從中部前來上課的
學生。雖然楊郁文和這一批資深的學生們長年在研討《阿含
經》，但是課程內容也時有所變，例如楊郁文曾經以「增上慧
學」為題，花了三個學期才把《阿含要略》第五章的內容解說
完畢，而現在又以「根本佛教的佛學活用」⑫為題，以佛法在
生活中的應用為重點，細細講說《阿含要略》每一章節重要法

---

⑫ 從楊郁文的課程簡介可以看出該課程實際上為「阿含修行道次第」於生
活中的應用。其簡介為：「佛法是活法，佛學是學活。以無漏戒學，過
正常生活；以無漏定學，過宗教生活；以無漏慧學，過覺悟的生活；以
正解脫學，過無漏清淨的生活。從生活中隨緣消業障，解脫惑、業、
苦；從生活中隨緣充實戒、定、慧、解脫、解脫之見等五分法身；從生
活中隨緣相續慧命，盡未來際乃至成佛。」資料來源：楊郁文，2007年5
月10日。

義之應用方式。他深深期待這些學生們能夠清楚掌握「阿含」
要義,並且能夠落實於生活之中。

另外,從各研究所成立不久便會邀請楊郁文授課的現象來
看,一方面是《阿含經》的師資不足,另一方面更是楊郁文受
到大眾肯定的結果。關於後者,聖嚴法師(1997:i)談到:

> 他(楊郁文)對《阿含經》所下的對讀、分類、組
> 織,條分縷析,細如牛毛,明察秋毫,一時之間,在
> 國人之中,尚無出其右者。⋯⋯嗣後台灣佛教界的僧
> 俗大德創立研究所者,逐年增加,楊公也因此而成了
> 諸方紛紛爭聘的一位阿含學老師。由於楊公的學問踏
> 實,授課時的資料準備充分,教學的態度誠摯,深受
> 歷屆同學的愛戴。

因此,楊郁文受到學生的歡迎是能夠確信的。而當我們循著楊
郁文在各所任教的過程走入歷史的長廊,則能夠以此為線索,
隱約描繪出台灣北區佛教教育發展的脈絡,並且感受到佛學研
究逐漸興起的風潮。

楊郁文在外授課時數雖然不斷增加,但是他卻一直到
六十歲(1996年)才結束看診。因為他認為一位在家居士必
須承擔起照顧祖先以及後代的責任,而他繼續執業就是為了
盡這份職責:

> 執業等於為祖先和後代盡責,為了祖先、為了照顧

後代，留一些經濟基礎給他們，這樣對上、對下都盡
到責任了。一般行業都有工作年齡的限制，所以我認
為到六十歲就應該要退休了，退休的目的是可以專心
地來研究佛法。（訪10）

楊郁文結束婦產科的工作之後，便專心投入研究佛法，尤其是
《阿含辭典》的編撰工作。《阿含辭典》可說是楊郁文這一生
研究佛法的心血結晶，不但耗費數十年的光陰，更是集他畢生
研究成果之大成。而他之所以會有編撰該辭典的構想，與他的
研究歷程有莫大的關聯。

第二節　研究歷程

一、閱讀《日譯大藏經》

　　在楊郁文生命過程中，除了1970年參加過印順法師所主持
的菩薩戒授戒儀式以外，幾乎沒有再參與過其他地方的宗教性
活動。他大多是運用自己在醫學系所學習到的知識背景與研究
方法，加上本身的聰慧好奇與語言基礎，獨自在佛教經論中鑽
研法義的。因此可以說，當代對他最有啟發的佛教人物是印順
法師，而真正教導他學習佛法的，便是佛教聖典裡面所記載的
佛陀了。

　　楊郁文幾乎如數研讀過印順法師的所有著作，發現到該著
作常常會留下日譯《南傳大藏經》的參考痕跡，促使楊郁文當

初向藍吉富購買此套藏經：

> 我透過《妙雲集》的中篇、下篇，發現印老引用了
> 許多南傳的佛典，才曉得有五部《尼柯耶》（nikāya）
> 在，就想要弄懂、想要學習。我才準備想要學，就有
> 人送上門來了。藍吉富老師來推銷《南傳大藏經》，
> 我剛好要，就跟他買了。（訪1）

除了七十冊的《南傳大藏經》以外，日本還有很重要的一套
經書，那就是八十冊的《國譯一切經》。從該題名就可以猜
想到，那是日本佛教學者將漢文原典加以翻譯之後，所整理
出來的經籍。❸但由於內容過於廣泛，楊郁文並未全數購買：

> 只有買「律藏」跟「阿含」而已，因為我只需要
> 早期佛教的部分。閱讀以後發現，假使原典是同樣的
> 話，三個日本的翻譯者就會有三個不一樣的翻譯，所
> 以單單從南傳日譯本還不夠，還應該要學會閱讀原
> 典。（訪5）

---

❸ 根據余崇生（1998：50）的描述，《國譯一切經》整理的經典範圍包
括：諸宗部、律疏部、史傳部、經疏部、論疏部、護教部、阿含部、密
教部、涅槃部、般若部、華嚴部、本緣部、寶積部、大集部、經集部、
律部、毗曇部、中觀部、釋經論部、瑜伽部、論集部及三藏部二十二
門。而負責這部經藏的譯注者都是各大學裡的佛學教授，並且在每一部
譯文的前面均附有一篇解題文字，介紹此經典之作者、內容及其流傳等
情形。

閱讀過這兩套經書以後,楊郁文發現到不同譯本之間有著某些差異。凡事都喜歡追根究柢、探究源頭的他,便興起要自修巴利語的念頭。

二、審訂《阿含藏》

另外一件促使楊郁文想要學習巴利語的事情,就是他1981年開始應佛光山的邀請,從事《阿含藏》的審訂工作時,深刻體會到南北傳經文對照的重要。

佛光山為什麼會找楊郁文幫忙編改《阿含藏》呢?原來佛光山女子佛學院還沒有搬回高雄本山以前,是在台北市的松江路,也曾經邀請楊郁文前去授課:

> 佛光山以前還沒有培養出自己的人才,師資都是往外找。他們到處打聽到我在研究所開課,就來找我。我去松江路那邊講了一學年或是一學期,另外一學期是到北海道場講的。因為這樣,所以他們在編《阿含藏》的時候就找上我。(訪5)

佛光山知道楊郁文長年在鑽研《阿含經》,自然將他列於受邀對象。雖然《阿含藏》出版於1983年,但是早在1981年便已開始進行了。而當時網際網路尚未發展,必須依靠人工來寄送資料:

> 三年後才出來第一部,後來每一年就出來一部。他

們編輯的基地是在彰化的福山寺，領導的人是留日回
來的慈怡法師。他們稿子分量夠了就郵寄給我，我改
好了就郵寄給他們，這樣一來一往進行。我根本沒有
跑到彰化過，偶爾他們來台北就會來看我。（訪5）

佛光山的比丘尼僧團一直在佛教弘揚方面扮演著重要的角色，
以星雲法師早期「慈」字輩的女弟子為例，慈怡、慈惠、慈
容、慈莊等都曾經到日本留學，而且回國後各展長才，擔任不
同的弘法任務。❶其中，慈怡法師便是以文化事業見長，故擔
負起《佛光大藏經》、《佛光大辭典》等編輯工作。

在編寫《佛光大藏經》的時候，編輯群發現到漢譯的大
藏經有許多錯誤，尤其在句逗部分，即使是流通最廣的《大正
藏》也有這樣的現象，因此《佛光大藏經》乃以日本《國譯一
切經》做為主要的範本：

佛光山《阿含藏》以《國譯一切經》為範本，是日
本學者所編著的。《大正藏》有許多句逗是錯誤的，

---

❶ 慈莊法師留學京都佛教大學，開創過台北普門寺、美國西來寺等。慈惠
法師留學大谷大學，是台灣第一位取得大學教授資格的比丘尼，籌備過
海內外各大學，包括西來、佛光、南華、弘道等。慈怡法師留學京都佛
教大學，主編過《阿含藏》、《佛光大辭典》、《世界佛教史年表》。
慈容法師留學京都佛教大學，投身社會福利事業，負責佛光精舍、大慈
育幼院、佛光慈善院等。參考「中國佛教制度研究中心」〈中國歷史上
的比丘尼〉http://www.fjzd.org/news/、佛教數位博物館「佛教人物‧比丘
尼」http://ccbs.ntu.edu.tw/formosa。

經裡面的段落也不清楚。《國譯一切經》翻譯成日
文，有點像北傳的《阿含藏》，是有一點古文式的翻
譯，所以需要漢文底子好的人才看得懂。（訪5）

由於日本《國譯一切經》的翻譯年代也很久遠，讀起來就如
同中國漢譯的經典那樣，所以必須具備一定的漢文程度才能
夠讀懂。

三、有關藏經語言

　　佛教是從印度傳到中國來的，所以佛經也是從巴利語或
梵語等印度語本翻譯成漢文的，尤其魏晉南北朝以前所翻譯
的經文都是中古漢語。而又為了讓佛經廣為流傳，當時翻譯
採用的是民間所使用的通俗口語，所以比起一般文人使用的
文言文、書面語更容易隨著時空而產生變化，故而漢譯經典
裡面的語言文字有許多現代已經不採用了，或者其意義已經
起了重大的改變。因此，如果沒有漢文的基礎，而一味地使
用現代語彙的意義去理解經文的話，便會很容易造成誤解或
者是根本無法理解，這一些都成了楊郁文後來想要編寫《阿
含辭典》的主要原因。

　　也因為漢譯經典採用的是民間通俗的口語，所以語言學和
音韻學興起研究佛典漢語的熱潮，試圖從佛典漢語找到古代發
音的線索：

　　　佛經裡面許多物品和想法是中國人從來沒有的，所

以沒有辦法在原來中國的文字中找到相當的字，就用
音譯的方式來作翻譯。比方prajñā翻譯不能夠翻譯作
「慧」，因為裡面還是有許多其他豐富的意義，玄奘
法師就用梵音翻譯作「般若」。如果要了解「般若」
這兩個字，那就還有一大堆的內容要曉得才可以。
（訪1）

佛典漢語指的是佛典裡面所呈現出來的漢語，不但與佛法的法
義有關，也與中古漢語的意義有關，可說是在特殊歷史情境之
下所產生的辭彙與符號。故有心閱讀藏經的人也必須對佛典漢
語有所掌握，才不會誤解經文的涵義。

日本《國譯一切經》已經修正了許多《大正藏》裡面的錯
誤，但是日本學者也會有誤解的地方：

佛光《阿含藏》參考日本的《國譯一切經》，包
括裡面漢譯經典的分析成果等等，這有助於我們漢譯
「四部阿含」的南北對讀。但是日本人畢竟漢文底子
還是不夠，分析漢文還是比中國人差一點，難免也有
錯誤的地方。（訪5）

楊郁文認為《國譯一切經》的經文與註解已經相當好了，但也
偶有錯誤，不過校對藏經本來就是相當慎重且漫長的過程，必
須耗費許多心力。

由於《大正藏》的句逗常常有問題，不但只有頓號跟句

號而已，經文也沒有明顯的分段，所以《阿含藏》進行了一些改變：

　　一般的大乘典裡面有序分、正宗分、流通分，所以《雜阿含經》也用這樣的形式，像《阿含藏》的編排上都有分段。特別是一問一答的地方都有分開來，誰問誰答很容易看得出來。還有佛光《阿含藏》也採用新式的標點符號，像頓號、分號、冒號、引號、括弧等等，因為這些都有它特殊的功能在，這樣看的人比較容易理解，也比較有系統性。（訪7）

簡單來說，進行段落分化以及採用新式標點是《阿含藏》的兩大優點，但是版本問題也是另外一項重要的課題：

　　《大正藏》是以高麗本為底本，然後校對好多的版本，包括宋、元、明，還有日本古本，他們把有出入的地方都註記下來。可是有的時候高麗本沒有錯，但是《大正藏》的鉛字錯了，《阿含藏》就把它挑出來。（訪7）

《阿含藏》並不以任何一部藏經做為主要底本，當各版本彼此有出入時，編輯群認為哪一個版本最理想就採用那一個版本的內容，而將其他版本列入註腳供人參考。如此的好處是，可以提供專家的建議給那些無法自行判斷的讀者，不致讓他在各版

本之間無所適從。

　　而在比較各版本之時，較為可靠的方式是以南傳經典做為參考依據，來判斷哪一個藏經版本最合乎原典，所以在《阿含藏》的編輯過程中，南北傳經文的對讀就成了相當重要的一環。而楊郁文的漢文底子以及日語的閱讀能力都不是問題，往往在面對《國譯一切經》註解中的巴利語時，就會醒覺自己獨獨缺少了解讀巴利語的能力：

　　　　已經曉得南北傳有一些經文是相當的，像北傳的第一經就跟南傳二十二相應的十四、十五、十六這三經相當。《國譯一切經》更仔細地對照南傳，把跟漢譯有關的巴利語句子引用出來做為註解，所以我在這裡就可以看到一些羅馬拼音的巴利語經句。（訪5）

原本就已經知道北傳《阿含經》有一些問題尚待解決，而此時又看到南傳有相當經文可做為參考，於是楊郁文想要自修巴利語的念頭可說愈來愈強烈了。

三、自修巴利語

　　楊郁文一直醞釀著要學習巴利語的念頭，但始終無法得知相關訊息，後來1982年的某一天總算有機會可以請教曾經留日的慈惠法師了：

　　　　到佛光山過夜，一早吃過早餐出來，看到慈惠法師

也在門外。我跟他打招呼，提起：「巴利語是不是能自修呀？」他想想說：「應該可以吧！」我說「我沒有工具呀！」那時候台灣都沒有這一種課程，他說：「我們有幾位學生在日本留學，我捎個信，請他們請教老師，看看自修要有哪些工具書。」（訪1）

不久之後，慈惠法師寄來了三本書，包括水野弘元的巴利語文法、巴利語辭典，還有巴利語讀本，楊郁文就從這三本書開始自修。他選擇先從《國譯一切經》引用到的地方開始研讀，因為這些都是重要的經文段落：

　　我是實用型的，我就先對重要的法句而且有相對應的南傳巴利語原文開始研究起，不是按照第一本第一頁開始看下去。這樣有什麼好處呢？因為是重要法句，所以一定要弄懂它。這是自發自動的學習，不是被逼的，所以這樣一路研究下來，不會覺得困難或是辛苦，反而覺得很高興。（訪5）

楊郁文本來就對北傳《阿含經》有了某種程度的理解，現在再把巴利語一個字、一個字的意思查出來，參考文法結構，並且把內容串成合乎佛法意義的句子。在這些對讀的過程中，楊郁文時時都有新發現，讓他樂此不疲、法喜充滿。

　　經過一段時日以後，水野弘元那三本書已經被他翻到不能再翻了，尤其《巴利語辭典》那一本更是充滿了珍貴的筆記：

　　以《巴利語辭典》來看，跟漢譯的經典類似的辭
彙，水野先生會採用下來，但是PTS的《巴英辭典》也
有一些不同的解釋而沒有被水野先生採用的，那就可
以抄過來參考。所以每一頁都密密麻麻的，都已經翻
到很難翻頁了。如果要翻，就要挑挑看有哪些地方可
以再翻的，否則的話很難翻過去。（訪7）

雖然後來有學生從日本帶新書給他，但是楊郁文還是習慣翻舊
的那一本，只把新書擺在面前參考。楊郁文憑藉著他對於佛法
的熱愛，在這些書本之中消磨無數的歲月，而他對於南北傳經
文的比對能力也從這裡慢慢培養出來了。後來他所發表的學術
性論文以及《阿含辭典》編輯工作，很多都是依靠這些能力才
得以完成的。

四、撰寫《阿含藏》題解

　　待《阿含藏》編輯工作逐漸告一段落，撰寫題解就成了重
要任務了。佛光山編輯群首先邀請楊郁文來主筆：

　　《雜阿含經》的題解是我寫的，後來《中阿含經》
的題解我也寫了。本來他們要求題解的作者不要具
名，可是我說：「那你請別人寫。」我不是愛出名，
而是責任的問題。結果「四部阿含」的題解都是我寫
的，名字也都有打上去了。（訪5）

楊郁文為了表示負責，堅持要把名字打上去。而他把題解比喻成旅行團的行前說明會，說明會是否成功將影響到成員的參加意願，以及旅遊裝備與心態上的準備。因此不但要說明清楚旅遊的目的，還要介紹旅遊行經路線，提醒有什麼特別的景觀與值得留意的地方。**⓯**

後來日本佛教學者水野弘元寫了一篇關於《阿含藏》的評論文章，發表在日本的佛教刊物，也被收錄在《雜阿含經之研究》一書中，該評論對〈雜阿含經題解〉的導讀大為讚賞：

> 整卷由七誦五十一相應的經典中，依次所抽出，逾期經典（提示經典號碼）的根本旨趣及特徵，於摘出之餘並加解說，篇幅達二十七頁之多，本書不只具有學術性，於佛教信仰的實踐層面而言，亦有其指導書的作用。尤其以一位在家居士的身分，之能寫出如此傑出的題解書，即使在日本，也是不可多見的事例（關世謙譯1988：100）。

水野弘元評論楊郁文題解的角度，既符合學術界的要求，又能兼顧到學佛者的需求。而楊郁文知道這件事以後相當歡喜，不只是因為水野弘元是一位知名的學者，還因為這篇評論讓他有遇到「知音」的感覺。

⓯ 《阿含藏》於1986年出版，但是楊郁文《雜》、《中》、《長》、《增壹》四篇題解分別於1983、1984、1985、1986完成。

五、審訂《佛光大辭典》

《阿含藏》完成不久後，慈怡法師又開始帶領編輯《佛光大辭典》，1988年邀請楊郁文等四位專家審稿：

> 《佛光大辭典》的好處是，綜合日本許多佛學辭典版本與其條目，從中挑出最好的翻譯過來。各宗各派的都有，許多聲聞乘、大乘，或是密教的重要條目都會收進來。等翻譯好了，我們再來看，有問題的就修改一下。（訪7）

星雲法師在《佛光大辭典》的序文中，曾經提到這四位幫忙審稿的專家，包括了楊郁文等。這四位佛學專家負責最後的審查工作，如果對於條目的說法有疑問，就必須對照該條目所參考的工具書出處：

> 《佛光大辭典》不像丁福保的《佛學大辭典》，只從日本人其中的一本工具書翻譯過來。《佛光大辭典》參考了好多部，一樣的名相就有很多翻譯的選擇。看看哪一部工具書說得比較好，假設他們條目解釋得已經很理想了，那就直接翻譯過來。但是有時候會彼此比較一下，取長補短，整理出新的解釋內容出來。所以《佛光大辭典》的使用者，相當於參考了許多日語記錄的佛法工具書。（訪8）

《佛光大辭典》不是只有參考某部日語工具書而已，而是彙整了許多部重要的佛學辭典內容，而且還把台灣值得介紹的人物與寺院都列入了條目：

> 其他台灣比較值得介紹的四眾弟子，也都編輯進去條目了。另外還有比較有名的寺廟，或是有佛教傳承的地方，都編進條目來介紹。這一部分對學術界不是完全沒有用，要研究寺廟的人在這裡就可以找到資料。（訪8）

因此，《佛光大辭典》除了具有重要日語工具書的內容，還有台灣重要的人物以及寺院的介紹，可說範圍相當廣泛，令楊郁文在審稿的過程中受益良多。所以雖然他沒有收取任何酬勞，但是卻獲得了豐富的實質回饋：

> 《阿含藏》和《佛光大辭典》這兩個工作我都是當義工，雖然他們本來有要付費給我，但是我都沒有收下來。不過如果不是因為擔任這些工作，有些思想或是說法我可能不曉得。所以雖然我有付出，也有代價收回來。（訪9）

以前楊郁文是以《阿含經》為主要研究範圍，而現在有機會大規模地閱讀了早期佛教以外的佛教條目，等於是把佛教三藏中重要名相都全部仔細看過了一次。

不過《佛光大辭典》也有美中不足的地方，因為內容皆取材自日本的工具書，條目的解釋內容大多是從大乘的立場開始說明的，欠缺早期佛教或是《阿毘曇》的說法，這是頗令他遺憾的地方：

> 北傳更早期的說法，或是南傳五部《尼柯耶》（nikāya）對於那些特殊名相已經有解釋了，在說明這些條目的時候，應當也要採用進去。雖然我認為這樣的原則是正確的，只是我的能力還不夠，假使要這樣做下去的話，就會延宕所有進度。所以我當時不只是有想到，也曾經向編修委員會提議過，但是不能做到。（訪8）

楊郁文當時建議在同一個名相裡面，列出不同佛教傳播時期聖典的解釋內容，包括《阿含經》怎麼解釋、《阿毘曇》怎麼解釋、初期大乘佛法怎麼解釋等等。也就是順著思想史，隨著時間的流程列出各個名相的發展與演變。不過基於人力、物力等因素之考量，他的建議無法得以落實。

楊郁文一直沒有忘記他當時的遺憾，等到他日後逐漸具備這方面的能力以後，就對所任教的單位「中華佛學研究所」提出他的構想，開始編寫《阿含辭典》。故從編寫的動機來說，《阿含辭典》可說是用來向前延伸《佛光大辭典》條目的解釋範圍，也是用來填補日本工具書所欠缺的早期佛教內容。因此，楊郁文雖然是從1997年開始編撰《阿含辭典》，但是萌發此構想的時間卻很早。當他在幫佛光山審訂《佛光大辭典》的

這個時候，就已經深刻感受到研讀《阿含經》應該也要有專屬的辭典才行。

六、有關漢譯《南傳大藏經》

漢譯《南傳大藏經》的幕後推手是吳老擇，他於1930年出生，1961年赴日留學，直到1986年才返回台灣。返台後不久，吳老擇在高雄元亨寺的支持下，擔任漢譯《南傳大藏經》編譯委員會召集人（卓遵宏等2003：1、287）。

他當時本來想要從巴利語《大藏經》直接翻譯為漢譯本，但是時間與經費都相當有限，具備巴利語解讀能力的人才又不足，故決定從日譯本轉譯為漢文本：

> 負責將巴利語《大藏經》從日譯本再翻譯過來的人，都是學過日語也學過佛學的人，所以年紀就會比較老一點，漢文底子不錯，翻譯出來的也比較相近。但是像我們是從原典翻譯過來的，調子就完全不一樣了，會不整齊。所以我1988年剛開始有參與過，後來為了要統一翻譯的表達方式，還是由他們來翻譯。（訪9）

楊郁文本來也是其中一員，但是因為其他翻譯者的學識背景與翻譯風格都頗為相近，為了讓翻譯小組更方便進行，也為了幫翻譯委員會節省開銷，楊郁文後來決定退出。

楊郁文這時候已經自修巴利語有一段時日了，元亨寺邀

請楊郁文原本也是想要借重他巴利語的校對能力。而除了楊郁文以外，還有一位達和法師也在受邀之列。達和法師1932年出生，1970年赴日留學，日本知名學者水野弘元就是他的老師。達和法師在1981學成歸國後，開啟了台灣佛教界一波學習巴利語的風潮。元亨寺便是在水野弘元的推薦之下，邀請達和法師參與此項工作的。

達和法師後來也沒有再協助翻譯的工作，但是他曾經在元亨寺所屬的妙林巴利佛研所任教。課程結束後，他所指導的三位學生被送往斯里蘭卡留學，繼續研究巴利語佛典：

> 元亨寺在高雄有佛學院，是跟南傳有關的，所以他們想要訓練一批學生能夠做後續的工作。雖然計畫很好，但是後來沒有圓滿達成。他們只是訓練第一學年，然後送到斯里蘭卡去繼續學習，但是人員回來，好像沒有很明顯地發揮出成效來。（訪9）

雖然培養國內巴利語人才的立意甚好，但是執行起來並不容易。本來這三位學生的出國計畫是兩年，後來卻因效果不佳而中途撤回：

> 他們在斯里蘭卡，書讀得也不好，又常常鬧意見，我遠在台灣又管不著。眼看花了這麼多錢，卻沒有結果，包括搬家、家具、請人來煮飯等等，已經花了新台幣五百到八百萬元，我沒請示老和尚，就決定先撤

退（卓遵宏等2003：310）。

所謂「十年樹木，百年樹人」，人才的培育不是一朝一夕便可以有成果的，有時投注大筆經費卻徒勞無功也在所難免。

　　而吳老擇那一段時日的辛苦，還不只如此。據他在《台灣佛教一甲子》中的描述，他在譯經期間，體重還曾經掉到了六十公斤以下，夜裡也經常睡不著，有許多問題苦惱著。當時翻譯這一套《南傳大藏經》曾經遇到許多困難，其中之一就是經費問題：

　　　　最後在翻譯經書上的花費近五、六千萬元，再加上辦研究所、雜誌和派學生到斯里蘭卡留學等等，總計約八至九千萬元左右。那時，雜誌辦了快六年，發行了七千冊，海外占三百多冊，每次寄航空信，郵資也要幾萬的花費（卓遵宏等2003：300）。

這一部七十冊的漢譯《南傳大藏經》終於在1990年至1998年間陸續刊行，雖然裡面仍然有許多地方有待改進，但是對國內研究南傳聖典來說，可說是跨出了一大步。蔡奇林（1997：2）有如下之分析：

　　　　這個譯本是由日譯版《南傳大藏經》轉譯過來的。由於「日譯」本身並非精本，又經第二手轉譯，可靠度略嫌不足（語意含糊及翻譯錯誤的地方不少）。儘

管如此，它的出版實在有著重要的意義！終於彌補了
這一頁漢譯史上的缺憾，讓使用中文的學者得以初步
了解《巴利藏》的大體內容。

因此蔡奇林希望能夠激起另一波真正深入原典的研究，並
且能夠有直接從巴利語翻譯過來的漢譯本，這也是他目前一直
在努力推動的譯典工作。

七、編寫《阿含辭典》

楊郁文辭掉元亨寺漢譯《南傳大藏經》的編譯工作之
後，生活依舊相當忙碌。除了持續在各地授課、指導學生，
並且定期發表學術論文以外，還繼續在診所執業，直到六十
歲時才退休。

退休後不久，楊郁文就向中華佛學研究所提出《阿含辭
典》的編寫計畫。這項工作從1997年開始，直到2007年3月才完
成，共計六百六十六萬多字元數，三萬一千八百多個辭條。 ❶
如前面所言，他編寫《阿含辭典》的動機，早在他審訂《佛光
大辭典》的時候就已經萌芽了：

　　編寫《阿含辭典》的動機，是因為《佛光大辭典》
那時候想要做卻不能做到的。在研究與摸索的過程，

---

❶ 根據楊郁文2007年5月29日提供的資料，目前《阿含辭典》共計6,666,723
個字元（不含空白）、31,825個辭條。

　　時時有法喜浮現，做起來不會感覺很麻煩，但是問題
　　還是很多。有一些還不能處理解決的，都有標示出
　　來，會註明「有待商榷」，等以後有更充分的證據時
　　再做調整。或者別人在別的地方看到別的答案，也可
　　以過來訂正一下。（訪7）

《阿含辭典》可說是楊郁文研究《阿含經》數十載的心血結
晶，就算裡面有些地方仍有待補充，但是已經能夠填補許多
《佛光大辭典》與日語辭典所缺少的部分。包括《中文大辭
典》等工具書也都被收納進去：

　　　文化大學的《中文大辭典》是參考諸橋轍次先生
　　《大漢和辭典》編寫的。說得很完整，但是還有好多
　　地方有遺漏。「四部阿含」裡面出現的特別的名相，
　　但是在《中文大辭典》常常找不到的，他們《中文大
　　辭典》以後要大翻修的時候也可以參考我的《阿含辭
　　典》，把這部分收錄進去。（訪7）

楊郁文編寫《阿含辭典》歷經十年，每一個字都是他親自按著
鍵盤打出來的，每一個辭條也都經過他來來回回的比對。雖然
過程非常繁複，但是由於他心中不斷湧現法喜，不會感覺十年
歲月很漫長。
　　就如同楊郁文曾經說過的，這一生他能夠進行這項工
作，是好幾個千載難逢才有的機會。如果他不是出生在日

治時期結束前，也無法同時具備日語及漢語的閱讀能力。儘管他必須自修巴利語，但是比起國內外許多人來說，他已經擁有非常適當的起始點了。而在因緣具足的情況下，他能夠參與到佛光山的《阿含藏》及《佛光大辭典》的審訂工作，也讓他對《阿含經》的了解更為深入，同時拓寬了他的佛教視野。更重要的是，他因此看到了編寫佛教專屬辭典的必要性，引發他編寫《阿含辭典》的強烈動機。以上這一些彼此環環相扣的關係，只能用「因緣不可思議」來形容，因為如果缺少其中的一項，恐怕這一部眾所期待的《阿含辭典》便很難呈現在大眾面前了。

第三節　結語

　　由於《阿含經》以往常被歸類為小乘經典，所以在漢傳佛教所流傳的區域始終被人忽視，致使國內向來缺少原始佛教的弘法人才。而楊郁文學佛之初便受到印順法師的影響，開始注意到《阿含經》的重要性，並且長期投入於《阿含經》的研究工作。

　　當楊郁文搬來台北定居之時，台灣佛教團體正紛紛開始建立佛教教育的體系，而印順法師對佛教發展的影響性亦與日俱增，所以各教育單位成立之時，皆前來聘請楊郁文講授《阿含經》。故從楊郁文的教學歷程，可以概略描繪出台灣北區佛教教育的發展輪廓。並且從他生命故事的描述之中，

也能體會到他鑽研《阿含經》所感受到的法喜，以及推廣時所面臨到的挑戰。

再就楊郁文的研究歷程而言，從他個人的敘述當中，可以延伸到國內佛教藏經與辭典的發展史，包括早期藍吉富向國人推廣日本所編輯的藏經，到新文豐出版社開始印製大藏經，到佛光山、元亨寺等單位自行翻譯藏經與辭典的工作。但是這些都只限於日本學界既有的成果，並非是國人自行從原典直譯成漢文的。由此不難理解，為何楊郁文後來會自行編寫《阿含辭典》，而為何近年來會有蔡奇林等推動《南傳大藏經》新譯工作的聲浪。

此外，從研究上的需要也可以看到南北傳藏經對照的重要性與必要性，這正是各僧團派人到海外留學的原因之一。而當這些學子學成歸國之後，國內的佛教發展自然也受到不小的影響，除了開始強調佛教經典語言的學習以外，佛教研究的角度也逐漸開闊起來了。學術研究的趨勢，加上國際交流日益頻繁，這一切都使得台灣佛教的發展越趨多元化，但是有些信眾仍舊將《阿含經》視為小乘經典而抗拒去接觸它。佛教團體的資金往往來自於信徒的捐獻，而國內佛教徒也時常會參與學術性的研討會，如何讓信仰的包容性也能跟上學術的國際化，並且讓學術性的研究能夠部分滿足信仰上的需求，乃是未來佛教發展一項重要的議題。

而楊郁文早在學佛之初，就已經對佛教不同的宗派之說感到困惑了，更何況是南傳、北傳、藏傳等佛教派系皆匯聚到台灣的今日，當代佛教徒面臨到信仰抉擇與掙扎的問題是不難想

見的事情。或許楊郁文的經驗可以提供省思的參考，以及豐富不同的思考面向。

第五章　與學生之間

第一節　前言

　　楊郁文從1983年開始在中華佛學研究所擔任專職教師，而1989年法光佛學研究所創立以後，楊郁文應邀至該所兼課。又自1994年中華佛學研究所成立推廣部以後，楊郁文便固定在星期天上午至推廣部授課。以上這三個單位是他至今仍在持續授課的單位。經過這二十年來的授課生涯，楊郁文教導過的學生不計其數，受他著作與錄音帶影響的信眾也難以估量。

　　推廣部的授課對象以社會人士為主，在楊郁文的課堂上，不乏從第一屆上課至今的學生，也有每週遠從台中、桃園過來聽課的學子。因此，筆者走訪幾位較具代表性的學生，記錄他們的學佛經歷以及多年聽課的心路歷程。包括甘露道出版社社長洪錦坤、從推廣部第一屆上課至今的胡國富、來自桃園的魯依和魯小米、來自台中的劉凱玲，還有和楊郁文同樣擔任教職的江碧琴。

　　再就法光佛學研究所來說，蔡奇林是該所的選讀生。結業後，曾經在該所授課，也是目前國內知名的巴利語以及《阿含經》的講師。他和楊郁文的相同之處在於，他也未曾出國留學，大多是憑藉著自己鑽研而得到的成果。但是他在學習之

時，已經有老師可以帶著他學習，不必像楊郁文那樣完全靠自己摸索。

　　而楊郁文授課最久的單位，自然是他專職任教的中華佛學研究所。他從該所第三屆，一直任教到目前的第二十五屆。其中第六屆的杜正民曾經擔任中華佛學研究所圖書資訊館館長多年，直到2007年佛學研究所轉型為宗教研修學院以後，才轉至該單位擔任副校長。另外第十三屆畢業的越建東，2004年從英國布里斯托大學取得博士學位歸國，目前在中山大學任教。至於楊郁文的指導學生部分（名單可參考附錄四），則以第十七屆的周柔含做為代表，因為她畢業後仍持續與楊郁文保持聯繫，並且已於2006年完成日本立正大學博士學位返台。而由於楊郁文所指導的學生之中，大半是外國的留學生，故筆者又走訪了兩位泰國法身寺的比丘——釋祥智與釋心平，做為外國留學生的代表。

第二節　佛學推廣部

一、洪錦坤

　　在馬來西亞長大的洪錦坤，從小就喜歡看故事書，對玄奘大師和法顯大師等人的事蹟，總是感到既敬仰又崇拜：

　　　　我從小就喜歡玄奘大師、法顯大師、孔子、孟子、莊子、老子，還把畫像放大描摹，張貼在我房間的木

板牆上。但是我有一份根深柢固的民族優越感，總覺得中國最偉大，有五千年的歷史記載下來，印度雖然也歷史悠久，但卻沒有完整的記錄。❶

學佛以後，他才知道玄奘大師和法顯大師去西方取經，取的就是釋迦牟尼佛所講的經文。回想起年少的這一段往事，洪錦坤就會對當時的我慢感到慚愧。

洪錦坤來到台灣開始學佛的時候，所接觸到的是淨土法門。而他為了時時聽經聞法，又能夠兼顧自己的生計，決定去開計程車。果然幾年以後，他所聽過的錄音帶不計其數：

常常去華藏講堂，幾乎每天固定聽淨空法師和慧律法師的錄音帶。長期下來，日常法師等幾位有名的法師的講經錄音帶全部都聽過了。後來有一次發現到《阿含經》的錄音帶怎麼有那麼多人在聽，可是講者楊郁文並不是出家人。因為受到中國佛教的影響，很多法師都說學佛一定要跟著出家人，所以我對在家居士還是持保守的態度，尤其是現代人。

許多人認為學佛一定要跟著出家人比較妥當，所以他對於楊郁文以一個在家居士的身分講經說法，起初乃抱持著保留的態度。但是楊郁文的錄音帶非常受到歡迎，使得他按耐不住好奇

---

❶ 洪錦坤的訪談引文，全部取自2005年2月19日之訪談稿。

心，想要去借來聽聽看。不過卻曾經一度被熟識的蓮友制止說
「這是小乘的」，不過洪錦坤還是把錄音帶借回來了。

　　此時洪錦坤學佛已經有五、六年的時間了，又聽過那麼多
法師的錄音帶，沒想到這下子卻無法了解楊郁文所講授的，許
多佛學名相是他從來沒有聽說過的：

　　　　我從第一卷聽到第五卷，覺得很挫折，聽不下去。
　　我學佛學了五、六年了，聽其他法師的錄音帶都沒有
　　問題，可是楊老師講了許多名相，我都聽不懂。在我
　　們中國佛教當中，很少談到「八正道」等等的。就連
　　我要看印老的書，也有師兄叫我不能看，因為他們想
　　要保護我。就這樣，又在原地打轉了好一陣子。

不只借楊郁文的錄音帶曾經被制止過，就連要借印順法師的著
作也同樣被勸阻。他心裡很明白這些好友是出自於善意的，所
以當下決定一門深入就好，不要再去接觸這些陌生的東西。

　　由於本身是虔誠的佛教徒又是計程車司機，洪錦坤經常有
機會接送各方的出家眾，也常會去各地的道場。但是有個問題
他始終想不透，那就是法師們各有各的修習法門，那他究竟要
如何抉擇呢？他決定給自己一段時間來思考這個問題：

　　　　為何法師的見解都不同呢？或許我的出家因緣還不
　　具足吧！因此我給自己三年的時間來等待因緣成熟。
　　平日我就用托缽的心態在開計程車，賺的錢只要生活

夠用就可以了。早上八、九點去開車，下午四、五點，太陽快下山的時候，我就一路稱念「阿彌陀佛」收班回來了。

在自己約定的這三年之間，他除了每天聽錄音帶、修落日觀以外，還會定時閱讀經藏，包括《印光大師文鈔》、《蕅益大師全集》、《弘一大師全集》等，也會常常翻閱大藏經。而《大正藏》一開始的第一冊、二冊就是《阿含經》，因此他決定要再重聽楊郁文的錄音帶：

　　因為好多地方聽不明白或聽不懂，就乾脆把老師的話一個字一個字謄寫下來。那時候還沒有《阿含要略》，沒有講義可以對照，常常找不到是在講哪裡。後來有一天惠敏師來我家，他看到我謄寫下來的筆記，就說我這樣學太浪費時間了。推廣中心第一屆開班的時候，惠敏師就打電話來，要我直接去上課。我跟惠敏師講，我在家裡聽錄音帶就好了。惠敏師跟我講好久，我還是不答應，要他給我兩個禮拜時間考慮。

當時惠敏法師已經從日本留學回來了，洪錦坤有機會接送惠敏法師。雖然他自修楊郁文的錄音帶，常常需要耗費許多時間去找上課內容，但是卻固執地不願意接受惠敏法師的建議，不想直接去上楊郁文的課。

　　直到有一天，他剛好讀到《雜171經》有一個「狗子繫

柱」的比喻，讓他頓時豁然開朗：

> 一條狗被一條繩子栓在柱子上，狗繫著繩子繞著柱
> 子跑來跑去，越跑繩子越短、範圍越小，最後終於被
> 卡在柱子上，動彈不得了。我就反省自己，是不是也
> 被栓在「淨土」的範圍了？剛好惠敏師的電話來了，
> 我就跟他說我決定去上楊老師的《阿含經》了。因為
> 我需要的是整體的佛法，而不是一部分的佛法。

洪錦坤終於不再把自己局限在淨土宗，而忽略了對於佛法整體
的理解，他決定走入課堂，要去推廣部報名了。

常常會幫忙接送法師的洪錦坤，報名之後立刻就想到老
師的接送問題。雖然楊郁文不是一位法師，但是此時洪錦坤
已經認定他是一位難得的善知識了，所以主動發心要接送他
上下課：

> 老師一上車就稱呼我「洪居士」，然後告訴我，
> 他上車之前已經仔細看過了我的資料，了解我選課的
> 動機，也看了我的自傳。他很客氣的對我說，我願意
> 發心來上課研習《阿含經》，那是我有福報，也說未
> 來的一年要學習的東西很多，希望我要有耐心和耐性
> 去學習，也許上課所講的內容，我可能聽不進去或者
> 無法接受，但是都不用急，不能接納的就暫時放下不
> 管，只要把能夠接受的應用在日常生活中就好了。

楊郁文向來做什麼事情都是有所準備的，在上課之前，他早就仔細閱覽過學生的個人資料。因為他很清楚洪錦坤的學佛歷程，所以他建議洪錦坤，不要一開始就急著把課堂上的東西拿去跟其他蓮友爭論，要等自己身、口、意三業有所改進，其他蓮友發現到自己的改變而感到好奇時，這時候才是向別人介紹的適當時機。

洪錦坤接送楊郁文上下課，一接送就是十幾年。根據洪錦坤十幾年來的觀察，他發現楊郁文教導學生能夠那樣善巧不是沒有原因的。洪錦坤說：

> 他都會先關心別人，這是我在其他地方很難有的感受。也許其他道場信眾太多了，法師們沒辦法這樣關心每一個人。而老師關心的都是道業上的修行，偶爾會問一問生活上的狀況，然後就會依我們生活上的問題，引據典籍提醒我們，例如如何在生活上如法修習四念處、如何保持正念正知，如何動用七覺支來排除惑業苦等等。

楊郁文常會主動關心學生，但卻也會有嚴格的一面。比方說洪錦坤有一回生病了，楊郁文提醒他是否應該要反省自己，生活上有沒有需要調適的地方：

> 一定是有哪裡不夠注意、沒做好保健，才會一直在生病，所以四念處要再勤加修習。他強調凡事不能只

仰賴佛菩薩加被，常生病難免就是有障礙。很顯然，
老師比起一般作研究的學者又不一樣了，老師具有高
貴良心的宗教情操，說法純粹是為了法施因緣，幾乎
沒有其他世俗的應酬因素，也不會貪著名聞利養而去
說法。

對洪錦坤來說，楊郁文是一位既會溫暖關懷學生，也會嚴格督
促學生的師長。但無論是關懷也好、督促也罷，目的都是為了
學生的道業能夠有所增進。

　　有心好好學習《阿含經》的洪錦坤，每天都用四小時以上
的時間來謄寫楊郁文的錄音帶。因為開始上課以前，他已經進
行到第二十幾卷了，所以備課狀況一直超越老師的進度。其他
同學也紛紛效法，帶錄音機來錄音，結果因為錄音人數過多，
反而造成老師講課會中斷：

　　　錄音機換卡帶的聲音此起彼落，老師怕換卡帶的同
　　學沒錄到，又會停下來等他，講課一直被中斷。另外也
　　有同學跟老師反應想要完整的錄音帶，所以老師在一次
　　的接送的路程中，要我看看班上有沒有同學可以幫忙整
　　理錄音帶跟講記的。可是我跟同學不是很熟悉，要找個
　　人長期做這樣的工作並不容易，剛好我內人也在車上，
　　我就跟老師說：「我可以幫忙嗎？我內人會打字也會排
　　版。」老師聽後說：「你們來做，我就放心了。」沒想
　　到我們傻呼呼的發心，老師就答應了。

為了服務同學，意外成就了洪錦坤負責整理楊郁文錄音帶以及
講記的因緣。也由於長年接送老師上下課的關係，他覺得自己
跟楊郁文的因緣一直都很深厚。

　　發心幫大家的忙以後，洪錦坤發現分量相當可觀，最好成
立出版社或是印經會比較容易處理。但若是成立印經會，常常
需要募款也不是很方便的事情：

　　　或許有些人覺得我們不是出家眾、不是僧團，不會
　　願意長期護持我們，我們也怕萬一處理業務上有不盡
　　人意的時候，會影響到老師。再說，常看到很多印經
　　會流通的經書，被請回去以後只是擺在那裡而已。還
　　見過經書被商家用來包東西或者四處丟棄的狀況，這
　　不僅是浪費資源而已，也會讓有的人在不了解的狀況
　　下，對佛經做出不恭敬的行為。

幾經考慮，總覺得印經會不太可行。所以，儘管自己沒有成立
出版社的經驗，也知道會面臨到許多困難，洪錦坤還是選擇成
立出版社。

　　洪錦坤將「甘露道」定位為非營利性質的出版社，目的是
要把楊郁文研究佛法的心得完整地記錄下來：

　　　成立出版社不是以營利為目的，所以也不介意有人
　　說我不會經營、不會做生意，其實我們本來就不是在
　　做生意。我想沒在做的人，很難理解我們的困難在那

裡。大環境的變化無常,網際網路愈來愈普及化,出
版業要生存本來就很不容易了,更何況我們只能在學
佛的人群中,尋找一小部分想學《阿含經》的人,當
然是更加不容易了。

洪錦坤認為,在中國佛教系統下熏陶佛法的佛教徒,一般不
是很容易接受《阿含經》。因此甘露道就在沒有信徒與僧團
援助,人力、財力皆極為有限的情況下,多年來一直辛苦地
維持著:

> 我只能隨緣盡心盡力而為吧!當然我一直期盼有共
> 同願力的人,能夠發菩提願來共襄盛舉,參與這樣的
> 工作。但也許真的福報不夠吧!從開始至今,一直只
> 有我跟我的內人在做,偶爾也會有同學發心把錄音帶
> 的內容整理記錄下來,但好像都不能長久持續下去。

雖然洪錦坤的目的不在於營收,但是為了珍惜地球上有限
的資源,並且確保擁有者會善加珍惜,故採用了「使用者
付費」的方式來處理。因為願意出錢請購者,一定是有心學
習又與「阿含」有緣的人。然而,畢竟這樣的客戶群還是少
數,出版社也不可能從中獲取高額的利潤,所以甘露道的周
轉始終很艱辛:

> 第一批賣出去,部分資金回來了,再出第二批。後

來出版品多了，資金需求也就愈來愈多。有時候資金
不一定馬上回來，那就有資金週轉的問題。還好只要
我們開口請求幫助的時候，幾位老同學、老朋友都願
意借款週轉或是捐助。師母常常關心出版社的經濟狀
況，有時候也會慷慨解囊大力濟助。

就這樣，甘露道的營運總是捉襟見肘。不過資金卻不是洪錦坤
最憂心的問題，他一心只想著要如何把楊郁文對佛法的體悟翔
實地保存下來，並且設法推廣到各個角落去。所以不管過程會
怎樣艱難，他還是會設法完成這個使命的。而事實上在這過程
中，他總是充滿法喜、時時都有收穫的：

　　收穫是在生活中日日受用而難以言喻的，所以我常
跟友人說，楊老師跟師母是我的再生父母。我會有這
樣的使命感，也是因為從跟老師的互動當中，深深體
會到純樸的佛法有其存在的必要性，最好還能夠茁壯
發揚光大，這樣正法才不會持續失真下去。我這一生
能夠遇到他這樣的一位善知識，已經足夠了。能夠跟
著老師修習佛法也就行了，不必費心再去尋覓什麼權
威或大師。

楊郁文夫妻就像是洪錦坤的再生父母一般。洪錦坤認為，楊郁
文已經把佛法消化整理出來給學生了，而他又會像佛陀那樣，
採用契機善巧的方法來影響有緣人，所以學生們只需要跟著他

用心學習就可以了。

　　洪錦坤相當肯定自己工作的價值，只可惜許多人仍然把《阿含經》誤以為是小乘經典而不想去接觸，致使根本佛法始終是漢文系統裡面最弱的一環。以洪錦坤跟著楊郁文這十幾年的體會來說，他認定「阿含」法義乃是佛法的中心與根本，不只能夠讓人安心，更能夠令人達到息滅貪瞋癡的最終目的。

二、胡國富

　　胡國富1987年到農禪寺皈依後，便長年在法鼓山體系學習佛法。剛開始學佛的他，曾經到許多地方參加活動以及聽聞佛法：

> 　　皈依以後我才知道佛法是要實修的。所以我參加了（聖嚴）師父的禪七，還有靈巖山寺的精進佛七。又在靈巖山寺妙蓮老和尚那一邊受五戒，來師父這一邊受菩薩戒。知道佛法要了解的法義很多，所以就去上一些佛學課程，也聽過很多法師開示，像淨空法師等。 ❷

從胡國富可以到處去聽課的描述中，可以想見九〇年代台灣佛教已經逐漸蓬勃發展起來了。他當時去過的地方有：

> 　　我到過佛陀教育基金會、慧炬、法光寺佛學推廣

---

❷ 胡國富的訪談引文，全部取自2005年1月26日之訪談稿。

部、法輪講堂，也到過中台禪寺。還有一個廣欽老和尚的出家弟子所創辦的慕親講堂，有于凌波老居士一些大德在那邊講唯識、百法明門論、佛學十四講表等等。然後也有去佛陀教育基金會參加淨土的研討、天台的研討。

課程雖然很多，但都屬於比較後期的大乘佛法，所以胡國富總感覺自己對於佛法的根本源頭還不夠清楚。另外聖嚴法師和印順法師的書籍都有提到《阿含經》，所以他一直希望有機會能夠學習《阿含經》：

> 其實印老那一本《佛法概論》，所講的就是「阿含」。他當初在文化學苑講說，沒有用「阿含」的名稱，只用「佛法概論」，但有些法義已經講得非常深入。常常聽到「四阿含」，可是完全不懂。我接觸到許多大乘佛法，但原始佛法幾乎是沒有機會上的，也沒有人在推。

當時他已經風聞楊郁文有在上《阿含經》，但卻只在佛學研究所開課，而那時候南傳佛教也還未傳入台灣，因此他這個心願遲遲無法達成。

1994年中華佛學研究所開辦推廣部，胡國富覺得這是難得的機會，就立刻來報名了。他記得那時候聖嚴法師親自主持開學儀式，當場介紹楊郁文、純因法師等幾位老師，場面莊嚴隆

重。而他對裡面一些早期佛法的課程特別感興趣：

> 「阿含」還有「清淨道論」是我比較有興趣的，但
> 是這兩門課希望我們只選一門。我選的是「阿含」，
> 當初開課的時候，希望可以考試。楊老師還要我們期
> 末寫一份五百字以上的期末報告，是滿嚴謹的，課程
> 也很密集，上完一學期會發一份結業證書。

一開始招生的時候有條件限制，也要求必須繳交期末報告。胡
國富認為採取較為嚴謹的方式，是希望來上課的人不是聽過就
算了，而是在教理或修行等方面都能夠有所延伸。

胡國富上過課最大的心得，就如同他在期末報告所寫的：
「學佛改變我的一生，學阿含又改變我學佛的一生」。至於前
者，涉及他個人的學佛因緣：

> 學佛前我看到現象界的問題，會感覺很不公平。像
> 我母親過世的時候，我就有一點憤世嫉俗。那時候我
> 還沒有皈依，一直在學佛和沒有學佛之間徘徊，所以
> 母親走的時候，我沒有辦法用真正的佛法幫助她，莊
> 嚴她的前途，一直感到有一點遺憾。

胡國富有一位非常照顧家人的慈母，他從小就看著母親如何辛
勤地在相夫教子，並且把孩子當作是自己的根本。可是這樣的
一位慈母卻在五十多歲得到癌症往生了，這樣的結果不但令胡

國富相當不捨，還有一些難以接受：

> 　　她五十九歲就走了，得了癌症，癌細胞慢慢擴大，
> 找了很多西醫和偏方都沒有用，我母親那時候那麼年
> 輕。她從來也不會東家長、西家短，是很踏實、很傳
> 統的一個家庭主婦。本身在大陸就念過很多書，念到
> 初中畢業，高中念了一兩年，英文、日文都有學到。

他的母親在大陸受過良好的教育，但是大陸老家的家產後來卻
全數被充公，爺爺和外祖父都被打入非常嚴重的黑五類，小姑
姑還到北大荒勞改。幸好胡國富的父母親坐上了最後一班船，
逃難到台灣來。
　　胡國富只知道母親曾經讀過很多書，信仰也很虔誠，卻不
清楚詳細狀況。直到母親快要往生的時候，他才驚覺母親原來
會背誦如此多的經文：

> 　　人家跟我講說要放《心經》給她聽，我一放的時
> 候，我媽媽就說：「這是《心經》。」原來我媽媽
> 會。後來媽媽還跟我講，她在大陸跟著祖母去參加廟
> 會，會住在廟裡，所以她從小就會背《心經》、會背
> 《阿彌陀經》，而且背得好流利，我當場就愣住了。

深愛母親的他，為了挽回母親垂危的生命、令母親脫離病苦，
只要有人建議他做什麼，他幾乎照單全收。除了播放經文給母

親聽以外,他聽說誦〈藥師咒〉有效,也立刻照著去做,沒想到母親終究還是離他而去了。因為看到好人不長命、看到社會不公平的一面,胡國富開始變得有一點憤世嫉俗。幸好他對於母親的那一份思念,後來轉變為他對人生的困惑以及學佛的動力,才讓他的人生開始有所轉變。

學佛幾年以後,胡國富逐漸了解了因果業報的道理。其實有些惡因是過去生種下的,只是受報的因緣在今生才成熟,所以即使是好人,卻也可能遭逢惡報。當他有了這樣的體認之後,胡國富心中的怨恨漸漸平復下來了,而他將這一切全部歸功於三寶的恩德。因此他總是說,「學佛改變了他的一生」。

至於「學阿含改變他學佛的一生」,那是因為《阿含經》的內容很平實,不同於他以往學習到的大乘經典,令他受益良多:

> 大乘佛法經論有很多表法,像佛放光等等,感覺佛是高高在上的,讓人很景仰、很歡喜,也非常崇敬,可是卻遙不可及。但是像《心經》、《金剛經》就比較生活化,《金剛經》裡面描寫佛陀去托缽回來,洗完腳以後怎樣怎樣,非常的生活。

大乘經典中,他比較喜歡《心經》與《金剛經》,因為感覺裡面所描寫的佛陀比較生活化,而非那樣遙不可及。而《阿含經》的內容更是如此,裡面有更多佛陀與弟子們之間的對話:

　　《阿含經》記載了很多佛跟弟子之間的對話，就是
弟子問，佛如實地回答，感覺非常的生活。而且從這
裡可以看到，如果我們身心上所碰到的一些問題應當
怎樣去處理、怎麼樣去對治，比較可以掌握到一些修
行的方法。

除了經典裡的佛陀讓人感覺比較親切以外，更重要的是，他從
佛陀與弟子之間的問答，能夠學習到怎樣去對治身心上的一些
問題。

　　學習過《阿含經》之後，胡國富更能了解大乘佛法的法
義，因此他認為研習大乘佛法必須以原始佛法做為基礎：

　　上了「阿含」我才了解，其實大乘佛法需要原始
佛法的根基，因為大乘佛法有很多根本的一些修行方
法是沒有談的。它沒有談，是因為認為這些都應該知
道了。就好像我們已經到三樓了，就不用再從一樓慢
慢一步一步走上來。所以大乘佛法沒有辦法把所有的
修行方法都告訴你，它告訴你的領域就是那一塊。而
前面那一塊領域事實上我們沒有接觸到，沒有辦法銜
接，所以會有一些盲點。

他認為大乘佛法沒有談到這些，是預設讀者應該已經都明白
了。但是佛法傳到現代，歷經太多的變化了，當代的佛教徒並
未具備這樣的基礎，因此研讀大乘佛典才會有盲點。

　　胡國富目前已是法鼓山三個讀書會的領導者，包括永和雙和區、台北松勇路、板橋等地方，他總是不斷鼓勵讀書會的成員要去上楊郁文的課。他說：

> 　　我都會鼓勵他們去上，我不能夠要求，只是鼓勵他們去上課。對他們來講，第一次會比較生疏。我在讀書會常常會說是《阿含經》的哪一頁，帶他們去回想。因為我自己得到受用，也希望他們跟我一樣得到受用。

抱持著與人分享的心情，胡國富總是不斷鼓勵大家，並且引導大家去回想上課內容。面對有人認為《阿含經》是小乘經典而抗拒去接觸時，胡國富的說法是：

> 　　「阿含」絕對不是小乘。「藏、通、別、圓」有它判教的時節因緣。我們對於古大德的判教方式，只能尊重，但是不一定要接受。修行的方法沒有大小，心量才有大小。所以我們說的大小是指心量，是指有沒有發菩提心，方法絕對沒有大小。

也就是說，法無大小，人的心量才有大小之分。而古大德當初之所以會如此判教，乃有其特殊的時代背景。轉換到不同的時空以後，應當要用理解的眼光去接納與包容過去的說法，不能墨守成規、一成不變。

　　自從楊郁文在推廣部上課開始，胡國富就去聽課直到今

日，也常常擔任班長為大眾服務。經過這些年以後，他發覺楊郁文講授的層次每年都在提昇：

> 他的講法、對法義的了解，那種融會的感覺又跟第一次不同。所以十年前的老師，跟現在的老師講出來的一定不同。楊老師在佛法的應用上教導得非常好，不管是三十七菩提分、七覺支、四聖諦、八正道、十二因緣，這些的教導都是最紮實的。

胡國富自己也隨著一次次的上課而不斷成長，因此他很感謝楊郁文。佛法講緣起，他認為自己過去生也一定親近過楊郁文，這一生才有機會成為他的學生。

三、魯依

楊郁文在推廣部開課大約四年之後，魯依❸才加入，不像洪錦坤和胡國富是推廣部第一屆的學生。但是魯依之前就聽過楊郁文，也看過楊郁文的受訪記錄：

> 明法比丘俗名「張慈田」，曾經出一本《善知識參訪記》，裡面有對楊老師的一些看法。我看了一下，覺得老師的知見非常好。因為我之前接觸過印老，印老有指示我把時間花在《阿含經》還有初期大乘上

---

❸ 魯依為受訪者之別名。

面，那時候我就想有機會一定要來聽楊老師講的《阿
含經》。❹

魯依想要學習《阿含經》和印順法師有很大的關係。而他之
所以會學佛、會接觸到印順法師，卻和胡國富一樣，與母親
有莫大的關係。為了找尋母親受苦的原因，魯依發願一定要
深入佛法。

剛開始他請別人介紹佛教書籍的時候，別人拿出來的是
密宗和盧勝彥的書。魯依一看就知道這些書不是他要的，因
為他不是想要擁有神通力去改變什麼，而是要找尋人生的答
案。後來他便接受朋友的建議，自己去佛光書局尋找適合他
的書。在翻遍全書店的書以後，他發現印順法師的《成佛之
道》與他最為相應。他把《成佛之道》請購回去的當天，就
一口氣全部看完了。於是他索性去書局，把印順法師全部的
著作都買回來了。

魯依覺得印順法師的每一本書都有其重要的地方，令他非
常受益。但是以一個過來人的經驗來講，他認為初學者最好先
看《學佛三要》，如此才能夠判斷自己應該走向哪一條路，並
且如何運用正確的知見來處理日常生活中的事物。不久後，他
因為兩位妹妹到慈濟功德會擔任義工的緣故，自己也去慈濟幫
忙，結果卻意外遇到了印順法師，更有幸親蒙教誨：

❹魯依的訪談引文，全部取自2005年2月27日之訪談稿。

　　我到本會去幫證嚴上人蓋精舍。印老到花蓮來，證嚴上人幫我引薦，我跟母親就向印老頂禮。那年過年，證嚴上人又叫我到台中跟印老拜年，所以我就風塵僕僕地從花蓮去台中。結果跟印老聊滿多的，幾乎談了一整天，後來每年陸陸續續去了好幾次。

印順法師從談話當中，看出魯依的根器很適合鑽研佛法，鼓勵他好好看經，尤其要把研究重心放在《阿含經》還有初期大乘上面。不過印順法師提醒他，學術固然重要，更重要的是讓他人也因此而受惠：

　　佛法就是要受用，學術當然有保存佛法的價值，但是如何讓佛陀的教導讓更多人受用，才是佛陀最大的本意。像《學佛三要》要講得能夠跟生活貼在一起，別人才會覺得那是一本寶書。其實我對學術也很有興趣，但是後來我覺得那只會讓人家覺得我很厲害，卻不能因此而得到受用，厲害的只是我而已。

為了徹底實踐印順法師的教誨，後來魯依毅然放棄出國留學深造的機會，留在台灣當個老實的學佛人，一方面選擇適合的佛法課程不斷學習，一方面遇到適當的因緣便將自己學佛所得與他人分享。

　　由於閱讀經藏需要語言的基礎，所以魯依一開始先到法光佛學研究所學習梵、巴、藏等三種佛教經典語言：

　　我先去法光佛研所上了三種佛教語言的課程。但是我有先聽過楊老師在外面流通八十幾捲的《阿含經》錄音帶，內容不完全，可是我每天聽，一直把它聽完了。後來知道楊老師在推廣部開課，我就去上楊老師的課，連續聽了幾次。

這時候楊郁文的錄音帶已經在外流通了，魯依先聽錄音帶自修《阿含經》。1998年法光佛學研究所的課告一段落之後，魯依便去推廣部上課，一直到今日。

　　由於魯依住在桃園，而楊郁文的課程往往從八點或是九點就開始了，所以他幾乎每個星期天都要一大早就風塵僕僕地趕來台北。也因為如此，有時候在課堂上會不由自主地打起瞌睡來了：

　　上課有時候會打瞌睡，但是聽到的部分就對我很有幫助，知道怎樣應用在合適的人身上，每一次聽都有不同的吸收和應用。印老很重視《阿含經》，但是他比較站在北傳角度，而楊老師比較站在《清淨道論》的角度。其實印老對南傳的東西也非常了解，只是印老對北傳的重視甚於南傳。我把兩者加以整合，思考怎麼讓人受益。

但是身體上的疲憊並不會對他造成影響，每次上課還是非常受用。更特別的是，魯依會將楊郁文以及印順法師說法融合在一

起，而別有一番體悟：

> 比方說印老提到「人間佛教」，但是要怎樣才是真正
> 的人間佛教？我從楊老師的「阿含」裡面，體會到那是
> 建立在「阿含」的正知見上面。也就是以楊老師所說的
> 法眼做為基礎，去做人世間的事情，讓更多人具有法眼
> 的知見，使他們在五濁惡世中繼續幫助苦難眾生。

雖然印順法師比較從北傳的觀點來講「人間佛教」，而楊郁文
大多以南傳佛音論師的《清淨道論》為主要參考論典，但是
魯依把楊郁文的講法整合到印順法師的人間佛教思想上，做為
「人菩薩行」❺開展的基礎。所以，由於楊郁文的講解讓他對
印順法師的思想更加透徹了解。魯依把他上課的事情告訴印順
法師，印順法師也對楊郁文讚賞有加：

> 導師有跟我稱讚楊老師在「阿含」下的工夫，希望我
> 可以從楊老師的教導延伸到更多的層面。印老希望我可
> 以用「阿含」的基礎來了解大乘佛法的說法，讓大乘佛
> 法能夠從理想性進入實際面，也就是建立在正知正見的
> 條件上，我現在都在依循導師給我的建議在做。

印順法師對魯依如此的叮嚀，也與惠敏法師（1997：插頁2）

---

❺ 即以人身直向直入佛乘，第八章還有相關的說明與圖解。

提到過的「若能進而去體會它（《阿含經》）與大乘經典的呼
應性，也能再次重新肯定大乘經典的價值的話，豈非更美？」
由此可見，即使楊郁文已經把畢生精力花在《阿含經》上，但
是《阿含經》可擴及的影響層面遠遠不只這一些。而如同李志
夫（2005：3）所說的「除了印老之提倡，楊郁文老師之全力
付出教學、研究而外，至少現在還看不到後起之秀。」所以
《阿含經》研究還有無限的空間有待後生晚輩繼續努力，例如
《阿含經》於生活的應用就是其一。

　　其實楊郁文曾經跟魯依提過，如果他這一生還有時間，身
體也許可的話，他希望開更多的佛法應用課程，後來他2007年
果真開始在推廣部開設「根本佛教的佛學活用」課程。不過他
更期盼的是，他的學生能夠從課程中所理解到的，依照他人的
需要適當地表達出來，這樣佛法的推展才會更快。而要有效推
廣「阿含」的話，魯依主張要先打破大家以為「阿含」是小乘
的看法，一定要對「阿含」生起信心，才能夠讀得進去。而魯
依認為，在印順法師的觀點中，《阿含經》乃是顯揚真義的佛
法，也是最究竟的。

　　由於魯依常會去楊郁文家裡修電腦，所以與楊郁文有許多
互動的機會。而無論是從課堂上的表現，或是私底下的互動，
魯依都感覺楊郁文是一位相當值得推崇的對象：

　　　　他的確是一位非常具有正知正見的善知識。我從楊
　　老師上課的說法跟幫他修電腦的交談互動，非常肯定
　　他的教法可以讓人得到清淨法眼。我不是一位學者，

沒有能力站在學術上來說，可是站在佛法的實踐上，我非常肯定他有這樣的能力。他對佛法的理解具有實踐的特色，可以讓人具有正知見。

魯依非常肯定楊郁文具有啟發學生開法眼、令學生具有正知見的能力。而具有正知見乃是實踐佛法最重要的基礎，也是佛陀以及當時大阿羅漢教導他人最重要考量點：

佛陀在教導弟子，或是目犍連和舍利弗在教導師兄弟的時候，都是在設法讓師兄弟具備清淨法眼的能力。我從佛弟子的談話體會到楊老師的教導具有這樣的特色，印老也是這樣。如果可以用楊老師的教導當作基礎，印老的「人菩薩行」做為成佛的理想，這兩者都是登上修行階梯前進的一個點。

以楊郁文的教導為基礎、印順法師的教導做為理想，是魯依最大的領會。而他對於楊郁文《阿含經》的功力以及實踐八正道的能力都相當讚歎，所以不斷鼓勵同學們多多來上課：

我下課都會鼓勵同學多多來上課，如果這一生花時間在楊老師的教導還有把印老的書也好好看的話，此生至少能夠開法眼。後來我都沒有再講了，因為有人會反問我為什麼，我不想再多辯解，因為這個需要自己去體會。楊老師的課還有印老的書，多聽幾遍、多

看幾遍都不算什麼，一定要多聽、多看才能了解。

然而修行體驗是個人的，無法用語言表達到讓人明瞭甚至全然接受，所以魯依漸漸不再主動去鼓吹了，但是他對楊郁文以及印順法師的信心還是相當堅定。

由於有這兩位恩師做為效法的對象，魯依也發願要和他們一樣，生生世世來到娑婆世界自度度人。只要有這兩位恩師在，魯依一點也不會感到寂寞：

> 上了楊老師的課以後，我更加確認楊老師跟印老一樣都是大善知識。如果把他們兩個人的狀態聯結起來，會是非常好的狀況。上了楊老師的課以後，我跟印老講，生到娑婆世界是我不會退轉的一個願了，這是他們兩位給我的影響。我並不孤單，因為楊老師也是這樣，印老也是這樣。相信我再到娑婆世界來，還是會碰到這兩位大善知識。

除了楊郁文和印順法師以外，魯依還找到另外一位夥伴與他有相同的志願，那就是他在法光佛學研究所就讀時的巴利語老師——蔡奇林。有這些良師益友在身邊，魯依對學佛的道路充滿了信心，內心感到非常地坦然與法喜。

楊郁文鼓勵過魯依，佛法的正知見以及對於無常的深刻認識，乃是在自身與他人的互動過程中「自」「他」一起成長的，所以發願生生世世來到娑婆，除了可以幫助他人，還能夠

增加自己成長的契機。有印老這位善知識做為前導，楊郁文也
充滿了信心：

> 楊老師一直跟我讚歎印老，說印老很厲害，希望生
> 生世世都能夠親近印老。他認為印老還會到這個娑婆
> 世界來，所以他一點也不擔心，他將來一定也還會再
> 碰到印老。我跟楊老師講「我也這樣想」，楊老師說
> 「原來我們都有同樣的看法」。

楊郁文認為印順法師讓他確立了今後所要走的路，魯依也因為
這兩位恩師而找到了盡未來際的方向。於是他們三代師生心有
靈犀，共同發願要生生世世回入娑婆，以「人」的身分學佛，
乃至成佛。

四、魯小米

　　魯小米❻在就讀哲學研究所的時候，就已經到法光佛學研
究所當選讀生，選修楊郁文的課程。而她那時候對《阿含經》
並沒有很深的概念，只是因為賴賢宗學長熱心向她推薦，所以
她就去上課了。沒想到當時卻遭受到很大的挫折：

> 第一次上「《阿含經》研究」的時候覺得很困難，
> 因為很多名相都沒有聽過，連續上四堂課又很累。每

---

❻ 魯小米為受訪者別名。

> 次上課都要寫巴利語，也不知道那些巴利語在寫些什
> 麼。又因為不懂巴利語，抄也會抄得很慢，所以第一
> 年上得很痛苦。 ❼

魯小米的經驗是，沒有佛學背景的人第一年上課的時候，其實根本聽不太懂，最多只能約略知道有些什麼內容而已。等到心裡浮現出一個輪廓以後，一年的課程很快就要結束了。

魯小米曾經在哲學研究所就讀，畢業論文是有關《阿含經》的慈悲思想，所以她又用楊郁文的錄音帶自修過一段時日。後來論文雖然完成了，但是她自己覺得還是有一些地方弄不清楚，對「慈、悲、喜、捨」❽也無法全盤地掌握。不久後，她聽說楊郁文在中華佛學研究所推廣部開課，她希望藉此機會去把問題釐清：

> 現在有機會重新再聽，當然就是想要把它弄懂，
> 所以上課都很用心，筆記都抄得滿多的。自己有去讀

---

❼ 魯小米的訪談引文，全部取自2005年2月27日之訪談稿。

❽ 楊郁文曾經在一次推廣部的校外教學活動中，以「慈、悲、喜、捨」四無量心為題，說到四無量心乃是「高貴良心的次第開展」，其重點為：「由『同情心』的善根，開發『慈悲博愛』的宗教情操；以『慚愧、慈悲』的心情持戒護生，度過一般的日常生活；以『慈悲喜捨四無量心』的修持安定心意，體驗宗教生活；以般若修習『慈悲喜捨四等心』，破除怨親、自他的妄分別；終於斷除煩惱，圓滿『慈悲喜捨四心解脫』」。後來甘露道將該活動內容結集成一套錄音帶，於1996年出版。甘露道幾乎蒐集了楊郁文在推廣部所有授課內容，目前部分已經出版，部分還在整理中，詳細情況請參考附錄七。

「阿含」、有去研究「阿含」的時候，就會覺得自己
要弄懂「阿含」真的滿難的。竟然有老師這麼厲害，
居然可以讀懂很多我不懂的地方，讓我很敬佩。

在魯小米眼中，楊郁文很厲害，不但能夠讀懂許多難懂的經
文，還能夠把學習到的佛法融會貫通，所以《阿含要略》的架
構才能夠那樣完整，內容豐富到可以當作工具書使用：

> 我都把它當工具書，想知道什麼就可以查到。老師把
> 相關經文都放在一起了，所以我們馬上可以看到那些經
> 文。不過老師上課有說，你們不能只看我列出來的那一
> 些，還要把原來經文拿出來讀，前後的經文也要看，因
> 為都有相關，這也是老師的讀書方法。如果我照著老師
> 的讀書方法去做，我也有機會像他擁有那樣的智慧，可
> 以把「阿含」看得懂，並且把佛法融會貫通。

為了期盼自己擁有老師那樣的智慧，魯小米每天都會遵從楊郁
文的指示做功課。她還年年重複上楊郁文的課，到今日已經
八、九年了。

即使上的課程是重複的，但是每年卻有不同的感觸。因為
剛開始上課，只是在佛學名相上打轉而已，一定要多聽幾遍才
能夠深入體會：

> 其實老師除了講名相以外，還會講一些心得。如果

　　對名相熟了，就會注意到老師所講的心得。例如居家三火，以前我只會注意到什麼是居家三火，現在我就會特別注意老師引申的意義。像倒吃甘蔗一樣，上課是來享受的，不是來受苦的。

這幾年來，魯小米愈來愈得心應手，像倒吃甘蔗那樣。而魯小米也會天天讀誦《阿含經》，用電腦檔案來模仿楊郁文整理重點的方式：

　　誦《阿含經》，看到裡面有提到某些主題，例如「三皈依」等，我會把經文剪貼到那一個電腦檔案裡面去，像在做卡片一樣。還有《阿含經》裡面故事很多，我也會把有趣的故事拿出來。「四部阿含」重複這樣一直做，卡片就會愈來愈仔細，把有同樣名相的經文放在一起，就可以「以經解經」。

經過長年的日積月累，魯小米逐漸培養出「以經解經」的能力。她認為除了上課以外，自己也一定要花時間讀經，才能夠有更大的進步。

　　魯小米自己得到益處之後，常常思考把佛法推廣出去，讓更多人也因而受惠。但如果希望不只是那些懂學術、有漢文底子的人能夠看懂《阿含經》，首要之務便是把經文用白話文改寫，並且加以註解：

　　這個經應該要註解，最好能夠白話，這樣一般人才看得懂。不過《阿含經》有的經文滿艱澀的，即使是中文系的人來念《阿含經》，也不見得念得懂。除了讀漢語的能力要很強以外，也要能夠讀巴利語，經過巴漢對讀才不會望文生義。

語言會隨著時間而不斷變化，所以現代人對於佛經裡面的文字逐漸感到陌生，很容易望文生義。此時最好能夠有一部《阿含經》的專用辭典，不然這些特殊的詞彙與名相，一般工具書是很難涵蓋進去的：

　　一般人要有工具書才能夠走進去，不然讀不懂，文言文就是一個障礙。但是佛教的經典語言，特別是漢語，很少人在做辭典。即使是用最大本的漢語辭典，也往往都找不到，因為編辭典的人不會來看佛經。對於研究古漢語的人來講，研究佛經裡面的字辭是一項挑戰。有中文底字的人會文字、聲韻、訓詁，讀起漢語文言文的能力滿強的，但是這樣還不太夠，真要看懂佛經的話，還需要了解法義的部分，這些都要累積很多經驗才可以。

魯小米認為，尤其《阿含經》的翻譯語言跟古代的文章又更不一樣。為了自己，也為了有心學習《阿含經》的人，她期盼楊郁文的《阿含辭典》能夠早日完成：

　　這項工作是很重要的，而且早就應該要做了。日
本研究佛教已經遇到瓶頸，因為他們讀漢語的能力不
行，而台灣一直卡在巴利語、梵語這些能力上，不重
視這一些。每個想要讀經的人要先讀得懂，才能夠深
入研究，所以都要重複處理這些語言問題。

《阿含辭典》一旦問世，讀者便可以藉助楊郁文多年解讀《阿
含經》的經驗，超越語言所造成的隔閡，只要把心思花在經典
義理的理解上即可。

　　如此一來，對於《阿含經》的理解就可以較為精確，不會
望文生義，而且容易推廣。經典如果能夠改寫成白話文，再用
《阿含經》濃厚故事性的特色來引導大眾，則一般人就更可以
吸收其法義了：

　　把經文白話淺譯是最基本的。除了老師已經有講解
過一些，還可以自己補充。尤其一些有故事性的，和
別人討論起來的時候，別人的接受力會更強，感覺到
佛法這麼生活性、這麼平易近人。很多問題佛陀與佛
弟子早就談論過，用這些來跟別人講，別人就比較能
接受。

就她自身的經驗來看，最好自己先把經文了解吸收以後，再用
別人可以接受的方法說出來。尤其用「說故事」的方式去講，
是推廣佛法很有效的辦法。楊郁文在課堂上，每次講起《阿含

經》裡面的故事時，表情聲調都十分吸引人，所以魯小米建議
楊郁文有機會也開一些比較通俗的佛法課程：

> 其實老師除了《阿含要略》以外，還可以開一些
> 專題性的課程。用通俗性、故事性的方式講，一般人
> 比較能夠感受到佛法的好處，更能受用。以老師的能
> 力，一定能夠旁徵博引。大家聽故事一定聽得不亦樂
> 乎，每年都會來上，因為每年都有不一樣的故事。很
> 多人不要聽那些名相，是想要知道佛陀怎麼樣用平常
> 的對話來解決問題。

魯小米在與楊郁文互動的過程當中，認為楊郁文是一位善於把
佛法應用到生活上的老師，即使是問他一個很小的問題，他也
可以用佛法去講解，而且很幽默風趣。可惜這些能力是在課堂
上很難看到的，所以她也希望同學能夠多多接近老師。

　　魯小米認為楊郁文給她最大的助益，就是提供她人生的目
標，讓她明瞭人生的意義。其實進入哲學研究所以前，魯小米
在大學的主修科目是電腦，而且學得相當好，她之所以轉入研
究哲學，就是為了探求人生的意義：

> 為什麼我要去學哲學，就是因為我想要追求人生的
> 意義。可惜研究所的時候接觸到「阿含」卻不曉得要
> 好好把握、要好好應用它。不過佛研所很好，同學都
> 滿有正知見的，所以我的人生沒有偏差，都跟佛法有

接觸，後來終於有機會親近楊老師。

再次上楊郁文的課程以後，魯小米愈來愈清楚她人生的目標。而當煩惱興起的時候，佛法就會像一個定舵，讓她人生的方向很清楚，也知道焦點應該放在哪裡：

> 大部分煩惱都是自己產生的，應該把一些不必要的東西給過濾掉。不管接下來的生活好不好，也不管周遭即將發生什麼事情，我都知道「學佛」一直會是我人生的目標。因為上楊老師的課讓我有這樣的體會，所以我很感謝他。

楊郁文的課程和閱讀經藏都讓魯小米非常法喜，讓她看清楚了生命的真相，也確立了人生的目標。

不過當魯小米看到經文記載，有一日阿難尊者在頂禮佛陀的時候，發現佛陀皮膚鬆弛，已經老了，不禁令她想到這一生影響她如此大的老師也已經七十歲了，彼此總有一天要分開。雖然在老師的教導之下，她已經知道自己人生的方向是什麼，愈來愈知道怎麼在生活中運用佛法，但還是悲從中來：

> 我只是不能處理自己的情緒，問出來這麼笨的問題，可是老師就用佛法跟我說，他說要把悲傷的情緒化為正志。原來八正道的正志，不是我有正見以後，發願我要「上求佛道，下化眾生」而已，是在生活中

有負面情緒的時候，可以轉化為正面的力量。只要提起正念，就可以實踐八正道。

楊郁文告訴魯小米，不管我們內心多麼尊重某位師長，但人生是無常的。所以在面臨分離的時候，要用佛法提起正念，用正見將悲傷改變為正志，不只是這一生要走的路要清楚，未來生生世世的道路也要很清楚。魯小米很感激楊郁文，而她認為感謝恩師最好的方式就是依教奉行：

> 我很感謝楊郁文老師，而對佛陀、對最尊敬的老師，最好的方法就是依法奉行，依照他所教導的去做。我認為要表達我對楊老師的尊敬，就是要盡畢生之力好好努力。我不敢說要超過楊老師，但是希望自己也可以達到老師的程度。

雖然魯小米但願自己來生可以再遇到楊郁文，但是有了楊郁文的鼓勵之後，她已經體認到最重要的是自己要開法眼。而她相信她現在這麼用功，即使將來沒有機會再親近楊郁文，但是佛法已經像她周圍的空氣那樣，時時刻刻伴隨著她，因此她與她所尊敬的善知識一定能夠心意相通的。

五、江碧琴

來自農村的江碧琴，自小沒有特別的宗教信仰，大學以前也很少聽到「佛教」這兩個字。雖然她讀大學的時候，師大校

園裡面已經有中道社了，但是她卻從來沒有機會去接觸。一直到了1985年，江碧琴被分發到樹林國中實習，才因為同事的關係接觸到農禪寺：

> 有一位同事姓王，她是聖嚴法師在家弟子裡面算是不錯的吧！我剛開始到那邊實習教書，因為她的關係接觸到農禪寺。那時候我還是不清楚佛教是幹什麼的，她建議我可以去農禪寺聽聽法師講經，她說法師有半年會在台灣、半年在國外。❾

當時交通沒有現在這麼方便，從樹林到北投必須換好幾班公車才能到。而那位王老師能夠持續這樣過去聽經，顯然有什麼地方特別吸引她，於是江碧琴就答應一起過去看看：

> 那時候農禪寺沒有現在這樣的規模，還是最原始的樣子，只有一層樓而已，非常簡單。她跟我說不要看這麼簡單的樣子，其實他們的修行非常好，她也有在那邊學禪坐。剛好有皈依大典，我在門口看呀看，她就把我推進去皈依，我是這樣開始對佛教產生興趣的。

沒想到江碧琴一去就碰上了皈依大典，當場就被推進去皈依，從此展開她學佛的道路。

---

❾ 江碧琴的訪談引文，全部取自2005年3月19日之訪談稿。

　　農禪寺有許多聖嚴法師的書籍，愛看書的江碧琴就去買回來看，可是還是搞不清楚佛教在說些什麼。後來她在《人生》雜誌讀到印順法師《妙雲集》的相關訊息，她又去請一套《妙雲集》回來，也順手把《阿含要略》買回家：

　　　　當時書架上還有一本《阿含要略》，我也搞不清楚那是幹嘛的，也搞不清楚作者，只是看這本那麼大本，就請回去看。我是比較屬於主動學習型的，就是看到一些東西之後，裡面有列出相關著作，我就會挑選有興趣的，一步步去涉獵。

沒想到當時這麼不經意的小動作，日後卻深深影響了她的一生。後來她就因為手上剛好有這一本《阿含要略》，才去推廣部上課：

　　　　後來因緣的關係，認識一些農禪寺的人。他們跟我說推廣部在上一門課，用的課本就是《阿含要略》。我聽了以後覺得不錯，因為我剛好有這一本書，就去報名。我去報名的時候是第三屆，那時候還有條件限制，要大學畢業，我剛好也符合。上完課以後還要交報告，我就寫了一篇心得交出去，結果還被刊載在《人生》雜誌。

江碧琴從1997年去上課之後，就一直持續到今天，幾乎沒有中

斷過。所以她的《阿含要略》筆記已經滿到不能再寫了，而且經過了十年的風化，那一本《阿含要略》紙質也變黃，好像一翻就會爛掉一樣。

由於江碧琴的工作就是教書，而人生經歷中最多的也是教書，所以台上老師的教學功力如何，她的感覺是很直接的：

> 楊老師給我最大的感覺就是他對教學的內容已經非常熟練，以致於他可以深入淺出，我一聽就可以知道。也由於他對教學的內容已經融會貫通到有立體化的概念了，所以你不管從哪一個角度進去跟他講，他都是可以回答你。所以我覺得他非常厲害，我非常尊敬他。

江碧琴可以感受到楊郁文對授課內容已經融會貫通了，甚至建構出立體化的概念。出身自理科背景的她，也相當喜愛楊郁文的教學方式，讓她學起來非常踏實：

> 我是師大化學系畢業的，是學理科的，老師是學醫的，都是學自然科學的，所以他的學習模式給我很多的啟發。老師講課那麼有次第，由淺入深，讓我學起來感覺非常踏實，也跟生活可以結合。不會覺得那麼玄虛，高調到讓你拍手叫好，可是卻不知道要怎麼去運用。

一直想要了解佛教在說什麼的江碧琴，終於在跟隨楊郁文學習之後，清楚佛教在說些什麼了。不但楊郁文的教學方式跟江碧琴的生活經驗互相契合，講述方式也讓她比較能夠契入，楊郁文的說明不僅讓她知其然，還能夠知其所以然。她認為楊郁文之所以能夠如此，那真是「台上一分鐘，台下十年功」。上了一年課之後，江碧琴（1997：3）將她的課後心得發表於《法鼓》雜誌，提到她認為「阿含」是她生命中最好的皈依。

　　而江碧琴認為楊郁文講經和其他人有很不一樣的特色，除了他有深厚的佛學基礎之外，還有他的學識與常識都非常豐富，同時也會非常注意社會的變化，因此他的講經說法常常能夠緊扣當下：

> 　　老師上課非常生動活潑，會適應學生的需求，也都會跟社會脈動以及生活結合。因為我們都在工作，不像佛研所的學生，所以我們必須了解怎樣去看待我們國家的政治、社會的風氣等等，這樣才能夠影響別人、幫助別人。

這一點反映出楊郁文常常說的「學佛就是學活，佛法就是活法。」而江碧琴還發現楊郁文對佛法的分析總是比其他人多了一份理性，不會只有強調宗教情感而已，所以江碧琴能夠從楊郁文的講經說法中，學習到最素樸的佛法，而如此的佛法也是最容易理解與應用的。

　　而更難能可貴的是，江碧琴發覺楊郁文是一位言行一致的

老師，不會上課講的是一套，私生活卻是另外一套。很多老師往往只會要求學生應當如何，自己卻做不到。而楊郁文總是會實踐他自己所教過的東西，這讓江碧琴更能夠信賴他所教導的內容。江碧琴舉了一個實際的例子：

> 老師有些口音我聽不懂，有一次他說「印度次大陸」我不會寫，就去問老師怎麼寫。他寫給我看，我就對他連續念了三遍「次、次、次，次大陸！」我怎麼可以當著老師的面這樣講呢？我後來感覺很好不意思。我不是故意的！老師那時候沒有說什麼，不過後來我發現他會特別注意這個部分。

江碧琴從這裡發現到楊郁文是個修正錯誤很快的人，而且非常能夠原諒學生。而最令她感動的是，楊郁文對於別人的冒犯可以不動聲色，低調到不讓人感覺到楊郁文在原諒自己。另外，江碧琴覺得楊郁文關懷學生的方式也很平實：

> 他很關心學生，不會講一些好聽的話。他話不多、不會浪費時間，可是會很誠懇、很關心學生。他口業修得很好，如果要批評一個東西，都就事論事，不會謾罵亂講，是一個很有智慧的人，很有耐心，他都是透過身教在影響學生。

楊郁文這樣的態度深深影響到江碧琴，讓她學佛的生命也從此

愈來愈踏實，每天都有明確的生活學習方向：

> 生活的過程就是在把精神鍛鍊到正確的方向去。
> 生而為人，每天的生活都很寶貴。我今天行善、明天
> 處理貪欲，生活中的經驗都是在增強我的五分法身，
> 使它不斷進化跟成熟。所有事物的成熟，都要靠時間
> 不斷累積，每天的生活都給我再一次鍛鍊與提昇的機
> 會。生命的珍貴就是在這裡！

以前江碧琴對自己的要求很高，如果哪一天沒有把事情做好，
她就會想要懲罰自己。但是學佛以後，她了解到經驗無論好
壞，都是滋長進步與成熟的珍貴養分。因此她開始學會自我鼓
勵，只要明天或是下一刻再努力就好，人生不可能每一次的經
驗都是成功的。

　　江碧琴會有這麼大的改變，跟楊郁文的教導很有關係。每
逢江碧琴遇到挫折，楊郁文都會安慰她、鼓勵她：

> 不管跟老師說遇到什麼事情，老師都會有一個口頭
> 禪，說：「不要緊！我們再怎麼樣怎麼樣。」老師這樣
> 說，你就會很受到鼓勵。我們不可能沒有過錯，但是只
> 要盡力做到「不二過」就好了。「不二過」是努力的目
> 標，萬一又再犯錯，也不能夠因為這樣就沮喪了，只要
> 不是故意再犯錯的，那就應該要不斷鼓勵自己。

其實要不是因為楊郁文的態度是這樣的溫暖與柔和，江碧琴很可能就已經放棄學佛了，因為她以前和佛教徒的接觸經驗並不是很愉快：

> 我對佛教徒的印象不好，覺得他們應該學習更善巧一些。譬如說你可能遇到人生某些困境，這些跟業報當然脫離不了關係。可是面對一個正在困境中的人，你不能夠直接就說「哎呀！這就是業障啦！」這樣子會讓人對佛教產生反感。

這些佛教徒總是輕易地就把「業障」兩個字說出口，完全沒有體會到受難者的心情，即使所說的話是有道理的，也同樣無法讓人接受。

因此，儘管人生不管得到什麼樣的結果，都必然有其原因，但是常人並沒有辦法對因果關係看得那樣清楚，所以需要多一點耐心和關心，尤其身心正處於極度痛苦的人，更需要如此：

> 其實在苦難中的人，需要更大的勇氣去承擔苦難，然後才能夠不要再犯。所以在說業報之前，應該先給他一些肯定，讓他有勇氣去承擔而不再去造惡業。老師就不會這樣，他會透過授課過程把正確的觀念告訴你，不會像一般佛教徒這樣直接，讓你感覺非常冷酷。

告訴別人道理固然重要，選擇善巧的方法也很重要。還好江碧琴從楊郁文身上學習到的種種，不但沒有讓她對佛法失去信心，還讓她對佛法有了相當深刻的體認。這些體認在她生病的那一段日子，顯得格外重要：

> 　　生病期間，我在家裡聽老師《大業分別經》的錄音帶❿。生病以後要跟疾病相處，但是我對佛法並沒有失去信心，生病和學習佛法是兩回事。但是因為生病，我反而會更理智去思考佛法在說什麼、會知道生命的精髓在哪裡，然後照著這樣的方式生活，活得更踏實。

就在楊郁文既善巧又溫暖的引導之下，江碧琴終於學會如何用積極的態度來看待因果關係。她用生命經驗所體會的心得是，如果可以肯定因果確實是存在的，那對於結果就不會那麼不甘心。而凡事一定都會過去、一定都會有新的開始，這就是所謂的「無常」。因此，不管結果是好是壞，都將成為過去。只要不再犯錯，那就足以受到肯定。江碧琴覺得如果能夠這樣子學佛，人生就會相當有意思了。

　　向來喜歡閱讀的江碧琴，也因為楊郁文經常引用大腦和心理學相關知識來解讀經典，而展開新的讀書方向。她開始熱愛佛書以及各種相關學科的書籍，並且採用楊郁文四色筆的方式

---

❿ 此錄音帶也是楊郁文在推廣部一次校外教學活動中的授課內容，後來甘露道結集成一套錄音帶，於1999年出版，名為「業報的表象和實相——中阿含《大業分別經》」。

來抓取重點，結果都令她相當滿意。當她讀到一些好書時，都
會拿去與楊郁文分享；⓫而楊郁文讀過以後，也會把自己的心
得拿來回饋給江碧琴。這兩位喜歡讀書的師生，就經常如此地
互通有無、教學相長。

六、劉凱玲

劉凱玲與江碧琴有許多相似之處，她們都畢業於師範大
學，擔任過教職，而且平日都喜歡閱讀，也經常推薦好書給楊
郁文。事實上楊郁文2005年會在推廣部講授《心如熾火》這一
本書，就是來自於劉凱玲的推薦。劉凱玲長年跟著楊郁文學習
佛法，不但重複聽了許多年的課程，而且每週都專程從台中遠
道而來。

在接觸到楊郁文之前，劉凱玲也是先認識了法鼓山的師
兄、師姐，以及參加了聖嚴法師1996年在國父紀念館的演講：

> 當時剛好聖嚴師父在國內弘法，聽了以後，想要更
> 深入。後來因為有法鼓山的朋友來上楊老師的「阿含課

⓫ 例如楊郁文提到動物獵食並不是在造業，牠當時並沒有殺生的觀念，只
是因為「報」的緣故，而江碧琴在《心理學》一書看到有關的佐證，說
明掠食者撲上獵物時，身體並沒有產生憤怒的狀態，比方當時狗不會咆
哮，耳朵也不會往後貼（洪蘭譯1997：345）。又例如楊郁文在課堂提
到，他並不認同使用出氣娃娃來洩憤的方法，而江碧琴也在心理學有關
書籍中看到佐證，說明用捶打、喊叫會使得緊張訊息傳到杏仁核，進而
引起身心產生負面的認知（洪蘭2006：174）。諸如此類的，江碧琴都會
拿去跟楊郁文分享。

程」，他們在學《阿含要略》時，常分享心得，讓我們大家都很受用。我就想可以從楊老師「阿含課程」裡面得到原典的剖析，對佛法做更多的印證跟補足。⓬

在去推廣部上課以前，劉凱玲先參加的是推廣部的校外教學活動。那時候洪錦坤為了讓同學有比較多相處與討論的時間，會邀請大家在寒暑假的一個週末到校外踏青，楊郁文也會挑選一個主題為大家弘講。1997年活動地點在日月潭，當時演說主題是「五出世根」：⓭

　　感受到老師不像一般的宗教師講經，也不像多數居士講經那麼感性，老師講經是非常嚴謹的。我跟老師起初不認識，在外面也花了很多時間去上佛學的課，《阿含經》的東西又時常會在別的佛學課程出現，所以專門花時間來上「阿含」，剛開始擔心會有一點浪費或重疊。但是後來因為老師講課嚴謹的態度，讓我覺得說這是一個建立對佛學整體認識必要的過程，所以就報名來參加了。

劉凱玲在她熟識的法鼓山師姐引導之下，參加了那一年的活動，認識了楊郁文，也見識到楊郁文上課的嚴謹態度，於是開

⓬ 劉凱玲的訪談引文，全部取自於2005年2月20日的訪談稿。
⓭ 即以南北傳的「根相應」為講說的題材，甘露道將該活動錄音帶結集出版，名為〈自在增上法門──南北傳「根相應」〉，於2000年出版。

始加入了楊郁文課程的行列。

跟隨楊郁文那麼多年，最令劉凱玲印象深刻的是，2000年寒假他們一同去印度的朝聖之旅：

> 對於佛陀一生行跡與說過的經典，老師彷若曾經侍奉佛陀一般清楚地介紹，完全是透過他對佛經的體悟跟認識來講。讓我們很驚訝的是，老師的認識跟講解的方式比當地很資深的導遊還道地。第一次到一個地方，他會指著那個地方說佛陀在這裡做些什麼。譬如他敘述提婆達多在哪裡出佛身血，哪個地方、哪個角落怎麼做，詳細地還原佛陀時代的情境。到每一個地方都可以感覺到他對經典的熟悉。

楊郁文本來就對《阿含經》的經文相當熟悉，裡面所記載的細節都鉅細靡遺地刻畫在他的腦海中。這一次有機會到達事件發生的所在地，楊郁文便宛如進入時光隧道一般，為學生們講解與朝聖地點有關的經文內容。儘管佛陀與諸大弟子已經入滅了，但是楊郁文睹物思人，對聖者的懷念之情油然而生：

> 到了毘舍離，阿難尊者的舍利塔在那裡，還有一根完整的阿育王柱保留在那裡。老師就特別地激動，特別地感傷，帶我們繞塔。之前，老師有一番話，他說身為一個佛弟子，來到這裡內心其實是很慚愧的。照理說應該是很歡喜的，他說很慚愧，其實是想到阿難

尊者。

到了阿難尊者的舍利塔，楊郁文特別地感傷。因為現在所讀到的佛教經典，都是阿難尊者用他驚人的記憶力口述，眾大阿羅漢一致同意，才代代流傳下來的。這也就是佛陀入滅以後，五百大阿羅漢聚集在一起，結集佛陀教授教誡的歷史事件，稱為佛教的「第一次結集」。

劉凱玲從楊郁文的真情流露之中，感受到楊郁文內心對於弘揚佛法的深切渴望。此時劉凱玲才真正了解到老師學習經典的目的，並不只是為了自己，而是希望能夠將佛法流傳下去：

> 那時候心裡才更深地體會到，老師的目的不是學佛、學「阿含」而已，他真的就是想把佛陀所講的點點滴滴，像阿難尊者那樣，給所有求法者完整的佛法，讓所有人的疑惑都能夠得到解脫。我才體會老師的職志，不是只在學問方面，他真的是很希望像佛陀一樣把法傳到每一個人身上，讓每一個人開法眼而成為阿羅漢。

楊郁文在路上不斷囑咐學生們，這一生至少要成就初果，才能夠確保不會再一直流轉輪迴下去了。不但如此，將來還要具備成就阿羅漢果的程度，更要發願成佛。劉凱玲深深地感受到，楊郁文是一位「解行並重」的學佛人，在這條學佛與傳法的道

路上一直不斷地往前邁進。

　　歷時半個月的印度之旅，楊郁文每天都為這五十幾位的學生，就所朝聖的地點解說相關的經文。其體力與腦力的耗費相當劇烈：

　　　　老師去每一個朝聖都很盡力在開示、講經，後來我才知道老師血壓高得很難過了，已經在吃藥了。我們都很累了，可是他更累。一早起來講，中途到了一個地方又再講述佛陀的行誼，睡前又講經和討論。我曾經跟出家眾去朝聖，從來沒有看過一個像老師這樣精進的。看老師那麼認真，我又從頭到尾做記錄，回來以後就真的很難忘。

　　學佛多年的劉凱玲，之前也接觸過不少法師，但卻沒有見到像楊郁文這麼精進努力的。而做學生的，除了默默關心老師的身體狀況以外，最能夠做的，就是認真地把老師講的話一五一十地記錄下來。還不敢跟老師講話的劉凱玲，只能將心中對老師的感激與感動，一點一滴存留在內心深處：

　　　　我本來不敢跟老師講話，在回來的車程，那時候有一點熟，又有一點激動，覺得非請教不可。我問他：「這一次來感覺怎麼樣？」老師跟我說，他這輩子不會忘記，下輩子也不會忘記。他說這一生可能不會再來了，因為他身體不好，所以他說他會永遠記得這一

趙。老師這一趟朝聖之旅，真是一步一腳印！

劉凱玲當時雖然跟楊郁文不太熟，可是她可以感受到楊郁文說
這句話的時候，是發自內心的。劉凱玲相信，這一趟所感受到
佛陀的教法以及開示也都印在楊郁文的內心，都是他日後教授
佛法與生活實踐的珍貴材料。

　　在朝聖的過程當中，劉凱玲觀察到楊郁文不斷地在體會，
佛陀在世之時如何做為一位人間導師，並且在各地講說這些教
法。她覺得楊郁文所走的每一步都像是走在一條開悟的解脫之
道，並非單純地將經典複述給學生聽而已：

　　　　大家沿途都會跟著他走，我特別走在他旁邊，因
　　為他會告訴我們經典上的事情。他在走那一條登上靈
　　鷲山的路的時候，一路上注意每個石頭，然後挑石頭
　　在走。他一路走，一路觀察那個石頭，看了很久，然
　　後指著石頭跟我們說：「如果你們要走佛陀踏過的石
　　頭，要選那個比較大、比較平的。因為有可能會有佛
　　陀的足跡在上面，後世的人會一直要踩，所以石頭會
　　比較平。」所以老師就是要我們去體會，踩在佛陀踩
　　過的地方的那一種感覺。

讓劉凱玲感動的是，她看到許多人去朝聖，都只在佛塔、佛寺
之前才想到要禮拜，很少人會對一條道路上的石頭這麼有感
情。而且這些石頭，還可能是後來被重新鋪過好幾次的。不過

從這一點也可以看出，楊郁文似乎已經跟佛陀活在同一個時空裡了。雖然當時劉凱玲和楊郁文還很陌生，但她就是透過這樣特別的觀點來認識楊郁文的：

> 我聽到他講這一句話，特別感受到他這一趟上都是在追隨佛陀成佛的心境，希望有一天能夠把所有的體悟再現給眾生、再來啟發眾生。我覺得楊老師跟其他人不一樣的，就是他有他自己的思惟邏輯。雖然說他對「阿含」很了解，可是他不是只有把經典搬來講。所以我當時就把老師在走那一條路踩過的石頭，都拍下來。

劉凱玲朝聖回來之後，便把她一路上的相片與文字記錄，包括全程的照片、楊郁文在什麼情境講了什麼話等，彙整成一大本送給楊郁文。她覺得楊郁文在聖地所講的話，都令她深深感動且永難忘懷。

劉凱玲跟著楊郁文上課多年，相當肯定楊郁文的學識涵養與教學功力。只是很可惜楊郁文不是什麼學派或法門的大人物，平常為人處世很低調，也不會在學術上刻意表現，所以沒有引起太多人的注意：

> 老師各方面的成就都已經很成熟了，這三十年專心研究「阿含」，開展出來的東西其實有很多。不論老師的教學，還有研究「阿含」等諸多成就，都令人肯定老師是近代佛學教育很有啟發性的人物，可是大家

沒有接觸，所以不知道。

劉凱玲希望有多一點人加入整理楊郁文言行的行列，她也期許自己能夠投入更多的生命，跟著楊郁文好好地學習。

第三節　佛學研究所

一、蔡奇林

目前在南華大學宗教研究所任教的蔡奇林，接觸佛教是在研究所時代。當時他受到靈巖山寺的海報所吸引，便去打佛七並且在圓滿日皈依受戒，不過對佛法並沒有太深入的接觸。

畢業後入伍服役，他經常利用休假時候去幾個道場走一走，並且取結緣刊物回軍營閱讀。其中一份《法光雜誌》所刊登的招生簡章，種下了他日後研究佛學的因緣：

> 我快退伍的時候就報考法光，其實那時候對佛教研究完全沒有什麼概念，只是一個想要深入的念頭。我以前完全沒有這個學習的背景，只是自己看經覺得有需要深入，但是對佛教的研究圈完全不知道，對《阿含經》、巴利一點概念都沒有。（蔡訪1）

雖然那時候他不曉得什麼是佛學研究，也對《阿含經》與巴利語沒有概念，但是後來卻成為《阿含經》與巴利語的教師與研

究人員。

　　蔡奇林是法光佛學研究所第二屆的選讀生，他到研究所修課的第二年，開始接觸到楊郁文。但是他當時一方面在四海工專教書，一方面在研究所選課，所以每天的時間都安排得相當緊迫，幾乎躺下去睡不到兩、三個小時，就要從土城趕來上課了：

　　　　其實我是累的，那個課又是四小時的，但是一進到教室，我一聽到老師開始講，我整個精神就被吸引住了。會專心地投入到老師講的法義脈絡中，很充實，意念都不太會跑掉。因為老師教課的時候，他自己就進入一個思惟當中，在裡面運作整個教理脈絡。（蔡訪3）

楊郁文的課對他產生很大的震撼，他感覺整個人的思路跟眼界都清晰起來了。於是他開始到處去找有關楊郁文的各種資料：

　　　　當時能找到的，都是那種講稿，不是學術性的文章。不過一看到就很相應，覺得「這裡面有東西！這裡面有東西！」我現在還滿記得的是他在新雨的演講，新雨月刊出了好幾期，是關於「阿含道性」的。老師談到很多方面，給我的印象很深刻。「道性」是法的內涵跟法的性質，是很核心的部分，也是「阿含學」裡面很根本的一個原則、原理。（蔡訪3）

由於「道性」包含了許多法的原則，是學習阿含教義非常核心的關鍵，所以一旦能夠把握住「道性」的話，在後來的學習過程，便不會抓不到要點。蔡奇林認為自己可以持續自行閱讀，可說是建立在這樣的基礎上。

除了「道性」以外，蔡奇林對楊郁文的課程還有許多觸動，但都是屬於全面性的影響，很難切割開來個別分析。而比較具體的，應該算是「道次第」：

> 剛接觸到「道次第」，整個眼睛、整個精神都為之一振。以前自己在讀經論都覺得很有道理，可是對於整個修道次第的概念卻從來沒有想過，也不知道，就好像是在大海裡面摸索一樣。可是接觸到楊老師的課程以後，就有一個很清楚、很明確的「道次第」了。（蔡訪3）

「道次第」的概念對蔡奇林現在的影響都還很大，不管他在讀什麼經典或論典，心中都能夠有一張很清楚的藍圖在，不會不知要從何讀起。

蔡奇林認為楊郁文做學問有一套很細膩的工夫，每一個小地方都會考慮。例如有這一個舉動對他影響很深：

> 剛去上課的時候，老師他給我們填一個表格，我上過很多課從來沒有過這樣子。而且老師那個表格設計得滿詳細的，包括個人的資料、相關背景，以及學習這一個課程的動機之類的，還要貼照片。從這個事

情可以感受到老師對同學的重視，以及他上課的出發
點。他不只是要來傳遞一些訊息，而是把同學當作他
非常關切教導的對象。（蔡訪3）

那時候期末報告分為心得與建議兩個部分，蔡奇林認為楊郁文
很重視學生對於整個課程內容的吸收狀況。

1992年7月，也就是蔡奇林上過課的暑假，法光舉辦第一
屆「大專青年佛學夏令營」。佛學營過後，大眾反應十分熱
烈，於是所長恆清法師邀請研究生帶領八個讀書會，而蔡奇林
與另外一位陳清惠學弟則負責「阿含讀書會」，自此他與《阿
含經》是結下了不解之緣：

我們讀書會大多是兩個人一起負責，這樣可以一起
互相照顧。可能因為這個因緣，加深了對「阿含」的
印象。為了要負責讀書會，就不得不準備。準備過程
會遇到問題，那就不得不解決。可是對照英譯還是有
一點隔閡，覺得應該需要巴利。（蔡訪1）

雖然在課堂上曾經多次聽到楊郁文提到巴利語，但是蔡奇林
直到帶領讀書會的時候，才親身感受到巴利語實在有學習的
必要性。

而促使蔡奇林研讀巴利語的另一項重要因素，就是同學的
推動與請託。那時候法光佛學研究所還沒有巴利語的老師，但
是已經有一群熱愛巴利語的同學自己在辦讀書會了。而另外也

有同學因論文的需要，拜託蔡奇林幫忙解讀一些巴利語經文。雖然當時蔡奇林僅有一年的梵語基礎，可是透過自己摸索，也能夠嘗試解讀一些經句了。直到新學期開始，性空法師才受邀到法光佛學研究所授課，蔡奇林與同學們還到中華佛學研究所同時旁聽穆克紀的巴利語文法課。經過兩所學校，三個學期份量的課程，蔡奇林更加具備解讀巴利語經文的能力了。

1995年法光推廣部企畫開辦巴利語課程，邀請學習狀況良好又有教學經驗的蔡奇林擔任講師。於是蔡奇林開始一面上課、一面編文法教材，隔一年則繼續開進階課程：

> 第二年繼續開進階，類似現在的巴利經典選讀，文法教材做更多的修訂。這兩年編上課的教材，一方面讓我的巴利語法更清楚，一方面也對經典的解讀多一些經驗，我覺得這是我教巴利的主要因緣。其實我第一年教完之後，就想要開始過自修的生活。（蔡訪2）

蔡奇林覺得學過一段時間以後，需要的不是去上課，而是自己要去閱讀與思考。但是課程才剛開始第一年，大家好不容易對巴利語產生興趣，所以就請蔡奇林再續教第二年，而且分為兩門課，一門是推廣部的課，一門是對內研究生的課。

第二年教完以後，蔡奇林真的辭掉教職，準備回嘉義老家自修。這時候萬金川剛好接任南華大學佛教文化研究所的所長，便又邀請蔡奇林去南華授課：

　　正好那一年萬老師回南華接所長，他說：「既然你回南部，那你來南華兼個課。不會自己一直讀書太無聊，總是有一個跟學生互動的機會，反正課也不重。」我就說：「既然就近的話，那就好吧！」所以又因為這樣的因緣，變成持續在開巴利課。（蔡訪2）

蔡奇林在沒有事先進行生涯規畫的情況下，就這樣一直被授課的因緣牽著走，無論是與《阿含經》或是巴利語的因緣皆是如此。這樣的際遇和楊郁文準備「阿含課程」教材的情況有些類似，楊郁文當初並沒有刻意為了哪一個教學單位做準備，只是不斷想著要如何教導別人學習《阿含經》會比較有效，可是待他有了腹案以後，淨行法師去找他了。或許這就如同楊郁文所體會到的，只要將自己準備好了，其他助緣就會自然出現。

　　而蔡奇林之所以一直想要找機會自修，是因為他想要效法前人進行深入且集中的閱藏工作：

　　那時候想要以「阿含」為基礎，做一個比較仔細的閱藏工作。我是想說我們這一代的人，好像跟上一代差很多。像導師，他就閱藏，深入經藏，而我們的訓練就比較是片片段段的研究論題，所以我覺得我需要做一個比較大量、集中且深入的閱讀。（蔡訪2）

可是卻有諸多因緣使他無法如願，他除了要繼續教授巴利語，繼續修改巴利語文法書以外，還要編寫《巴利語輕鬆上路》等

讀本。不過這時候蔡奇林逐漸注意到漢語的重要，開始去旁聽
竺家寧講授的佛典漢語課程：

　　原因之一，就是想到翻譯三藏的問題。因為翻譯三
藏不只對原典語言要熟，對漢語的掌握也要好一點。
不只翻譯三藏有需要，《阿含經》也是古代的漢語，
所以不管自己要閱讀藏經，或是以後要從事經典的翻
譯，古代的漢語都是重要的。我就跑到中正大學旁聽
竺老師跟漢語相關的課，聲韻學、語言學概論、辭彙
學、句法學。（蔡訪2）

學過佛典漢語之後，蔡奇林更進一步想要具備更多語言學的基
礎。因為在他看來，研究漢語只是以一個語言為範圍，而有些
語言現象是跨各語言的：

　　語言學要跳脫單一語言，雖然有用單一語言當樣
本，可是要看到的不只是單一語言的現象，還要看到
很多語言背後的問題、語言共同的一些規範。我去學
漢語語法也有一個目的，是想要對巴利語法做一個相
關比較。就是不同語言之間，語法的觀念是怎樣的。
所以我又跑到語言所聽課，聽了語意學、句法學、語
法與語意介面、語料庫語言學，在那一邊得到很大的
啟發。所以我後來巴利的很多疑問被打破，通通都是
在語言所的啟發。（蔡訪2）

蔡奇林在中正大學語言所學習到很多新的觀念，讓他研究巴利語的方法更上一層樓。因此他回南部的這幾年，就是一面自修、一面旁聽課程、一面修改文法書、一面繼續兼課。

　　而就如同楊郁文想要編寫《阿含辭典》的動機那樣，蔡奇林基於自己學習過程所遭遇到的困難，還有累積自己多年來教學的經驗，也一直很期望國內能夠自行編寫《巴漢辭典》、《巴利語文法》等工具書：

　　　　站在這一個崗位上，當然希望我們遇到的困難，後來的人可以愈來愈不必遇到。目前文法書、辭典都用國外的，沒有本地一手做出來的教材提供這地方的人來用。等於說我們還沒有扎根，不然就可以用我們一手的方式來教導、來學習。如果所有的東西都是自己做出來的，這樣學生在學習上是最好的。（蔡訪3）

目前國內學生學習巴利語，只能參考英語、德文、日文等語言的文法書以及辭典。唯一一本中文的文法書，就是蔡奇林編譯的《實用巴利語文法》，但也還未正式出版。此外，蔡奇林也很關心《南傳大藏經》的翻譯工作：

　　　　現在都還沒有翻譯出來，即使未來《南傳大藏經》整個譯本都出來了，也不代表原典就可以放掉。因為翻譯需要不斷地改善，每一次的翻譯，只是代表那時候對原典的理解程度，不是代表它已經完善了。如果

把原典放掉，就只能停在那一次翻譯的水平當中。怎麼樣讓下一次的翻譯更好？當然是要建構在對原典的學習沒有斷掉上。後來的人再學、再學，覺得不是以前翻譯的那一個意思，他才會發心想要再翻譯一個體例出來。（蔡訪3）

蔡奇林認為玄奘大師必須到印度去學習，是因為過去的翻譯沒有傳承下來，使得他沒有辦法在原典學習的傳承底下去翻譯。所以如果國內能夠扎根，原典的學習一直沒有斷掉，那說不定每三十年、五十年就能夠有一個新的翻譯成果出來。

然而巴利語所記載的經典也是後來才成立的，不是最初的原始聖典，為什麼能夠稱為「原典」呢？蔡奇林解釋道：

原典是一個相對的概念，不是絕對的概念。絕對的原典是佛陀所說的那一些話，可是那一些話已經不在了。經由弟子把記得的內容結集出來的部分，其實就已經不能叫做原典了。更何況現在的巴利傳統或者其他傳統，已經又從那一個結集又改變了。有的老師或學者覺得巴利不是原典的原因，是因為它不是最初的原始聖典，這樣也沒有錯。但是如果這樣，我們就沒辦法用「原典」這一個詞了。（蔡訪3）

現在還能夠用「原典」這個詞彙，就是採用相對的概念，而不是絕對的概念。巴利語聖典相對於其他語言來說，可以說是

「原典」：

> 相對於譯本而言，它是原典。也就是說，因為我
> 們找不到更像是原典的東西，所以它姑且就占有原典
> 的權充位置。並且它不是藏譯本、不是漢譯本，而是
> 在印度語言本身的本子。雖然它可能是從原先的本子
> 轉過來的，但是那個「轉」跟跨語言的「轉」是不一
> 樣的。跨語言的「轉」，已經經過很重要的意義理解
> 的轉換，同一個語言的「轉」大概就只是詞之間的轉
> 換。（蔡訪3）

蔡奇林以梵語和巴利語為例，「梵、巴」之間只是同語系之間
語音的轉換，例如巴利語的magga（道路、方法），在梵語是
mārga，是同一個詞用不同的拼音方式來表示，並不是經過理
解之後再使用不同的詞彙。因此，從以上種種原因來說，姑且
可以說巴利語聖典是「原典」。

至於《阿含經》的授課方面，蔡奇林並沒有像楊郁文那樣
採用《阿含要略》做為教材。因為為了配合學校一個學期的課
程設計，他大多只能就其中某一些經文做比較深入的教學，而
此外還與《阿含經》整體的理解有關：

> 如果要用《阿含要略》，當然要對整個《阿含經》
> 有一個比較廣、比較深的了解，因為它已經涉及到從
> 最初到解脫的一切了。目前我對「四部阿含」還沒有

做像楊老師這樣既綜合又分析、既廣泛又深入的整理。我現在只是就一個部分、一個部分這樣的在不斷建構當中，大概要全部建構過一次以後，才有辦法做類似楊老師這樣的工作。（蔡訪3）

不過把一部經、一部經完整地讀完，也跟《阿含要略》比較主題式的讀法有不一樣的感受。另外楊郁文也曾經告訴過他們，選擇《阿含經》哪一個部分開始讀起都是可以的：

老師給我們的意見是從哪裡讀都沒有關係，類似古德說的「中邊皆甜」。就是一塊餅，你吃中間是甜的，吃旁邊也是甜的，它的甜味是散播在整塊餅的每一個地方。所以「四部阿含」裡面那麼多經文、那麼多相應，你要從哪一邊讀起都可以進入，而且每個人也不一樣，所以沒有一定的過程。（蔡訪3）

而雖然某一部經的主題可能不多，但是它的首尾脈絡很完整，就像進去參加一次佛陀的法會，聆聽一次佛陀完整的教導那樣。所以他認為不管挑選某幾部經文，或是採用《阿含要略》，這兩種授課方式各有不同的受用。

二、杜正民

　　杜正民是中華佛學研究所第六屆的學生，他從研究所一年級就開始選修楊郁文的課，但是覺得老師在課堂講述的內容很

多，自己一時無法吸收，於是又再重複去旁聽，一共上了兩年半的課程。

雖然他認為自己經過兩年半還是沒有學好，但是楊郁文已經開展了他對於基礎佛學的認識。而他尤其欣賞楊郁文嚴密的思想體系還有特殊的表達方式：

> 上課必須要講義、巴利語原典，還要有其他參考資料，例如早期佛音論師的《清淨道論》等的。這些資料前後文的關係，還有彼此之間的關係如何呈現，是楊老師上課的一大特點。而老師也會自己創造特殊的表達符號，像空格等等，都是他個人特殊的思考方式。❹

不過杜正民認為，紙本有它的局限，而這些特殊的體系與表達方式都可以使用資訊去擴大呈現，那麼所表達出來的樣貌就會更加不同了。也就是說，以前跟著楊郁文學習可能需要翻爛兩本大藏經，但是數位化之後，讀者想要連到哪裡，就可以很快找到那裡：

> 借用楊老師的功力，可以把他翻的過程記錄在數位化的資訊裡面，讓後人可以很快跟著他的思考路線學習。有時候課堂老師帶是一回事，而要怎麼樣創造出更好的工具，讓學生和其他人可以進入他的思想體系

❹ 杜正民的訪談引文，全部取自2005年3月8日之訪談稿。

當中，就又是另外一回事了。

由於楊郁文的思考邏輯很清楚，已經有一套很清楚的體系在，跟其他資訊比起來，特別容易數位化。因此，杜正民希望能夠將楊郁文的研究成果數位化，尤其是即將完成的《阿含辭典》。因為唯有這樣做，這些珍貴的成果才能夠適應新的世代。

由於因為辭典和文本有比較明顯的關聯性，可以透過數位化展現其功能，但是這只是杜正民想要嘗試的一個範例，未來還希望可以全面數位化：

> 假設辭典能夠完成的話，希望還能夠繼續把楊老師的思想體系做出來。當然楊老師的思想體系已經建立起來了，而我們要做的只是把它數位化而已。不管是《阿含要略》或是後來所發展的資料，都可以把它數位化。

杜正民認為數位化的概念，越早進入越好。因為早期電腦時代，就是因為缺乏這種概念，形成了一個很封閉的系統：

> 用王安電腦所建立的資料，其他系統無法充分運用。這樣的話，轉化的損失就很大。假如我們標準的系統做好，不管以後走到什麼系統，都只是形式的改變而已，內涵都可以轉化下去，損失可以很少。以前

都只是用電腦當作打字機的代換，所以那時代的資料保存方式跟網路時代很不一樣。

因此，在一開始就要盡量走標準化、國際化，這樣所保存的資料才可以跨地域、跨世紀。也就是說，即使現在完成了，到了下一個時代有不同的作業系統，但只要採用的是標準化系統，就可以用損失最少的方式轉換過去。

在他看來，楊郁文的阿含思想是立體的，這樣概念在紙本上很難清楚地呈現出來，反而在數位化的系統裡面，可以輕易地去完成，並且能夠再度激發楊郁文和從事數位化的成員不一樣的想法。再就現實面而言，一旦楊郁文來世回入娑婆，即將面對的就會是數位化的世代：

等下一個世紀，楊老師再來的時候，都是使用數位化的資料，而不是紙本的資料。要看紙本資料可能要到博物館去申請，才能夠進去查閱。所以很希望楊老師在還可以親自參與的時候，盡量幫助我們把這些東西從紙本走到數位。

熟悉數位化的杜正民，觀察到楊郁文在課堂上，一直使用「超連結」的概念在講授，只是他自己還不清楚這樣的資訊詞彙而已。一個佛學名相，經過楊郁文講解，就可以和其他相關資料展現出立體的連結關係。因此，重要的關鍵在於「楊郁文」本人：

我們還沒有真正進入到楊老師的作業體系當中，如果以後真的要做的話，需要楊老師自己下來帶，才比較能夠達到他的精髓。不然我們就只能做一些轉化的工夫，把紙本轉化到數位化而已，當然這個部分也很耗時。還好這幾十年來，楊老師耗在電腦上的時間也很多，可以借用他以前豐富的經驗，節省一些時間。

由於很多關聯性以及電腦操作的經驗，都在楊郁文身上，所以要走向數位化，楊郁文的重要性大於他在阿含學研究成果的重要性。如果不是楊郁文本身具有這樣的特質，很多佛學資料也都很需要數位化。杜正民會如此希望從《阿含辭典》著手，就是因為有楊郁文這個人存在，他可以親自來協助數位化的呈現。

將其一生奉獻在佛學資訊數位化的杜正民，因為看到了楊郁文的思想體系、楊郁文的表達方式、還有楊郁文本身，都充滿了數位化的價值以及指標性的意義，所以在讚賞與感激楊郁文的教導之餘，更衷心期盼能夠圓滿此事。

三、越建東

越建東在就讀師範大學的時候，曾經參加中華佛學研究所舉辦的佛學營。當時楊郁文曾經受邀演說，讓越建東感到非常有興趣。所以當越建東1994年考進佛學研究所以後，毫不猶豫地就選修了楊郁文的課。

比較幸運的是，越建東在上課的時候，楊郁文的《阿含要

略》已於前一年（1993年）出版：

> 當時《阿含要略》已經出版了，楊老師從頭開始
> 講，算是我在佛研所收穫最多的其中一門課，受到很
> 多的影響和啟發。我本身是從大乘佛教開始入手學習
> 佛法和修行的，很好奇佛教的根本是在講什麼。楊老
> 師系統性地講解完《阿含要略》以後，給了我一個很
> 完整的觀念。 ❺

越建東在師大中道社學佛多年，所接觸到的大多是大乘佛教的
典籍，對佛法一直無法建立起一套完整的體系。終於因為楊郁
文的教導，讓他有了完整的概念。而主修理科的他，對楊郁文
運用醫學觀念來解說佛法，更是印象深刻：

> 他用了很多醫學的觀念來解說，還有說明佛法怎麼
> 跟生活結合，那時候我深受影響，對《阿含經》非常
> 有興趣，甚至一直影響到我的博士論文。我的博士論
> 文基本上也是來自於楊老師的概念，更具體地說，就
> 是楊老師提出的「阿含道」。

「阿含道」的架構對越建東影響深遠，後來他到英國攻讀博士
學位的時候，就是選擇一個比較長的道次第來做研究，這些都

---

❺ 越建東的訪談引文，全部取自2005年10月31日之訪談稿。

是受到楊郁文的影響。

而在課堂上發生過很多的小插曲，包括楊郁文會用很多方式來講解如何把《阿含經》用在生活上。越建東認為，關注佛法與生活的結合乃是楊郁文的一大特色，也是影響他重大的要點之一：

> 楊老師對我最大的影響有兩點，一個是做學問的態度，也就是怎麼跟生活結合，其次，楊老師的《阿含要略》很棒，是很重要的參考。我從國外回來以後，還找不到一本比《阿含要略》對《阿含經》更通盤且有深度的介紹。

越建東認為還沒有一本像《阿含要略》這樣兼具深度與廣度的阿含著作。如果把《阿含要略》翻譯成英文的話，應當會給英語系國家的佛學界不小的震撼。

除了課堂的互動以外，研究所的同學也會一起去楊郁文的家裡拜訪，順道觀摩楊郁文做研究的方式：

> 好像有一個傳統，就是會去老師家坐一坐，師母會煮甜湯給我們喝。老師會介紹他的工作環境、書房、研究室，還有學問怎麼做。這是讓我很溫馨、很佩服的。一個老師會公開他的研究方式，讓同學看。同學會問一些雜七雜八的問題，老師都是毫無保留地回答。親近一個老師，要從生活觀察這一個老師。

楊郁文對學生的關心從教室的上課延伸到平日的生活,對學生的授業解惑可以說是毫無保留。因此越建東在留學期間偶爾回來台灣,也都會將論文研究的問題拿去請教楊郁文。

> 楊老師會非常慷慨大方地讓我去他的工作室,為我解答問題。老師回答我問題不是用術語,他會用「阿含」的精神和觀念來跟我講。記得還有一次,談完以後去附近的素食館繼續聊,他關心我的家庭生活怎麼樣,讓我非常感動。我問他家庭跟學業怎麼兼顧,他提醒我國外學者是在學問上的,但不一定在生活上可以用,要常常去想怎麼把學問用在生活上。學問提出很多種可能,但不一定都符合佛法。

楊郁文解答研究問題,不忘關心生活,更關心法身慧命的成長。楊郁文常常提醒越建東,研究主題要與修行有關係,因為做學術研究很可能會鑽入牛角尖,而把一個問題弄得很細,但是如果費盡心思只是去考證一個跟佛法修行沒有關係的小問題就太可惜了。

在英國留學期間,越建東學習到很多西方研究佛學的方法,但是他始終認為修行與做學問是可以相輔相成的。至於國內研究成果為什麼無法受到國際上的重視,他認為有三大問題:

> 一個是語言上的問題,台灣很多研究沒有用英文發

表，人家不知道你在做什麼。第二個問題是，台灣很多作品學術嚴謹度不夠，會和弘法式的文章混淆，不符合學術的要求。第三，台灣原始佛教的研究，在量和質上面都不夠。台灣大部分做的研究跟修行比較有關，但是卻不太注重學術的要求。

簡而言之，可以歸為語言與方法兩大類，因為沒有辦法用國際語言發表，故無法引起注意；而研究方法不符合學術研究標準，當然也沒有辦法受到認同。其實符合論文格式與方法並且把問題研究過程陳述清楚，只是基本的要求而已，還有另外一個比較高層次的，那就是研究者的創見。越建東認為這必須靠時間不斷地去累積，但是一定要先知道佛教重視的問題在哪裡才行。而他以為，佛教最關心的莫不過於佛法的修行，所以不該把注意力放到一些枝末的小問題上。

　　經過這幾年的觀察，越建東認為楊郁文應該是這個世紀「阿含的第一人」，單單從《阿含要略》就可以看得出來：

　　《阿含要略》把每個標題整理得那麼清楚，從每個標題底下的內容，就可以看到他（楊郁文）對每個題目的了解是滿深的。所以他被稱為「阿含的第一人」，我想當之無愧。以目前來講，還沒有人能夠像他這樣。

但是楊郁文的「阿含」功力也不是一蹴可及的，越建東最佩服

的就是楊郁文永不間斷的勇猛精進力：

> 他各堂課不斷從頭講到尾這樣講，不是一次、兩
> 次，也不是一年、兩年，而是二十幾年不只是在一個
> 地方這樣講。平常一位老師講完一次以後，隔年再補
> 充一些東西，過幾年就會無聊想要換新題目了，所以
> 楊老師的毅力跟精神就是與眾不同。為什麼可以這樣
> 子呢？因為他樂此不疲。我們問：「老師！您會不會太
> 累，要不要有什麼娛樂？」他就會說：「我的娛樂就是
> 上台講課或是回家做研究。」

楊郁文能夠持續講解《阿含要略》如此多年，還吸引學生也年
年跟著他上課，其中最大的關鍵，無非就是「充滿法喜」。而
《阿含經》的法味，也就在一次次的上課之中，被琢磨得愈來
愈香淳。

四、周柔含

周柔含1998年考進中華佛學研究所，是第十七屆的學生，
楊郁文是她在研究所印象最深刻的老師，不但因為她是楊郁文
課堂的值日生，重複上了兩年的課，還因為她是楊郁文所指導
的學生。

由於是值日生的緣故，周柔含總是坐在第一排中間，剛
好是楊郁文正前方的位置。第一次上課，周柔含就覺得《阿含
經》相當親切，而且楊郁文上課方式非常有系統：

　　楊老師把《阿含要略》很有系統地上過來，對於一年級如同白紙的我而言，非常受用。《阿含要略》的內容很如實，可以一一在生活中警醒自己。楊老師講「阿含」會講到眼睛都閉著，很陶醉的樣子。我猜測老師一定一邊講，一邊所講的景象都浮現出來了，那種神韻是楊老師最大的特色。 ⓰

為了更深入了解《阿含經》的體系，周柔含決定要再旁聽一年。不過到了第二年，周柔含已經開始參考《阿含要略》來閱讀大藏經，每次上課都準備很多問題要來請教楊郁文：

　　我依舊坐在老位子，還是第一排的中間。那時候每星期上課一定把《阿含經》帶到教室。一下課，就不斷地問問題，幾乎每一堂下課都在問。除非老師說要去洗手間，老師才有時間出去外面透透氣。後來大家有傳言，楊老師下完課在外面休息，不到鐘響，不敢進教室。

周柔含為什麼如此緊迫地盯著楊郁文呢？因為當時研究所還在北投，楊郁文只有星期三早上會去學校，所以心裡積存很多問題的她，只好爭取每一個可以發問的時機，有時候為了把握時

⓰ 周柔含的訪談引文，全部取自2004年12月29日之訪談稿。

間，連楊郁文在吃飯，周柔含也會到前面去繼續發問。

　　周柔含認為，她到了第二年重複上課，才比較能夠掌握楊郁文所說的法義，再加上自己有在閱藏，所以和老師的互動更為良好：

> 　　第二年上「阿含要略」，比較能掌握楊老師要說什麼。乃至會發現老師以前講的，跟現在講的有些不太一樣。也許是一年級上「阿含」時，是初學者，一切都是新知，不太可能一邊記，一邊去思惟問題在哪裡。二年級就不一樣了，跟老師上課的互動就很不錯了。

到了第三年，周柔含開始要寫畢業論文了，她所寫的題目是「四善根思想之探源」。因為「四善根」是部派修道論的一部分，而部派佛教乃以《阿含經》為基礎，所以她想要找出「四善根」在《阿含經》裡面思想的根據：

> 　　那時候向楊老師提起我的想法，楊老師說：「以前有一個學長跟你的想法一樣，可是他沒有做出來」。我說：「沒關係，寫了才知道」。我跟著老師做研究的方式是，我先自己寫，寫完給老師看。老師看完後，覺得有問題的部分，就一起討論。

在三年結業以前，周柔含已經提出審核計畫書了。不過正式的論文卻是在結業以後，她才開始專心撰寫論文：

　　我每寫完一章就寄給老師，老師看完、改完後，就約時間到老師家去討論。一篇論文我們可以討論一個早上。一到十點，師母一定會送枸杞薏仁湯來給我們，要我們順便休息一下。甚至有一次師母不在，師母也會先準備好。

到楊郁文家，要喝一碗師母準備的「枸杞薏仁湯」，似乎已經成了慣例。而楊郁文的作息時間很準確，因為他都有事先調好鬧鐘：

　　休息時間到了，他說：「休息時間到了，要把枸杞薏仁湯喝完，這是師母規定的，沒有吃我會被罰的。」可以感受到，楊老師與師母之間的相處非常和諧。到了十一點四十五分，老師會說：「這個時間人還沒有很多，我們去吃自助餐。」就帶著我去吃自助餐，吃完飯再回來繼續討論。

與楊郁文的相處，一切就是那樣有規律且親切自然。所以周柔含感覺楊郁文就像是自己的父親，而楊郁文也會把教過的學生，都當作是自己的孩子一樣。

　　2002年3月，周柔含通過日本立正大學博士課程入學考試，正式到日本留學。之後她有機會回來，都會特別選在楊郁文上課的日子：

　　當我通過考試時，楊老師十分高興。每次我回台灣的時候，都挑禮拜三上山，主要是想見楊老師一面。見到老師的時候，不會很多話，雖然常常只有在下課時間，跟楊老師講個十分鐘，但是看到老師很高興，那就很滿足了。

周柔含不論在台灣或是在東京，每次打電話給楊郁文，楊郁文一定會先問她人在哪裡。而她每次寄賀年卡給楊郁文，楊郁文也一定會寫滿滿的賀年卡回寄給她，讓她非常感動。

　　周柔含認為，學生回報師恩最好也是唯一的方式，就是在學的時候，認真寫論文，學成以後，努力地做研究與教書，盡力把學習到的薪火相傳下去。也因為如此，她在留學期間非常努力，不過也曾經遭遇到一些挫折：

　　有一次遇到一個問題，被學者指正，我覺得「阿含」是這麼說的，但我對自己很沒自信，不知道該怎麼辦。我打了電話給楊老師，老師說先傳真給他看。後來老師告訴我：「你的論點是對的！」老師這樣一句話好像是生力軍一般，多了一軍隊的人在支持你。有了這一次經驗以後，我漸漸能夠相信自己的論點，不會一被指正就失去信心了。

楊郁文給予周柔含相當大的支持力量。後來周柔含研究需要依據時，也一定會找回她學習過的《阿含經》。只要楊郁文曾經

說過的觀點,她就相信那是正確的。但是儘管內心相信是正確的,也要學習把觀點的佐證說明清楚,讓自己的觀點更具有說服力,並且很善巧去處理,才能夠避免被質疑。

周柔含班上同學曾經到楊郁文的家裡作客,學習楊郁文做學問特有的方式,包括顏色的使用以及符號的標記等:

> 老師把他做研究的方式和整理的卡片給我們看,還看到兩本被讀破的《大正藏》。我閱讀《阿含藏》多少有學習楊老師的方式,我給日本的老師和同學看我的《大正藏》時,他們都很驚訝。我學弟說「第一次看到有人這樣啃《大正藏》。」我說這些顏色不是亂標的,都是有意義的。

有了深厚的「阿含」基礎之後,周柔含後來的研究都首重該思想的源流,一定是先以「阿含」為主,再去說明以前的佛法跟以後的有什麼不同。而她在日本研究部派的修行道論時,最大的體會就是對於身心的安頓:

> 當你身心安住在法上的時候,你可以無畏、不會害怕,這是我一個人在國外念書很大的感受。當然還是會有很多自我的堅持和執著,可是可以很快察覺,會看到自己的煩惱、瞋恨、嫉妒心,也會如實地接受當時的自己。會實踐,就是具體地把身心安住於法上。

在研究佛法的同時要能夠兼顧與生活的結合，這也是楊郁文對
周柔含的教導。周柔含認為，楊郁文的生活就是如實地在實踐
佛法，並且就她的觀察來看，楊郁文特別注重四念處與七覺支
的操作，甚至有其獨特的見解：

> 一般學者沒有完全理解到《阿含經》的四念處、七
> 覺支的操作，可是楊老師完全掌握到。這種修行上的
> 說明，真的很難用文字去表達。聽了，也不一定全能
> 懂。除非說你自己對這方面有去做過研究後，再來聽
> 楊老師解說，就會知道楊老師說的是寶。楊老師對於
> 四念處和七覺支，真的是已經融成他自己的東西，那
> 種東西是你自己到經典上面找不到的。

周柔含聽說楊郁文每天早上起來都會打坐，會配合四念處去做
觀察，並且跟經典相互比對。她從楊郁文上課所講的，以及生
活中的互動，都感覺到楊郁文時時都在實踐四念處，時時刻刻
都在用佛法生活。

楊郁文數十年如一日的專業精神，是周柔含最敬佩的。而
他對於學生的言教與身教，也都令周柔含引以為效法的對象：

> 我立志要跟楊老師一樣做一個研究者。當你自認
> 為是一個研究者的時候，就會像楊老師這樣子，安居
> 在一個範圍，在這個範圍裡面不斷地深入去研究、去
> 推廣，每年發表新的論文。而楊老師的研究領域就是

「阿含」，這是我想要學習的。

周柔含但願自己跟楊郁文一樣，忠於一個研究領域，經年累月不斷深入研究。沒有多少人可以像楊郁文那樣，憑著自己自修就可以整理出「阿含學」的體系。而即使很會編辭典的日本佛學界，至今也未有《阿含辭典》問世。所以她認為楊郁文未來最大的貢獻，將是正在編輯的這一部《阿含辭典》。

五、釋祥智與釋心平

到2006學年下學期5月份為止，楊郁文指導了十三位畢業生，七位出家眾中有六位是來自於泰國、韓國、馬來西亞的外籍僧。泰國法身寺一共派了三位比丘來中華佛學研究所就讀，都是由楊郁文指導的，故訪問其中兩位為代表。

一開始（1990年）泰國法身寺派了兩位比丘來台灣留學，是中華佛學研究所第九屆的學生。祥智法師談起當時的因緣：

　　我來學習中文，還有台灣的文化，希望了解有關大乘佛教跟南傳的不同，包括穿著、飲食、菩薩的觀念等等，還有修行的目標也不一樣。南傳的修行是為了到達涅槃，大乘佛教是要去極樂世界、要當菩薩。大乘佛教的經典是很大部、很大部的，資料很多，但是義理很深，不太容易讓人了解。 ❿

---

❿ 祥智法師的訪談引文，全部取自2006年12月22日之訪談稿。

泰國比丘可以吃三淨肉，但是台灣寺院卻都吃素，而且南北傳袈裟的顏色與樣式也都不同。此外，無論是經典或是學佛的觀念，甚至終極目標都不一樣。一位來自異鄉的出家人，需要適應的事物實在超乎想像的多，還好有許多同學可以互相照顧：

> 我很感謝我的同學們，我們那一屆有很多出家人，十二位裡面就有九位是出家人，像正道師是韓國來的法師，還有果徹師、果樸師、光洵師、齋因師等等。因為大家住在一起，能夠互相交流。學語言有問題，就去問他們。對佛法看法不同，也會互相討論。

由於大家天天生活在一起，彼此有許多交流的機會。因此，除了學校課程讓祥智法師學習到很多以外，課堂外的學習也很豐富。

然而中文程度不夠好，上起課來便頗為吃力。雖然祥智法師從小有學中文，可是缺少使用語言的環境，即使學了很久也不敢講，來到台灣仍然必須再重新適應起。還好他那時候上楊郁文的課，聽不懂中文沒關係，還可以參考一下巴利語：

> 我一年級上楊老師的課，中文還不好，有些聽不太懂，那些「術語」是我最大的問題，還好我可以參考巴利語。楊老師把「四部阿含」整理得很有系統，這是他的特色。我在南傳學習經典這麼久，聽過許多法

師長老開示，很少有人可以像他把佛法整理得這麼有
組織的。

祥智法師認為，楊郁文對南傳經典了解得相當深刻，甚至比一
些南傳的法師所理解得還要多，只可惜當時中文不夠好，對楊
郁文的教導無法如數吸收。

　　儘管如此，祥智法師仍然是他們班第一位提出畢業論文
的，論文主題是進行《梵網經》「六十二見」的譯註：

　　　我當時中文能力不夠，不能去深入研究。那時候佛
　　研所課程有三年，我的簽證也只有三年，所以就決定
　　選擇南傳的資料來做研究。同學的語文能力比我好，
　　所以我要努力用功一點。但是能夠最早把論文寫出
　　來，是因為楊郁文老師幫我很多忙。

他將能夠最早畢業的原因歸功於指導教授的幫助，但是事實
上，他的研究主題也相當受到楊郁文的青睞：

　　　他很關心我，對我做的題目也很有興趣，因為在台
　　灣從來沒有人做過，到現在他都還記得。每次見面他
　　都會提到，希望我畢業後可以繼續翻譯論書或是注釋
　　書，因為對漢傳佛教或是南傳佛教有很大的幫助，能
　　夠解答一些問題。在他心裡，只要對南傳經典或《阿
　　含經》研究有幫助的，他都會很關心。

由於他的研究成果對解讀漢譯《阿含經》很有幫助,所以楊郁
文至今都還念念不忘,希望他能夠繼續翻譯與譯注南傳的論
典。可是祥智法師畢竟是一位出家眾,畢業以後就必須回寺院
幫忙了:

> 我畢業之後,就回泰國常住去幫忙寺院,那裡環
> 境不像在台灣,沒辦法再研究了。如果我繼續留在台
> 灣,可能就會繼續做這方面的研究。因為我可以看泰
> 語,也會巴利,所以翻譯起來不太吃力,只是翻譯成
> 中文了,還需要再修改。主要是我回泰國了,才沒辦
> 法繼續做,每次見到楊郁文老師,都覺得不好意思。

祥智法師的研究方向,必須同時具備泰語、巴利語以及中文能
力,不是一般人能夠進行的。儘管祥智法師也有心想要繼續研
究,但是寺院裡面的事情太多,實在不是適當的研究環境。

而在佛學研究所上課這幾年,他對楊郁文上課的神情印象
極為深刻,至今尚且記憶猶新:

> 他在講解經典的時候很投入,好像他就在現場,看
> 到佛陀怎樣在跟弟子們說明一樣。有時候我看巴利經
> 文也會這樣,經文描寫得很生動,所以就好像我也坐
> 在裡面,跟諸比丘一起在聽佛陀說法。我看楊郁文老
> 師也有這樣的精神。

　　祥智法師在讀誦巴利語經典的時候，也會隨文作觀，好像自己親臨佛陀說法的現場一般。因此當他看到楊郁文的神情，便可以想像到楊郁文的感受為何。

　　回首楊郁文多年的教導，祥智法師的心中充滿了感激，並且還很讚歎楊郁文能夠持續這麼多年研究一直在《阿含經》。因為一般人往往在學習沒多久，就會對於所學習的對象興趣缺缺，而轉到別處去了。因此他認為，楊郁文之所以能夠成為「阿含」的權威，實在是其來有自。

　　泰國原本就是一個佛教國家，舉國上下尊崇佛教，全國人民幾乎都是佛教徒。因此，待祥智法師等兩位比丘學成歸國之後，泰國法身寺又陸陸續續派了許多位比丘來台灣留學，一方面希望培養更多具備中文能力的弘法人才，一方面也為了照顧在台灣日益增多的泰藉勞工與泰國新娘。而其中一位來中華佛學研究所就讀的留學僧，便是心平法師：

　　　　一年級的時候，老師就很關懷我，會請同學也幫忙照顧我。老師上課有自己特殊的系統，讓學生了解《阿含經》的架構以及內涵，大家都可以感受到老師的精神。我寫報告，老師每一個字都會檢查，引用出處也會慈悲改正，很仔細地為我介紹寫論文的方法。⓲

心平法師是佛學研究所第二十一屆的學生，初來一個陌生的國

度，不但語言不通，生活習慣也不相同，幸好有老師與同學們
的關照。

心平法師認為自己以前在泰國寺院，跟後來到研究所學習
佛法的狀況很不一樣。以前他在泰國，主要是學習如何將經典
用在日常生活中，但是到了中華佛學研究所，他學習到最多的
是如何讓思想變得更有系統，包括如何分析、如何引用資料以
及如何掌握重點等等。這些學習對他也很有幫助：

　　這一些東西對我學習佛法有相當的幫助，以前讀經典
　只能夠知道而已，在這裡學習以後，比較能夠清楚掌握
　到重點。比方說出家人的修學方案，像比丘戒以及比丘
　學習的次第等等，以前不清楚詳細的過程，但是現在可
　以比較清楚分別，也可以知道怎麼去研究它。

心平法師對於經文的了解，以前只能知其然，不能知其所以
然。經過研究所的學習之後，更能掌握法義並且能夠加以剖
析。而他的研究主題是有關「新受戒比丘」的修學方案，亦即
探討一名比丘的養成過程。即使是出家已十餘年的他，也得以
藉此研究回到原點，重新省思出家的意義與使命。

第四節　結語

　　如果將上述內容依照「推廣部」以及「研究所」兩大類來
分析的話，似乎可以看到一些明顯的差距。一般而言，推廣部
的學生對楊郁文的情感較為濃厚，畢竟他們長年累月跟隨著楊
郁文上課。每週日同一時間見面，似乎已成為他們生活中的
一部分。而在學佛的歷程中，他們也遭遇到比較多的困惑與抉
擇。「將《阿含經》誤以為是小乘經典」的態度，是他們大多
數都曾經面臨到的經驗。但是就他們自身的經驗來說，胡國富
認為《阿含經》是了解大乘經典的根基，魯依亦將楊郁文的說
法貫徹到印順法師的思想。打破此項迷思乃是推廣「阿含」的
首要工作，這是魯依與洪錦坤一致的見解。

　　而研究所的學生，大多對楊郁文能夠數十年堅守在《阿含
經》的研究領域，感到非常讚歎與佩服。並且他們會從自身的
專長與經驗，用較為廣大的面向去期待未來的發展。例如蔡奇
林著重的原典解讀能力，杜正民強調的數位化工作，越建東建
議的英文版《阿含要略》等。

　　在指導的學生當中，周柔含可說是和楊郁文最常保持聯繫
的。她將楊郁文的研究方法與思想，帶入了自己的研究生命與
學佛體會之中，並且有意效法楊郁文針對某一領域持續鑽研下
去。而外籍學生最大的困難乃在語言能力與生活適應問題，楊
郁文的鼓勵和關心都讓祥智法師與心平法師深表感激。

　　無論是來自南傳國家的祥智法師，或是遠赴英國留學的越

建東，他們都提到鮮少有人能夠像楊郁文這樣，建構出如此完整的「阿含道次第」與「阿含學體系」，難怪蔡奇林剛開始接觸時，會感到如此地震撼。另外杜正民更以資訊處理的角度，看到楊郁文獨一無二的資料串聯能力與立體化的思想模式。即使是在擅長編寫辭典的日本，周柔含也未曾見到有人能夠編寫出楊郁文手上的《阿含辭典》。

這部耗費楊郁文十餘載心血所編寫的《阿含辭典》，可說是凝聚了所有人的關注焦點。一旦《阿含辭典》問世，蔡奇林與魯小米期待的閱藏工作，將得以更有效率地開展。除了可供《南傳大藏經》翻譯工作的參考之外，也能夠更進一步推動《阿含經》白話文版的工作。讓更多沒有漢文與巴利語基礎，只想要將佛法拿到生活中應用的社會大眾，都能夠領略其法義。但是楊郁文不僅僅是一位佛學研究者，更是一名虔誠的三寶弟子。雖然他從不跑道場，除了菩薩戒受戒儀式以外，幾乎未曾參加過任何宗教性質的活動。但是他的心中常繫三寶，念念不忘佛恩。這樣的情感，在劉凱玲細膩的描述當中，最容易讓人感同身受。

楊郁文畢生心願，便是學習佛陀當一位人世間弘法的導師。因此，他在課堂上講課，或者平日與學生互動，都不忘提醒學生「佛法就是活法」。而他的身教重於言教，江碧琴感受得極為深刻。胡國富說，學佛改變他的一生，學習阿含又改變了他學佛的一生，這應當是許多「阿含」學習者共有的經驗。楊郁文對學生既親切又嚴謹的關懷態度，讓洪錦坤將他視為再生父母，這應當也是親近楊郁文多年的眾學子共有之心聲。

第六章　講義式專書

第一節　前言

　　楊郁文的著作可分為三類：一是為了上課使用而編寫的講義式專書；二是偏向佛法義理之學術性研究，也就是「信、解、行、證」中「解」的部分；三是與宗教生活較為有關之論文，包括「信、行、證」三者。楊郁文至2006年底，發表過的著作如下表所列，❶將於第六、七章、八章分別討論之。

章節	有關內容	發表年代與書名或篇名 （詳細出處請見附錄一）
第六章 講義式 專書	1.「阿含課程」❷講義	1993《阿含要略》
	2.「印度朝聖」講義	1999《長阿含遊行經註解》 2000《佛教聖地隨念經註解》
第七章 學術性 研究	3.「四部阿含」題解	1986〈雜阿含經題解〉、〈中阿含經題解〉、〈長阿含經題解〉、〈增一阿含經題解〉

---

❶ 此外尚有2000年於研討會發表的〈佛教與生命倫理學〉，還有2004年發表的〈《正信的佛教》──聖嚴法師流通最廣的著作〉未列入此表，因為前者為早期口頭發表之文稿，而後者則比較偏向於著作評論性的文章，故不在此加以論述。

❷ 楊郁文開設與《阿含經》有關的課程，在此皆統稱為「阿含課程」。

第八章 宗教性 論文	4.義理性期刊論文	1988〈以四部阿含經為主綜論原始佛教的我與無我〉 1989〈南、北傳「十八愛行」的法說及義說〉 1991〈初期佛教「空之法說及義說」（上）〉 1992〈初期佛教「空之法說及義說」（下）〉 1996〈緣起的此緣性〉 2006〈無分別與二諦說〉、〈分別與無分別〉
	5.與《阿含辭典》有關	2003〈阿含辭典編輯體例說明〉 2004〈阿含辭典單字詞舉例說明〉
	6.與印順法師著作有關	1985〈印順導師的根本信念與看法〉 1995〈《學佛三要》的啟示〉
	7.與生活修行有關	2000〈戒從心生〉 2000〈三十七菩提分法及其次第開展與整體運用〉 2002〈生活中的七覺支〉
	8.與人本思想有關	1997〈佛法的人間性與現實性〉 2000〈由人間佛法透視緣起、我、無我、空〉 2004〈人本的佛法與人本為中心的佛教——論印順導師「人間佛教」之本懷〉 2006〈人間佛陀最早期教導中，佛陀的教法與實踐〉

　　楊郁文編寫的講義式專書，依照課程可分為兩大項。其一是楊郁文為阿含課程所編寫的《阿含要略》，由於出版年代較早，當時甘露道尚未成立，故由法鼓文化出版。其二是有關印

度朝聖的兩本書，皆由甘露道編輯出版。其中1999年所出版的
《長阿含遊行經註解》是朝聖前的上課教材，2000年的《佛教
聖地隨念經註解》則是朝聖後的上課內容。

　　以上三本書，甘露道皆備有上課錄音帶可以購買。而甘露
道還有一些非正式出版品的講義，連同上課錄音帶一同對外發
售（請見附錄七），由於這些講義在楊郁文發表過的著作中已
可囊括大概，故不再詳細地一一討論。

第二節　「阿含課程」講義式專書

　　《阿含要略》是楊郁文最重要的講義式專書，這一節將
以聖嚴法師與惠敏法師為該書所寫的序文做為主要依據，說明
《阿含經》的重要性，並藉此標明楊郁文「阿含課程」與《阿
含要略》在當代弘法史上的地位。其次，將進入《阿含要略》
書中，從楊郁文的〈出版感言〉與圖表目錄等，依次說明該書
的出書因緣、特有風格，以及各章要義，接著再補充楊郁文
「阿含課程」的上課特色。

一、重要地位

　　聖嚴法師（1997：ii）曾經就自己的學習經驗說道：「我
在三十三年前，也曾一度埋首於四部《阿含經》，並做了大量
的筆記，故我也知道阿含聖典，是大小乘諸宗佛法的根本，是
一切佛法的源頭活水。」也在〈戒律與阿含〉（1993：72）一

文也提到:「印順法師的《佛法概論》就是把《阿含經》的內容用他自己的組織法,分門別類,很有層次性地介紹出來。他所謂的佛法,在《阿含經》之中已經全部都有了,以後大乘佛教的思想發展也都是根據《阿含經》而來。」由此可見《阿含經》在佛教思想發展的重要地位。

聖嚴法師(1997:ii)談到「《阿含經》既是原始佛教,卻又是次第通向大乘佛教究竟成佛的寶筏」。雖然《阿含經》如此重要,但是法師認為像《阿含要略》那樣分明地把《阿含經》介紹出來的作品卻尚屬初見,又《阿含要略》將《阿含經》中的「阿含道次第」,整理為增上善學、增上信學、增上戒學、增上心學、增上慧學、正解脫學、實證解脫❸等七個次第。聖嚴法師(1997:i)說:

> 他〔楊郁文〕的這部偉構《阿含要略》,便是依照這樣的次第彙集編著而成。他把四種阿含、五尼柯耶,整治得條理井然,一覽無餘,其中以「增上慧學」的內容最豐富,舉凡佛法的義理,無不包羅,不僅攝盡原始的基礎佛法,也孕育著部派佛教及大乘佛教各宗奧義的要素。

就各章篇幅來看,〈增上慧學〉一章就占了全書的四成❹,故

---

❸《阿含要略》只將阿含道次第分為六章,聖嚴法師所說的第七個次第「實證解脫」事實上是包括在第六章〈正解脫學〉之中。

其重要性與內容之豐富性可想而知。

　　為什麼《阿含經》如此重要，卻少有《阿含要略》如此的著作呢？惠敏法師（1997：插頁1）進一步解釋道：

　　　　完整的《阿含經》類在五世紀初就已完成漢譯了，可是並沒有受到中國佛教的重視。其原因或許是當印度佛教傳入我國的初期，印度本土正是初期大乘佛教的發展高潮，最重要的佛典傳譯者，如竺法護、鳩摩羅什等大師也是以弘揚大乘為主。因此，對本來是代表「根本佛法」，卻常被誤解為是「小乘」經典的《阿含經》類，其專家學者亦寥寥無幾。

雖然漢譯《阿含經》在中國歷史上始終不被重視，但是相當於北傳《阿含經》的南傳巴利語文獻卻是歐美國家熱衷的研究對象。西方國家從十九世紀初開始，受到歐洲殖民主義擴張的影響，對東方世界有統治與傳教的需要，興起了一股研究東方宗

---

❹《阿含要略》各章比重如下表：

章　　　節	頁數	篇幅百分比
第一章　增上善學	27	6%
第二章　增上信學	104	25%
第三章　增上戒學	29	7%
第四章　增上定學	61	15%
第五章　增上慧學	174	41%
第六章　正解脫學（包括實證解脫）	26	6%

教的風潮，其中以同屬於印歐語系的梵語、巴利語佛教文獻為研究重點。後來不但奠定了西方國家在巴利語佛典研究的國際地位，也同時確立了梵巴佛典在佛教史上的重要性，尤其是記載「佛陀思想與言行的最早記錄」的巴利語文獻。

西方這股研究風潮後來影響到日本。日本自十九世紀末起，便派留學生到歐洲學習梵語、巴利語等佛典研究。當這批留學生學成歸國以後，他們將研究方法與知識帶回日本，再搭配國內既有的漢譯佛典研究基礎，自然又比西方學者更具備南北傳佛典的比較研究優勢。甚至日本學界從1935年開始，更動員全國相關學者，花了六年的時間，將重要的巴利語佛典全數翻譯日文，結集成日譯本的《南傳大藏經》（以上見釋惠敏1997：插頁1）。

日本的研究成果又回過來影響到印順法師。印順法師在閱讀了日本學者的作品以後，啟發了他撰寫《佛法概論》一書的構想，這本書可說是中國當代對《阿含經》價值重新評估之濫觴。而向來將印順法師奉為恩師的楊郁文，看到印順法師對《阿含經》的重視，激發了他鑽研《阿含經》的動力。惠敏法師（1993：插頁2）對於楊郁文《阿含經》的研究歷程，有如下之敘述：

> 楊郁文老師繼續此研究方向。於民國七〇年，將他多年的學習心得，並且運用歐美、日本的研究成果，融合成自己的風格，開始講授「阿含」。至今十餘年間，除了年年改編講義之外，尚有多篇論文發表於《中華佛學

學報》等。此外，也協助《佛光大藏經‧阿含藏》之編輯及撰寫四部《阿含經》的「題解」。

而楊郁文的題解後來還受到日本知名佛教學者水野弘元的稱讚（如前文所提），使得這套《佛光大藏經》更加受到世人的矚目。

二、特有風格

誠如前面幾個章節所提到的，《阿含要略》原是楊郁文為「阿含課程」所編寫的上課講義，所以其中保留了許多他個人獨特的閱讀習慣與研究風格。以下將從幾項要點來說明：

（一）特殊標記

《阿含要略》裡面有許多特殊的標記符號，都是楊郁文個人獨創的。如下表：

符號：意義	書本頁數	意義說明
→○：修習之前行	頁217：【→○】	修習安那般那念之先行條件。
⊖　：修習之過程	頁218：【⊖　】	修習安那般那念之過程。
○→：修習之結果	頁223：【○→】	修習安那般那念之後的功德。
∽：意義有關聯	頁16：【俗數法∽第一義空法】	俗數法「此有故彼有，此無故彼無」與第一義空法「有業報而無作者」有關聯

＊：發展中的佛教	頁 246：＊（VM140）	參考《清淨道論》第140頁。《清淨道論》為原始佛教之後所發展的論典。
♣：個人創見	頁426：《雜103經》【♣次第觀察無我、無我所乃至漏盡】	楊郁文從《雜103經》（差摩經）體會出「無我、無我所乃至漏盡的觀察次第」

值得附帶一提的是，楊郁文從個人電腦開始風行時，就已經使用電腦來整理資料，那時候文書系統還不發達，很多符號都是楊郁文自己用倚天系統繪製的（杜正民2005：10-11）。

此外，楊郁文常常會在經文內容中增加空格，將詞句切割開來，提醒讀者應該分開理解的地方。更特別的是，楊郁文會把稱呼佛陀的驚嘆號特別縮小，以與其他驚嘆號區別開來，表達對於佛陀的敬意。雖然上述這些地方未必符合正式學術論文的格式，但是從幫助讀者理解的用意以及宗教情操的展現來看，都是他別具匠心的設計。

（二）四角號碼

《阿含要略》書本後面的索引方式，採用的是王雲五「四角號碼」。這是楊郁文在初中便延用至今的檢索方法。然而在使用王雲五「四角號碼」之前，初學者必須牢記文字「四個角的形狀」與「數字」之間的關聯。對此，王雲五創有「王氏歌訣」❺，不過楊郁文又以「圖樣化」的方式加以改良。舉例說明如下：

數	代表意義	圖樣化記憶方法	例　如
0	一點下面有一橫：亠	用「0＝·」去記。	「楊」：4692 左上：4 （木的上方：十字） 右上：6 （日：視為方塊） 左下：9 （木的下方：三點） 右下：2 （形狀為右上左下）
1	橫線：一	依照寫「大」的筆順去記憶，三劃分別代表「1」、「2」、「3」。	
2	① 右上左下：／ ② 由上而下：｜		
3	左上右下：＼		
4	十字：十	用「4」的右下角去記。	
5	一豎穿過兩個橫線：扌	用「5 ＝ 4＋1」去記。	
6	方塊：□	用「6」下面的圈圈像方塊去記，	
7	左右兩個角：「┌ ┐、 └ ┘」	用「7」上面有兩個角去記。	
8	兩撇：八	「八」同「8」。	
9	① 豎心：忄 ② 三點：…	用「9＝8＋1」去記。「1」長一點就成了「豎心」，短一點就成了「三點」。	

楊郁文認為中國人不太常用王雲五「四角號碼」，可是日本人卻很欣賞，比較大部頭的漢字檢索系統一定附有王雲五四角號碼，像《漢和大辭典》就有附此檢索系統。因此，楊郁文很鼓勵學生熟悉這種檢索方式。

❺ 歌訣內容：「一橫二垂三點捺，點下帶橫變零頭；叉四插五方塊六，七角八八九是小。」（楊郁文1997a：459）

(三)「點」的形成

充滿「點」、「線」、「面」串聯關係的《阿含要略》，當初是怎麼架構出來的呢？在「點」的方面，楊郁文先透過地毯式的閱讀方式，將經文逐字逐句地重複研讀，並且利用卡片做重點式的記錄。這些卡片都只記錄足夠聯想的重點而已，如果需要什麼內容，可以再找回原典。

在電腦還不發達、電子佛典尚未問世的年代，如此抄寫書卡雖然辛苦，但是所下的工夫卻很紮實。楊郁文不只《大正藏》第一、二冊有如此記錄，第二十五冊《大智度論》還有《淨土叢書》也有留下卡片。

(四)「線」與「面」的連結

有了「點」的累積之後，接下來就是「線」的連結。楊郁文的卡片都使用四角號碼的標號加以排列，所以相關名相會排在一起，例如「無我」、「無我見」、「無我所」、「無我法門」、「無分別」等自然會排在附近。楊郁文發覺有了這樣的記錄卡片以後，不只編講義很快，對於寫論文也很有幫助：

> 像「無我」是一個大問題，「無我」下面可以再安排小的子題。我先把跟問題有關的所有卡片挑出來，像橋牌一樣鋪在桌子上，把相關的一堆擺在左上角，再找有關的一堆擺在中間，再把另外相關的一堆擺在右上角，共分有九堆，那就有九部分的內容了。再來想怎麼安排前後順序、承上啟下的關係。多看幾次，

心中就有前後呼應的架構了，一篇論文就可以浮現出
來了。（訪5）

楊郁文1988年發表的「我與無我」一文，就是用此種方式研究
的成果。楊郁文認為如果當初不用卡片留下記錄的話，光是把
兩大冊的《阿含經》瀏覽過去，心中很難建立起論文的架構：

　　假設我們是一隻螞蟻，從《阿含經》第一冊的第
一頁看到最後一頁，再從第二冊的第一頁看到最後一
頁，每一個字都爬過，最後好像都有印象，可是又感
覺很複雜，不曉得架構在哪裡。用卡片記錄了以後，
就可以把重點挑出來，再把相關的拉出來擺放在一
起，排列好以後，整個修行次第就有脈絡了，就像有
翅膀的白蟻騰空鳥瞰整個視野內的景觀。（訪5）

唯有確切留下「點」的記錄，日後才能夠以關鍵經文段落為基
礎，拉出「線」的關聯，並且組織成「面」，也就是一篇篇完
整的文章。

　　楊郁文使用螞蟻翻山越嶺的精神，並且時而騰空鳥瞰的方
式來閱讀大藏經，數年後兩冊《大正藏》被翻到已經不堪使用
了。他說：

　　我《大正藏》差不多五年就要換一本新的，因為
後來都翻到旁邊毛毛的，很難再翻。因為整天都摸來

摸去的,尤其夏天流汗,紙張比較容易變質。現在靠
CBETA(電子佛典)在查,《大正藏》第一、二冊就
不會被我虐待,還可以保留下來。裡面充滿了許多符
號,許多我想要提示的特殊文字在裡面,這些都是寶
貝。(訪5)

以楊郁文來說,用心閱讀藏經並且將心得應用於日常生活之
中,才是對法寶最高的尊重。因為佛陀是大醫王,佛陀所說的
法就如同藥一樣,藥是用來治病,不是用來束之高閣的。當然
在《大正藏》上面做眉批,還是要存著恭敬心才行。

(五)《阿含要略》架構

《阿含要略》就在楊郁文逐字逐句做眉批、寫卡片,並且
以「點」連成「線」,再以「線」構成「面」,逐步「由下而
上」建構出來了。而楊郁文還有「由上而下」的參考座標,那
就是《中阿含經》〈習相應品〉透露出來的修行次第:

《中阿含經》的〈習相應品〉已經有了主要修行
的次第,第一代的大德已經提供這些脈絡了,但是許
多人會忽略掉。只要用心在學,又看到《中阿含經》
〈習相應品〉那十經,就很容易會發現道的次第在哪
裡。〈習相應品〉這十個經還是非常簡略的,需要再
補充相關的經文進去,所以我從「四部阿含」裡面的
經文充實進來,那就非常完整了。(訪5)

〈習相應品〉提供了修行次第的線索，而點、線、面的經文片段是使架構豐碩起來的材料。在兩者相輔相成之下，這部架構分明、內容豐富的著作終於完成。

厚達五百多頁的《阿含要略》，裡面沒有太多說明文字，但是從經文標題以及特有的標記之中，可以想見楊郁文的個人心得，例如這段經文在「阿含道次第」的位置、對於修行的重要性，或是和其他經文的連結關係。所以，仔細閱讀《阿含要略》便會令人宛如置身於一座寶山之中。寶山裡的每間寶庫都藏有不同的寶物，足以令人沉浸其中、流連忘返。而每間寶庫皆留有相關系列的路徑圖，提供深入探索的線索，並且也有整座寶山的藍圖，讓人隨時可以鳥瞰全山，不致迷失方位。

不過對於不熟悉這些符號意義的讀者來說，要自行領略箇中滋味有些困難，必須實際去課堂上聽楊郁文講解，使用《阿含要略》才能更加得心應手。所幸楊郁文已經將重要且複雜的關聯段落，發表成一篇篇的期刊論文了（參考附錄一之年表）。若要進行全面性的修改與說明，楊郁文則冀望他的學生們能夠各自發揮所長，齊力去修補與闡揚阿含法義。

三、上課特色

楊郁文的「阿含課程」已長達二十餘年，不管是過去手寫影印的講義或是後來出版成書的《阿含要略》，都是以課堂使用為主要目的。但是在課堂的師生互動中，楊郁文還有幾項特點值得一提。

（一）補充教材與四色筆

　　楊郁文在課堂上講解經文，時常會引用科學性刊物或是新聞時事做為教材，在他泛黃的講義原稿中經常穿插著許多剪報、圖片，這些都是他自己多年辛苦蒐集而來的，也有一些是學生主動提供的。江碧琴提到他的這項特點：

> 　　除了深厚的佛學基礎之外，老師的學識和常識都非常豐富，同時他也非常注意社會的變化，因此他的講經說法常能緊扣當下，這一點正反映了他常告訴學生的「學佛就是學活，佛法就是活法。」而從老師的講經說法中，還可以發現老師對佛法的體認和我們一般能聽到的說法非常不同，我覺得比較有理性的成分，不會只是一直強調宗教情感。

而楊郁文也在用白板上圖形或者實際的道具來做說明，例如畫一頭幾乎填滿整面白板的大象以及角落一條小到快要看不見的小蛇，來向學生講解什麼是「貪心」。

　　另外最令學生熟悉的，就是楊郁文包括了紅、黑、藍、綠等「四色筆」的記錄方式。其用法表列說明如下：

顏色	用法說明
綠色	有三種情況：a.為「新鮮」的名相，亦即首次遇到的名相；b.雖然是名相相同，但卻有不同的說法；c.善巧的比喻。
紅色	與修行有關的名相，亦即修行關鍵之提示。
黑色	與外道邪見或者關於「惑、業、苦」之名相，是佛弟子必須力極排除的部分。
藍色	一般性補充說明。

楊郁文逐年發展出來的四色筆分析方法，後來在與台灣大學資訊系教授謝清俊對談時，也令謝清俊感到相當好奇與驚訝。❻2006年《中華佛學學報》為楊郁文發行七十大壽祝壽專輯，楊郁文應邀發表了兩篇關於「無分別」的論文，首次以四色筆在紙本上分析法義，這兩篇論文也應楊郁文的要求採用彩色印刷。由此可見楊郁文對於「四色筆」的重視。

　　其實早在1988年，楊郁文就用四色筆的分析精神發表了一篇關於「我與無我」的論文。同樣的「無我」用不同顏色表示，便有著不同的意思，例如黑色的「無我」，是誤以為一切都不存在的斷滅見；紅色的「無」加黑色的「我」，則是用正確的知見斷滅掉錯誤的我見。他在該文分析各個「無我」於文句脈絡中的意涵，進而統整出「無我」的不同層次：

　　　碰到經文有「我、無我」出現，我就開始思考那是什麼層次的，但是如果不曉得有不同層次，就不會關心到寬度和深度的問題。這是我自己發現的，為什麼能夠發現？就是因為讀書和研究習慣的關係。我在課堂上沒什麼隱藏，很希望同學可以模仿或是採用，最好配合自己的生活和思考習慣再加以修正、改良。（訪9）

運用卡片記錄和整理是他多年的閱讀習慣，這篇論文也是他因

---

❻ 楊郁文2005年1月9日應邀與台大資訊系教授謝清俊對談，此活動為謝清俊至中華佛學研究所演說「所知之相」之回應，對談地點在中央研究院資訊所。

這樣閱讀習慣所帶來的發現，因此他很希望學生也能夠學習起來，甚至加以改良。

（二）第一堂課

　　每一學年「阿含課程」的第一堂課，楊郁文都會要求學生貼相片、填資料卡，以利楊郁文記住學生姓名，並且在課堂上舉出適當的例子讓學生了解。而在資料卡上，他要學生回答三個問題，包括「這一生哪一本經論，讓你曉得有佛法」、「看了哪些著作，而讓你有實質皈依三寶的意涵」、「是因為哪一本著作，而讓你對佛法沒有猶疑不決，能夠得到安心」等，他也會用這三個問題來自我介紹。而提醒學生應有的學習心態，也是楊郁文在第一堂課會耳提面命的：

　　　　佛法的體會與生命狀態有關，故有各家學說。但是現在不適合我的，不一定以後也不適合我。而不適合我個人的，也不一定不適合別人。佛法就像治療我們疾病的藥一樣，每個人每個時期需要不同的藥，不同人也有各自不同的藥方。學習佛法一定要先抱持這樣的態度，先吸收，然後回去思考並且應用，不要一開始就馬上拒絕。（上課筆記2003年9月17日）

學生不是不能有懷疑，而是要先把主觀意識放下，才能真正聽懂老師的教導。在課堂上要耐心傾聽，下課後要靜坐思惟，平常還要將學習到的應用在生活上，發覺佛法真實有效，便可以

與他人分享：

> 要不藏私，讓所有佛教徒可以應用在生活中。唯有把佛法使用在生活中，佛法才不會消失。印度佛法會消失，就是因為佛法沒有在日常生活中使用。其他宗教配合宗教節慶與儀式，教義才流傳下來。所以在生活中應用並且影響他人，才是荷擔如來家業，才是帶著佛法在討生活。（上課筆記2003年9月17日）

如何才能讓正法久住、如何才是荷擔如來家業，楊郁文這幾句話說得語重心長，因為他認為佛教在印度本土上消失，除了回教入侵等因素以外，最主要原因乃是佛教徒沒有把佛法應用在生活上，甚至後來都沒有辦法辨認出哪一些是佛法。

而為了提起學生學習「阿含」的信心，破斥傳統誤認《阿含經》是小乘經典的疑慮，楊郁文總是不斷強調「阿含學就是佛學，阿含道就是佛道」。這一本《阿含要略》不只是上課使用的教材，還可以做為平日學習佛法的參考手冊，遇到不同的說法或是有疑問的地方，可以隨時翻閱，並且協助判斷該法義是在道次第的哪個階段。

最後，楊郁文還會應用「學習的理論」來告訴學生，學習效果與幾項條件有關，包括學生既有的經驗、教學過程的組織、學生的學習動機、學生學習的積極性。而教學是互動的過程，老師只佔一半的責任，學生也有一半的職責。再加上「學習理論」的四項要素，相乘的結果，老師的職責只剩八分之

一，學生則占了八分之七。楊郁文這樣說並不是要推卸老師的責任，而是想要鼓舞學生提起學習的動力，不是只有聽講，還要與老師互動，不斷親身去驗證上課所學。

(三)「要略」的由來

　　楊郁文對學生學習的期待，除了來自於西方的學習理論以外，更重要的是他參考了佛陀對學生的教導方式。他說：

> 　　佛陀的教導有「略說」跟「廣說」。對於根器契合略說的人，他喜歡用略說，佛陀認為那是老師跟學生最好的互動方式，就是只有關鍵式的開導，學生就能夠理解運用、舉一反三，甚至聞一知十。佛陀萬不得已才廣演其義，就是詳細解說。可是只要在場有人根器足夠接受略說的，佛陀那一次的開示就會以那個人為主。（訪9）

佛陀如果能夠略說的話，就盡量不廣說。假使有人根器成熟快要開悟了，佛陀便會調整開示的內容和深度，設法令他開悟。而有人開悟的那一場佛法開示，才算是「轉法輪」。❼

　　佛陀這樣做，有何用意呢？楊郁文認為，佛陀很珍視眾

---

❼ 根據經典記載，佛陀為五比丘說法乃是所謂的初轉法輪，因為當時憍陳如尊者當場開悟。而在還未見到五比丘之前，事實上佛陀在路上也曾經對幾位居士說法，由此可知之前沒有人開悟的都不算是「轉法輪」。（訪9）

生開悟的機會，採用略說能夠為聽眾保留比較多的開悟契機。假使有人因那一場說法開悟，佛陀就會請他在大眾面前廣演其義。這種教導學生的方式，具備了很多好處，楊郁文說：

> 這樣會讓學生認識到這一次哪個學生是最棒的，以後有事情不必去找老師，可以去問小老師。再來，也是給小老師表現的機會，代替佛陀廣演其義。之後，如果有學生半信半疑，回過頭來問佛陀，那佛陀就會說：「說得好！演義得好！我要詳細說的話，我也會像他那樣為你們說的。」（訪9）

這樣子一方面可以讓學生明瞭身邊有哪些人可以就近請教，另一方面也可以培養學生弘法的能力。更重要的是，能夠讓學生明瞭不一定要由佛陀親口說出來的才是佛法，只要符合真理實相、符合「法說、義說、法次法說」❽就是佛法。

　　身為佛法弘講師的楊郁文，多年來一直以佛陀做為學習的榜樣，秉持佛陀的原則在教導學生。而《阿含要略》之所以名為「要略」，便與佛陀略說的精神有關，歷史上也有以「要

---

❽ 法說就是法的名相，就如同疾病或是藥的名稱那樣；義說指的是名相的內容，好比是症狀或是藥方的描述；而佛法的說明有一定的過程，亦即佛陀說法的次第，這就是法次法說，如同服藥的分量或是步驟等等。例如「十二因緣」為「無明→行→識→名色→六入→觸→受→愛→取→有→生→老死」，其中「無明」就屬於「法說」，說明「無明」的內容就屬於「義說」，而從「無明」一直到「老死」的說明順序，就屬於「法次法說」。（訪9）

略」做為書名的：

> 漢朝淮南王劉安作《淮南子》一共有二十一卷，最
> 後一卷是總整理，名為「要略」。後漢高誘註解，書
> 名叫做《淮南子鴻烈解》，對「要略」下了定義，說
> 道「略數其要，明其所指，字其微妙，論其大體，故
> 曰要略」。我很欣賞這四段定義，所以把這一本書稱
> 為《阿含要略》。（訪9）

由於〈序文〉或是〈後記〉往往是將書中最重要的部分挑出
來再強調一次，所以是「略數其要」。而「明其所指」是這
些要點都很正確，只要讀者按照要點去注意，便可見到書中
精華之所在。另外又把書中關鍵的句子以及詞彙，說明清
楚其微妙之處，那就是「字其微妙」。最後，再把整部書的
主旨論述明白，那就是「論其大體」。佛陀宣揚法義四十五
年，其重點被濃縮到大藏經裡面的兩冊（第一、二冊）中，
而楊郁文又將這兩冊《阿含經》加以研究比對，逐步架構出
來這一本心血結晶。楊郁文認為，這四段定義與他當初編寫
此書的想法與用意相符，因此決定採納「要略」一詞，而將
該書名為《阿含要略》。

（四）感恩與迴向

楊郁文二十幾年來一直以佛陀為榜樣而誨人不倦，即使
年過七十，每週仍然持續在「中華佛學研究所」、「法光佛學

研究所」、「中華佛學研究所推廣部」等三個地方授課，而且每次一講就是三、四個鐘頭，所以往往要靠羅漢果湯來保養嗓音，才能撐到授課完畢。

在他心目中，除了感念佛陀的恩德以外，還很感謝歷代傳法大德，包括影響他最深的印順導師以及佛音論師等，因此每次開始講課以前，他都會帶領學生一起向佛陀及歷代傳法大德敬禮。而今日能夠在課堂上研習佛法，還必須感謝許多護法的支持，所以課程結束時，他也會帶領著大家一起感謝佛陀、歷代傳法大德以及護法們。　❾

四、各章要義

《阿含要略》包含七個章節以及「索引」。其中第○章〈阿含簡介〉相當於全書的導論，主要在闡述《阿含經》的重要性，為讀者奠定學習的基礎。而從第一章〈增上善學〉至第六章〈正解脫學〉，則按照「阿含道」次第依序開展。

雖然善學與信學非佛教所特有，其他宗教或是一般的道德慈善也都強調這兩個部分，但是此二者卻是修習「阿含道」非常重要的基礎，所以楊郁文還是將《阿含經》有關「善學」

---

❾ 每週上課前，楊郁文帶領學生問訊的敬禮詞為：「讓我們一起向本師釋迦牟尼佛陀、歷代傳法大德敬禮。」而下課前帶領學生的感謝詞為：「讓我們一起向本師釋迦牟尼佛陀、歷代傳法大德以及護法們由衷的感謝，並且把聽聞、思考、學習『阿含』的功德迴向成就阿耨多羅三藐三菩提，度化一切有緣的眾生。」（畫底線的後半句，是最近兩個月加進去的。）資料來源：楊郁文2007年6月7日補充。

與「信學」的內容整理出來。茲將阿含道修習次第與《阿含要略》各章主要內容表列如下：

章節架構	主要內容	要點
第○章 阿含簡介	何謂「阿含」、聖典的集成、「阿含」的研究方法	全書導論
第一章 增上善學	分別善惡（見善人）、慚愧、不放逸（正勤）	世俗的八正道
第二章 增上信學	親近善士→聽聞正法→內正思惟→法次法向→四不壞淨	
第三章 增上戒學	何謂「戒」、戒的分類、戒的淨化與雜染	聖出世間的八正道（與外道不共之處）
第四章 增上定學	何謂「定」、定的分類、定的業處與修習	
第五章 增上慧學	何謂「慧」、慧的種類、慧的修習（包括「陰、處、界、根、諦、緣起、無常、苦、無我」等法門）	
第六章 正解脫學	何謂「解脫」、解脫的種類、何謂「涅槃」	

在各大宗教的聖典當中，只有佛教擁有記載教團戒律的《律藏》。戒律與日常生活關係密切，涉及了人與人之間的互動。而「持戒清淨」可以讓人達到五蓋不起的狀態，「增上戒學」也是修習「增上定學」與「增上慧學」的基礎，因此楊郁文在2000年特地發表了一篇〈戒由心生〉，分析佛陀施設戒法與持戒的意義。

「增上定學」又可稱為「增上心學」或是「增上意學」。許多現代人為了宗教或是養身的目的，開始注意到禪修。然而

佛教修習禪定，主要乃在開發「慧」的能力，這是楊郁文在說明「增上定學」的時候，不斷對學生再三強調的重點。

　　「增上慧學」乃是《阿含要略》最重要的一章，不但篇幅最多，內容也最豐富。《阿含經》慧學的架構相當嚴密，是楊郁文一直非常感恩與讚歎的部分。且就楊郁文的見解，必須等到具備了「增上慧學」的工夫以後，前面的「善、信、戒、定」等學，才能夠具備「增上」的實質效益，也就是朝著三菩提（乃至阿耨多羅三藐三菩提）與作證涅槃的目標一步步邁進。

　　「戒、定、慧」三學有如修行的三個面向，具有順時針的離心力一般，讓修行者的修行狀態具備「增上」的方向以及「擴大」的作用，一步步朝向「解脫」邁進。而與之相反的，則是在「惑、業、苦」當中不斷流轉輪迴，這就好比是逆時針的向心力那樣，具有不斷「向下」以及「縮小」的特性。比較如下圖：

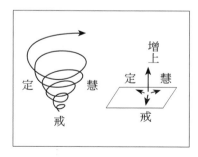 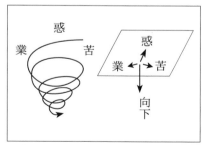

　　而在進入「增上戒學」以前，必須透過「增上善學」具足善根與培養道心，並且在「增上信學」的覓道（尋覓成佛之

道）階段，成就了「四不壞淨」，才算開始進入「有學」❿，亦即開始學習「戒、定、慧」三無漏❶學，之後依此而逐漸解脫煩惱，直到漏盡為止。漏盡即到達了「無學」❷的階段，包含在「正解脫學」的範圍內。以上各個階段的主要成分亦有所不同，「善學」是三善根，「信學」是四預流分，「戒、定、慧、解脫、解脫知見」則是五分法身。

　　由於《阿含要略》涉及非常多的佛學名相，為了避免落入過於繁複的名相解釋，僅將探討重點放在楊郁文所認為的核心法義上面，並且以「阿含道」整體思想架構為主要串聯對象。

（一）阿含簡介

　　在本章節，楊郁文一開始便以「阿含」的巴利語解析，以及各經論對於「阿含」一詞的說法，來共同證明《阿含經》的重要性，破除將之視為「小乘經典」的疑慮。就如同他在該書（1993：6）所提到的：

　　　　《阿含經》是佛世流傳之「教法」，是佛滅後所結
　　集之「聖教集」，師、弟之間代代傳承，為「原始佛

---

❿ 亦即開法眼以後，才算見道，才真正地入學（或稱入流，進入法流）、有學（開始學習成佛之道），參考楊郁文（1997a：20）。

❶ 「漏」指煩惱，「有漏之學」只是世俗八正道的學習，「無漏之學」才有解脫煩惱的能力。

❷ 「無學」即漏盡者，成就了阿羅漢果位。因為已經漏盡，故無可學，不必為了自己解脫煩惱而學習，但是為了度化眾生，仍必須再繼續學習。

教」及「部派佛教」所公認的「根本佛法」。部派佛教著作《阿毗達磨論典》，可以和同時期編集的《大乘經典》比對，而有《聲聞乘阿毗達磨論》跟《大乘經》之分別；但是，絕無理可貶損「根本佛法——《阿含經》」為「小乘經典」。

「阿含」的意思是「傳來的聖法」，所以固然不可將《阿含經》視為「小乘經典」，但它也不是「大乘經典」，因為「人」的氣量有大小，「法」卻無大小之分。

　　接著在「聖典的集成」部分，楊郁文從歷史發展的觀點來鳥瞰佛教法脈的流傳，藉此標明《阿含經》的重要地位。楊郁文認為佛法的傳承好比是人體的動脈構造，心臟是佛陀的心海，血液是佛法，而法脈流傳的大動脈就是「阿含」。佛法於不同時期傳到不同區域，各地高僧大德會選用最適合的方式去暢演法義，因而延伸出各種形式與特色的佛典，但這乃屬於世俗諦的部分，第一義諦的佛法是永恆不變的。因此楊郁文提醒學生，心中要有法脈傳承的鳥瞰圖，並且要培養自己獨立思考與判斷的能力，將所聽聞到的佛法放置於法脈傳承的位置中，並且將其核心要義歸向佛陀心海。

　　楊郁文進一步指出，在印順法師諸多著作中，所謂的「佛法」指的就是「四部阿含」。修習《阿含經》必須抓住每段經文的要點，將點串聯成線，進而連結成面。更重要的是，要將法義應用於日常生活中，並且能夠真實有效地改善自己，才算是真正的修習圓滿。

　　至於研讀經典的部分，楊郁文認為善用各種辭典與工具書，以及具備語言學基礎是重要的。但是對於經文的解釋，從語言學來看沒問題的，不代表就一定正確，還要合乎佛法的法義才行。因此，透過研究固然可以充實對於佛法的了解，但重點仍於合情合法地如理作意，亦即正思維。

　　研習佛法最好的老師是佛陀，而佛陀教化乃以真理實相做為基礎，揀擇對對方最為有用的佛法，用對方最容易接受的方式來說明。故佛陀教化的方式可分為「法說」、「義說」以及「法次法說」，將可讓聽者得到「法饒益」、「義饒益」與「梵行饒益」。楊郁文從這裡體會到「善知識凡有所說，都是以讓對方得到最高利益為設想的。」因此楊郁文自己也一直秉持如此的原則在教導學生。

　　「阿含學」是指《阿含經》的研究，而「阿含道」指的是跟隨著聖者的腳步，走在朝向涅槃解脫的道路上。因為所有修行者都因為這一條道路而解脫、而成佛的，故這一條道路也就是「成佛之道」。楊郁文在《阿含要略》中列出「道」的十七種特性，之後又將「漸次性」與「分證性」分為兩項，成為十八種。茲參考楊郁文在2006年發表關於「人間佛陀」之講稿，將聖賢道之發展過程與道性之關係，整理如下表：

階段	須把握與應用之道性
覓道	自覺者覓道；聲聞者隨順四預流支，充實開法眼、清淨聖慧眼的條件。
見道	三十七菩提分法之整體性、次第性、隨時性、因依性、緣起性、法性。

| 修道 | （順增上緣）相應性、（逆增上緣）對治性；相需性、平等性、中道性。 |
| 證道 | 實踐性、實證性、漸次性、分證性、同行性、必行性、可證性。 |

楊郁文強調理解道性要著重整體的體會，因為道性雖然有各自的名稱與功能，但卻不能脫離與整體的關係，因此要次第性地理解、整體性地運用。

（二）增上善學

　　強調「善」，不是佛教特有的，一般宗教或人道主義都強調「善」。但是佛教「增上善學」目的是要達到究竟的善，也就是涅槃。故未達究竟涅槃以前的善學，都只是方便與權宜。

　　要向涅槃一步步邁進，在涅槃道上永不退轉⑬，必須達到理性、感性與意志力等三向度，也就是「學佛三要」的圓滿，

---

⑬ 達到須陀洹以上的果位才永不退轉。四果之「斷」與「證」，如下表：
參考（印順2004：238-244）

四果	斷	流轉
初果：須陀洹	斷見惑（三結：我見結、戒禁取結、疑結）	最多再七次生在「天上」或「人間」
二果：斯陀含	「貪、瞋、癡」薄	再一次生在「天上」或「人間」
三果：阿那含	斷五下分結（三結、欲貪、瞋）	不再往返，即進入涅槃。
四果：阿羅漢	斷五上分結（色貪、無色貪、掉舉、慢、無明）	無生。斷盡煩惱，斷盡生死。

如下表所列：

三善根	三要	內容
1.建立道德的觀念	知	分別善惡
2.發起實踐道德的意向	情	慚愧心
3.不放逸於道德的實行	意	不放逸

首先要在理性上建立道德觀、分別善惡、明瞭因果業報，之後感性的慚愧心才得以生起，接著才有不斷努力實踐的動力。分別善惡是理性的層面，慚與愧屬於感性的層面，不放逸則是意志力的層面。

（三）增上信學

善學包括了人性的知情意，而信學則是把知情意提昇到更高的層次。具足了善學的三善根以後，可以促使自己明辨是非、分辨善士（又稱善知識），進而親近善士、聽聞正法、內正思惟、法次法向。如下表：

四預流支	三要	四依
1.親近善士	（三善根）	
2.聽聞正法	「情」：讓人信順、信受	依法不依人
3.內正思惟	「知」：讓人信忍	依義不依語
4.法次法向	「意」：讓人改善生命，信求	依了義不依不了義
（5.見法涅槃）	（成就不壞淨；信根力）	依智不依識

楊郁文認為煩惱是在人際關係中發生的，所以解決煩惱的方法也必須落實在人際互動中。因此，走在朝向涅槃的道路上，必須要有導師及同伴相互提攜，一來可以得到陪伴與幫助，二來也可以見賢思齊，有可以幫助自己評量的標竿。

　　善士不只是好人，而是可以幫忙選擇最適合自己修行方法的老師，所以對修行十分重要。向善士請教解決問題的方法，就是聽聞正法，可以讓自己減少學習的障礙。諸聖賢眾是最好的善士，尤其佛陀更是無上的善士。而楊郁文認為學習如何消滅「惑、業、苦」，就是對無上善士最恭敬的供養。

　　此外，將佛法融入生活中才是真正地受持佛法。所謂的「受持」，包括了「憶持」與「作持」。前者指不斷在生活中使用佛法，故不必特別記誦也會記得；而有了有效解決問題的經驗之後，遇到類似問題便馬上可以應用，那就是後者。如此一來，「修行便是生活，生活便是修行」，也就是楊郁文認為最高明的佛教徒。

　　「信」要透過如理作意、正思惟才有正信，「善」也要經過分別思考才會有慚愧心。依此類推，「善、信、戒、定、慧」都需要正思惟。正思惟可令人發願要達到學佛的終極目標，也就是成佛。但佛陀乃是人格完整圓滿者，所以學佛者追求的是「知、情、意」全面性地成就。不像科學家追求真理，只著重理智；不像藝術家追求美，只著重情感；也不像道德家追求善，只著重意志。

　　楊郁文建議要以佛陀十個名號來觀察佛陀圓滿之處，不要只有知道「佛」的名號，卻不知道所指為何。「念佛」除了有

皈依的情感以外，還必須具備理性的成分以及見賢思齊的反應才行，也就是兼具「學佛三要」。所以，希望從「念佛」當中得到的，應該是佛陀的啟發與教導，而非庇祐。

（四）增上戒學

善學關心的是人性，信學是將人性各個成分加以提昇，而戒學以後的各階段也是如此。楊郁文引據《在家菩薩戒本》來說明「戒」的作用，說道：「戒如大明燈，能消長夜暗！戒如真寶鏡，照法盡無餘！戒如摩尼珠，雨物濟貧窮！」因此，「戒」不是綑綁人們的繩索，而是引導如何過安全生活的導繩，可以讓人免除黑暗的恐懼。「戒」也是反省自己的一面寶鏡，可以令人知道何謂正確的行為。而不斷如法地栽培符合「戒」的言行，最後便會有如同摩尼珠般的豐碩成果。

戒學以修身為主，因為身體的動作比較容易發覺與反省，藉由修身可進一步達到修心的目的。「戒」的巴利語「sīla」，指的是「習慣、習氣」。消極的持戒是去除不好的習慣，積極的持戒是培養良好的習慣來保護自己、充實自己的生命。故持戒包括「止持」與「作持」，前者是消極地不去做不應該的事，後者是更積極地去做該做的事，例如不去殺生是「止持」，護生則是「作持」。關於這個部分，楊郁文在《中華佛學學報》發表過一篇論文〈戒從心生〉，在第八章將再行討論。

佛教中的「戒」共分四類，與「學佛三要」的關係如下表所列，而另外楊郁文還拿幼稚園的教導來解說此四種戒：

戒的類別	學佛三要	以「幼稚園」來比喻
波羅提木叉律儀戒	情	學習如何判斷善惡，即建立「正信」。
活命遍淨戒	意	養成良好的生活習慣，即「正勤」。
根律儀戒	知、情、意	六根對六境的接觸時，不要產生無明。在自己會犯戒的情況下，仍不違反自己的良心，才是真正的持戒。屬於「正念」與「正知」。
資具依止戒	知	學習如何吃飯、穿衣，即培養「正見」。

　　然而真理非黑即白，生活中遇到的狀況卻多數處於灰色地帶，皆同時夾雜著感情、理智與意志上的問題。楊郁文認為，要開法眼成為聖賢，就必須在灰色地帶的生活中不斷自我鍛鍊。而學習無漏戒學，必須回歸到當初施設戒法的情境中去體會佛陀的用心，才能配合著佛陀的心意過生活，不會流於表相上的持戒。

　　佛陀施設戒法的目的有很多，包括為了僧團本身的和諧、防護現世的諸漏、增加來世的預防力，還有提供在家人學習的榜樣等等，但最重要的是使正法久住。只要佛教徒在生活中持戒不犯，經藏與律藏的教法便會廣泛地散播及永恆地傳承下去。因此只是把經藏與律藏書寫及保護起來是不夠的，楊郁文強調荷擔如來家業、必須從自己持戒和教導別人持戒開始做起。

　　不過要到了開法眼以後，才能實際地操作無漏戒學；未開

法眼之前，戒行清淨仍然無法具備「使漏清淨」的能力。開法眼的聖者外表與從前沒有兩樣，但是內在人格特質卻已迥然不同，特別是對貪、瞋、癡的反應已經完全改變了。聖者與人互動，都是順應著當時因緣而產生的反應，故可意境與不可意境都成為改善自己與充實生命的材料。因此聖人的生活樣態就是出世間的模式，能令諸漏盡除。

（五）增上定學

「增上定學」是整個心的整理，所以又稱為「增上心學」。雖然「增上定學」不能脫離「知、情、意」此三要素，但是相對於「增上信學」與「增上戒學」以「情」做為主導，「增上定學」更加強調「意」的成分，故又稱為「增上意學」，主要內容是關於「止觀」的操作。楊郁文認為，「止」是精神往內集中的力量，而「觀」是精神向外觀察的力量，而當這兩股力量達到平衡時，就能夠處於「心一境性」，亦即「止觀等持」的狀態。

由於人的心念一直在不斷變動之中，所以依據《清淨道論》的說法，每個人至少有五十種修定的方法，包括四十種「定」的業處以及十種「觀」的業處。選擇業處的時候，必須先對自己的性行有所掌握。例如下表所列的六種性行：

三大類	六種性行		描述
與「貪」有關	－	貪行人	貪別人的財物。
	＋	信行人	貪自己的功德。

與「瞋」有關	－	瞋行人	遇到人事物有不合意的地方，就極力要消滅掉。
	＋	覺行人	不滿自己有惑業苦，極力想要改善。
與「癡」有關	－	癡行人	思考往往只停留在表面，無法深入。
	＋	尋行人	容易想東想西，卻因為想太多而無法決定。

　　同樣是心有妄求，但是反應比較負面的是「貪行人」，比較正向的是「信行人」，其餘皆可類推。一般來說，對五欲容易有反應的人，比較偏向於與「貪」和「瞋」有關的性行。對於生命的了解有困難的，則偏向於與「癡」有關的性行。

　　從衣食住行觀察自己的性行是重要的，佛陀時代就有因修行方法不適合自己性行而無法進步的例子，他們經過佛陀調整以後便快速有成。根據楊郁文的估算，人有三分之二至四分之三的性行受到基因的影響，其餘乃是環境因素所造成的，所以觀察自己的性行之外，還要不斷調整自己與環境之間的互動才行。

　　修禪定可能會引發神通，但那只是一種自然呈現出來的「報」，也是緣生緣滅的。修定的目的，是要以「定」做為基礎來進一步開發「慧」。楊郁文認為有慧者（具有般若慧的聖人）往往會放棄神通，因為成佛的各種方法當中，並沒有神通這一項。佛陀乃是用人的身分及生活方式，在與其他有情於社會環境之互動中，不斷自利利他而終至成佛的。所以楊郁文強調「增上定學」的重點，依舊要回歸到日常生活中的應用。禪堂只能鍛鍊基本工夫，回到一般日常生活，仍然必須能夠繼續

應用，並且可以有效地排除惑業苦。

「增上定學」於生活中的應用，楊郁文很看重「四念處」
與「七覺支」，而此二者關係甚為密切，又「七覺支」乃屬
於「三十七菩提分法」的一部分。楊郁文發表過的論文包括
〈三十七菩提分法及其次第開展與整體運用〉與〈生活中的七
覺支〉，將於第八章討論之。

若以「七覺支」做為操作「增上定學」的代表，則「七覺
支」亦包含了「學佛三要」之成分。配合上述「增上善學」、
「增上信學」、「增上戒學」的部分，一同整理如下表：

	說明	知	情	意
善	建立三善根	分別善惡	生慚愧心	不放逸
信	操作四預流支，確立出世信根、信力，具足正信，成就四不壞淨。	信忍	信樂	信求
戒	持守四種戒。以正念持根律儀戒。	資具依止戒	波羅提木叉	活命遍淨戒
定	以念覺支分析知情意三者之狀況。用精進覺支調和三者之狀況。	擇法覺支、捨覺支	喜覺支、輕安覺支	定覺支

（六）增上慧學

「慧」巴利語為「paññā」，音譯為「般若」，所以有時
也稱為「般若慧」。楊郁文認為「paññā」的接頭詞「pa-」在
這裡有強烈明瞭的意思，並且具有解脫煩惱漏的作用，可做為

體會佛法修行名相的一個重要線索。 ❹

　　「慧」看似抽象，但對於有慧者來說，卻是生活中具體的動態活動，可以在言行互動間產生排除惑業苦的效果。也就是說，有慧者只要一出現貪、瞋、癡的情況，便能夠馬上覺察並且超越，展現出與凡夫不同的離漏能力，而這種表現就是對「慧」最好的說明。因此，從有慧者身上直接認識「慧」，比使用語言文字來解說「慧」更容易讓人理解。

　　凡夫只有「識」（分別的能力）沒有「慧」，聖人的「慧」與「識」卻緊密連結在一起。凡夫只要保持注意力，維持正念正知，便可擁有高明的分別識，不過「慧」必須透過不斷修習才能得到。修習慧的法門如下表所列，其中「陰法門、處法門、界法門、根法門」以靜態的分析為主，而「諦法門、緣起法門」乃屬於動態的分析。如下表所列：

增上慧學	主要內容	著重要點	特點
陰法門	五陰	「聚集」義	名色的靜態分析。
處法門	六內外入處	「努力」義	
界法門	六界	「空」義	
根法門	二十二根	「增上作用」義	靜態與動態的銜接。
諦法門	四聖諦	「真實」義	名色因緣果的動態分析，從動態發展了解生命一連串因緣果。
緣起法門	十二支（生命的）緣起	現觀「此緣性」	

❹「增上定學」中「四念處」的巴利語「cattāto sati-pa-ṭṭhānā」也有這個接頭詞，楊郁文認為這裡的「pa-」具有「現念分明，發趣、啟動七覺支的操作」的意思。資料來源：楊郁文2007年6月7日補充。

1.陰法門

　　印度認為存在的東西都可以命名與計算，即所謂的「俗數法」。例如將有情眾生的世間稱為「五陰世間」，屬於觀念上的世間；而六官感覺得到的世間，稱為「六六法世間」；無生命狀態的物理世間，則為「器世間」。

　　「陰」是聚集的意思，五陰法門是將有情眾生的心理作用區分為「色、受、想、行、識」五大類，該法門是對有情身心狀態最簡要的掌握方式。

2.處法門

　　「處法門」將有情眾生的生理作用區分為「眼、耳、鼻、舌、身、意」等六類，「處」具有努力之意，因為有情眾生都是透過此六官來造業或修行的。例如聖賢者隨緣受報、隨緣修行，也透過此六處來證實身心內外皆無常、無我；但是凡夫卻在六根對六境之時，不斷引導生死輪迴。

3.界法門

　　相對於「陰法門」之心理分析、「處法門」之生理學，「界法門」則偏向於哲學性的分析。「界法門」將世間分析為「地、水、火、風」四大構成元素，此四元素乃哲學性之思考，認為物質界皆由此四大所構成，而有情界除了物質界的四大以外，還有「空」與「識」兩個元素。故修行重點，乃在把握「空」義，打破我想、人想，將絕對「我」之見解破壞掉。

　　而認識「界法門」，除了上述的元素分析以外，還要了解「界的差別」，如欲界、色界以及無色界等，還有「界的原理」，即法界的緣起性。在無量界中，生而為人是相當難得

的,楊郁文經常借用系統分類學來加深學生的體會。姑且不論各種類之中的數量,僅就系統架構來看,要落入「人種」就只有將近六百萬分之一的機率而已。計算法如下表所列:

系統分類學	界	門		綱	目	科	屬	種
	動物界	脊索動物門	脊椎亞門	哺乳綱	靈長目	人科	智人屬	人種
機率	1/3	1/22	1/3	1/7	1/16	1/9	1/3	1/10
相乘	1/(3 x 22 x 3 x 7 x 16 x 9 x 3 x 10) = 1/5,987,520							

　　另外還有一個在生活中學習「界法門」的方法。因為每個人幾乎都是用自己的生活範疇來認識「界」的範圍,故在學習「界法門」的時候,應當要反省自己經常與哪些人交往,觀照自己的心大多屬於「明」還是「無明」的狀態。

4.根法門

　　根法門處於有情身心靜態與動態的分析之間。二十二根的內容如下表(楊郁文1997a:311)所列:

二十二根	流　轉	還　滅
所依根	生理六根: 眼、耳、鼻、舌、身、意。	聖賢五根: 信、進、念、定、慧根。
生根	生命三根: 1.男根。2.女根。	了知三根: 1.未知當知根(見道位)。
住根	3.命根。	2.已知根(修道位,斯陀含~阿那含)。
受用根	感受五根: 樂、苦、喜、憂、捨等根。	3.具知根(無學到位,阿羅漢)。

二十二根不只談生命存在狀態的因緣果，同時也涉及出世的因緣果。凡夫之所以能轉為聖人，必須要有「信、進、念、定、慧」之五根與五力。眾生沒有「慧」無法解脫，但是「慧」卻不會憑空而來，乃是經由「信、進、念、定」次第發展出來的。如下表所示：

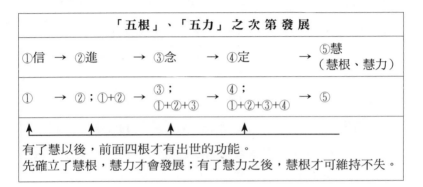

「五根」、「五力」之次第發展				
①信　→	②進　　→	③念　　→	④定　　→	⑤慧（慧根、慧力）
①　　→	②；①+②　→	③；①+②+③　→	④；①+②+③+④　→	⑤

有了慧以後，前面四根才有出世的功能。
先確立了慧根，慧力才會發展；有了慧力之後，慧根才可維持不失。

5.諦法門

　　一切有情的生命狀態，皆不外乎「染淨因果」之範圍。故學習「諦法門」，重點在於認識「苦、集、滅、道」的真理實相。也就是要先能現觀「苦」，然後現觀苦之「集」（即苦的成因），然後現觀苦及苦之集皆可「滅」，進而現觀滅苦之「道」跡（即出世間的八支聖道）。

　　所以，了解生命實相是從「染」的「果」先開始的。發現到有苦，才會進一步思考原因。既然苦有形成之因，必也有滅苦之道，因此開始尋覓滅苦的方法並且加以實踐。佛法的特點往往是「以果推因」的，亦即以生命實相做為觀察基礎，再去推及原因，這與「以因推果」的思考種種可能的方式不同。由

於果報要形成必須具備許多因緣，所以用實際觀察做為前提，
更符合生命真實的樣貌。

佛陀初轉法輪便對五比丘開示四聖諦，先開示八苦，再
「三轉十二行法輪」。三轉法輪的順序，南北傳經典有所不
同。北傳先「示轉」，再「勸轉」及「證轉」此四諦（如上
標編號所示），而南傳先三轉「苦」、再三轉「集」、三轉
「滅」、三轉「道」（如下標編號所示）。如下表：

三轉		南傳❶↓	南傳❷↓	南傳❸↓	南傳❹↓
1.示轉	北傳①→	[1]「苦」[(1)]	[2]苦之「集」[(4)]	[3]苦之「滅」[(7)]	[4]滅苦「道」跡[(10)]
2.勸轉	北傳②→	[5]應當遍知[(2)]	[6]應當捨斷[(5)]	[7]應當自作證[(8)]	[8]應當修習[(11)]
3.證轉	北傳③→	[9]已遍知[(3)]	[10]已捨斷[(6)]	[11]已自作證[(9)]	[12]已修習[(12)]

楊郁文認為北傳以教化他人為重點，偏重對別人說法的理想
性，而南傳則細緻地描述了佛陀透過四聖諦成佛的過程，每一
諦都經過此三項再進入下一諦，較適用於個人在操作四聖諦的
參考。

楊郁文提醒學生，聽聞佛法必須與四聖諦串聯理解。生
活不是造業就是修行，沒有「苦、集」的刺激，就不會提起
「滅、道」的生活方式。「諦法門」的重點在於要能夠培養
「現觀」苦的能力，而非只在知識上理解，或只是在受報而
已。身而為人的殊勝之處，便是唯有「人」才能發展現觀的能
力。而要現觀苦，必須要先能夠現觀無常。可是要現觀無常，

必須先要能夠現觀緣起。也就是說，要先從緣起開始培養現觀的能力，接著才可以現觀無常、現觀苦，進而見道、修道、證道。日後楊郁文發表了一篇〈緣起的此緣性〉，便是在探討緣起性之問題。

6.緣起法門

　　一切有為法皆是因緣所生，包括了具有情感反應的有情類，以及沒有情感反應的無情類，如礦物等。

　　觀照緣起，要從日常生活經驗中培養起，所以認識佛法不能離開生活。「有」指的是因緣果，「空」則是無自性。所謂「有依空立」、「空待有成」，也就是必須從「有」當中去理解「空」，也就是透過「與緣起隨順」的世俗諦，來體會第一義諦。而再透過「與空相應」的第一義諦，來把握世俗諦。

　　故「苦、集」與「滅、道」不是兩件不相干的事情，因為世間與出世間是一貫的。而所謂「生死即涅槃」並非「生死等於涅槃」，而是有漏的生死與漏盡的涅槃狀態都是緣起的。當有漏的生死緣滅之時，便是涅槃。所以，涅槃不是與生死完全無關的全新事物，而是與生死一貫相連的。

7.慧體

　　如前面所言，「慧」不是一個抽象的概念，而是可以具體修行及具體展現出來的。只要聞、思、修「陰、處、界」及「根」之一部分，便可以把握「名色」；而透過「根法門」之一部分以及「諦法門」、「緣起法門」，就可以掌握「名色之緣」。把握了「名色」以及「名色之緣」之後，便能夠構成「慧地」，具有般若慧成長的養分。

　　一旦般若慧的種子播在「慧地」之中，就可以長芽吐根，具有「慧根」。而「慧根」的構成要項為「戒淨」與「心淨」，持戒不犯則戒淨，修定使五蓋不起則心淨。如果具備了「戒淨」及「心淨」，便能夠具有「慧根」，得以吸收「慧地」的養分，構成「慧體」。「慧體」就如同是般若慧的樹幹，包含了五種清淨。如實知「名色」，構成「見清淨」；如實知「名色之緣」，構成「疑蓋淨」；如實知「名色」之無常、苦、無我，開展出「道非道分別淨」；之後得以在解脫道上步步邁進，便是「道跡知見淨／行道智見清淨」；最後終於走完解脫道，便達到了「道跡斷智淨」。如下表所示：

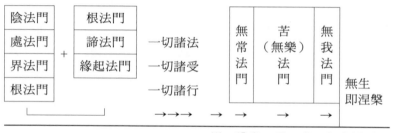

道（「常、樂、我」為非道。）

　　再就經典中的幾種清淨來說，透過前面兩項對於名色靜態的觀察之後，到了第三項的「見清淨」時，慧體已開始建構起來了。而再透過對名色一連串動態把握之後，則會開展出第四項的「度疑清淨」，之後「道非道知見清淨」等便會逐步一一成就。如下表：

	1	2	3	4	5	6	7	8	9
四種清淨	戒清淨	心清淨	見清淨						解脫清淨
七清淨	戒清淨	心清淨	見清淨	疑蓋清淨	道非道分別淨	道跡知見淨	道跡斷智淨		
九淨勤支	戒勤支	心勤支	見勤支	度疑清淨	分別淨勤支	道淨勤支	除淨勤支	無欲淨勤支	解脫淨勤支

　　而一旦發展到了「道跡知見淨」（又名「行道智見清淨」）以後，便可從凡夫地跨越到賢聖地。

8.「無常」、「苦」、「無我」法門

　　雖然各法門有不同的著重要點，但都必須與「無常、苦、無我」配合才能應用得力，故《阿含要略》也將「無常」、「苦」、「無我」法門相關經文特別列出來。關於這部分，楊郁文發表過的論文相當多，包括〈以四部阿含經為主綜論原始佛教的我與無我〉、〈南、北傳「十八愛行」的法說及義說〉、〈初期佛教「空之法說及義說」〉、〈無分別與二諦說〉等，將在第七章、第八章討論之。而就如同楊郁文所強調的，必須等到開法眼、具備「慧」的能力以後，前面四個道次第才真正具有「增上」的作用。因此廣泛而言，楊郁文發表的論文都不會離開「增上慧學」的大範圍，皆符合其核心要義。

　　而要現觀無我，必須先現觀苦；而要現觀苦，必須要現觀無常；而要現觀無常，必須從現觀緣起做起。所以「無常、苦、無我」三者與緣起法門，甚至整個增上慧學架構是緊密扣連的。而依「增上慧學」各法門成就五種清淨的過程，如下表

所列：

修習法門	成就之五清淨
1.「五陰」、「六處」、「六界」、部分「二十二根」❶	成就「見清淨」
2. 部分「二十二根」、「四諦」、「十二緣起」	成就「度疑清淨」
3.「無常」、「苦」、「無我」法門	分辨「道非道知見清淨」；執行「行道知見清淨」；完備「智見清淨」。

　　之後，又由「智見清淨」，成就「三種正解脫」。即由「厭」，成就「除淨勤支」；由「離欲」，成就「無欲淨勤支」；由「滅盡」，成就「解脫淨勤支」。

（七）正解脫學

　　外道也有所謂的「現法涅槃」，但那只是用定力把五蓋的病徵暫時鎮伏住而已，並未去除有漏的病根，所以不是「正」解脫。佛陀教授的解脫，一定是立基於「戒」與「定」的力量所形成「慧」上面，才是真正的解脫，亦即「正解脫」。

　　煩惱乃隨順因緣而生，有些是自己內發的，有些則是與他人互動引起的，所以生活中要時時運用「慧」，來鍛鍊自己離

---

❶ 二十二根中，生理六根（眼、耳、鼻、舌、身、意）聖賢五根（信、進、念、定、慧）屬於成就「見清淨」的部分，其他則屬於成就「度疑清淨」的部分。

漏的能力。而辨認出煩惱產生的能力，稱為「見所斷」，辨認之後運用「戒、定、慧」等來排除「惑、業、苦」，則為「修所斷」。

已經漏盡的聖者「無學」，因為對於自己離漏已經無可學了，但是若要成佛，則必須為了指導別人而不斷學習。如果成佛需要三大阿僧祇劫的時間，則只有一百劫是為了自己漏盡而學，其餘都是為了指導他人而學習的。

第三節　「印度朝聖」相關講義式專書

一、朝聖前：《長阿含遊行經註解》

楊郁文從1994年開始在中華佛學研究所推廣部授課，以《阿含要略》為教材，為學生解說「阿含學與阿含道」。四年後，楊郁文（1999：i）應學生的要求開設新課程，選擇以《長阿含經》的《遊行經》做為上課教材：

> 法鼓山佛學推廣中心響應廣大信徒的要求，開辦佛法普及課程回饋社會。筆者受邀每年在台北開講「阿含學與阿含道」，四年來聽課後，許多學生提議新開進修課程。幾番思索後，決定講解《長阿含遊行經》，本書的著作即是提供教學用的「講義」。

結果楊郁文花了三個學期的時間才把這一部經解說完畢，而

且還編寫了一本厚達三百多頁的講義書《長阿含遊行經註解》。楊郁文曾經在該書序文（1999：iii）中，提到這部經的幾項特點：

> 佛陀入滅之前，已經表明了進行最後一次的遊行教化，開始於入滅前一年多而已，所以大家印象很深刻。第一次結集《遊行經》的時候，眾弟子記憶猶新，最後這一年的經歷應該是最明確的事情。佛陀成佛初轉法輪，到入滅為止，一共說法四十五年之久；可以說：單單《遊行經》就占了四十五分之一的時間。

因此用一年多的時間來學習此經，應當是相當值得的事情。而更重要的是，這部經記載的內容是佛陀住世最後一年的重要法說，那就好比是佛陀對後代弟子的遺言一般，故極其重要。楊郁文（1999：iv）在接著說道：

> 以注重孝道的民族中國人來說，對於祖先的遺言交代，會特別重視。佛陀入滅之前說了幾句話，這是遺言；筆者認為佛陀最後一年所說的話也是遺言。我們尊敬佛陀、懷念佛陀，對於佛陀的最後一年的教說，應當要特別用心來理解才好。

佛陀從王舍城出發，經過了靈鷲山、竹園、巴陵弗城等地，後來渡恆河到毘舍離。在毘舍離城外的竹林叢雨安居，並且在香

塔宣布三個月後要般涅槃。後來佛陀輾轉來到了負彌城，吃下
了最後一餐，又經過了波婆城，渡河到拘尸那竭城，最後在雙
樹間般涅槃。❶路途中，佛陀因應當時的人事物而說了許多重
要的內容：

> 我認為最後一年佛陀有傾囊相授的那一種用心，
> 把握最後一年的遊行過程，將該說還沒有說的都說出
> 來，而就成了北傳的《遊行經》，南傳的《大般涅槃
> 經》。裡面的教材多樣化，又分上、中、下品，我用
> 一年多把它講解完，也編了重要的名相解釋。（訪7）

在佛陀經過的地方，有四個佛教徒最值得懷念的地點，即所謂
的「四念處」，包括佛陀誕生、成佛、初轉法輪，以及入滅的
地方。

第一個聖地「Lumbinī」就是佛陀的出生地。依照印度人
的風俗，孕婦要回娘家生孩子，所以當佛陀的母親知道自己快
要生產，就要趕快回娘家去了。途中經過一個花園，她走下轎
子去散步：

> 回娘家途中有一個Lumbinī花園，看起來很吸引人，
> 可能坐轎坐久了，就下來進去走一走。當她把右手抬
> 起來靠在asoka無憂樹休息的時候，小孩子就生下來

---

❶ 佛陀教化路線可參考《長阿含遊行經註解》，頁x。

了。識神從右脅出來，胎兒從產道出來。我認為可能是生產有子宮頸裂傷的樣子，生下來以後大出血，所以七天後就往生了。（訪7）

摩耶夫人生下悉達多太子（佛陀）之後，七天就往生了。楊郁文以婦產科的立場來看，產婦產後七天往生有兩大可能，一是出血過多、一是發生了產褥熱。在以前沒有消炎藥的時代，產道一旦遭受感染，此時體力不支的產婦往往會因而喪命。而他認為經典中所謂太子「右脅而出」，應當是指太子的識神從母親的右脅離開、肉體從產道出來，而後合為一體，這樣理解才比較符合人體的構造。因為就人體構造來說，不可能從腋下把孩子生出來。

而除了「右脅而出」以外，根據經文的記載，悉達多太子出生過程還有一項與眾不同的地方，那就是他一出生就站起來走七步，並且一手指天、一手指地，說道「天上地下唯我獨尊」。楊郁文認為，這應當也是有天眼的人或是神明護法看到太子的識神如此做才對。而悉達多太子所說的內容，是一種宣示的作用：

不是我慢，而是在說明事實：「我在這個場合來到人間，離開母體，跟大家一樣的活在空氣之中，我的成就是這時候三千大千世界能力最強的人。這是我以有漏模式出生的最後一生，我這一生要成就大覺。」可是之後佛陀又把所有的神通都關閉起來了，從此完全按照人類

的常態開始過日子。等他出家修行，也是到了成佛之前的最後一夜，才又開始應用神通。（訪7）

之後，悉達多太子便不再有任何神通的記載了。楊郁文認為那是因為佛陀關閉了神通，要以人類的生活模式來成佛。

佛陀用平凡人的身心狀態，度過他成佛以前的生活。直到即將成佛的那一個夜晚，才又再度使用神通力來確定自己是否已經成佛：

〔初夜〕對於無量的過去經歷，用宿命通力配合佛智成就「宿命明」；〔中夜〕以天眼通力對現在一切有情死生的過程都一目瞭然，配合佛智成就「死生智證明」。〔後夜〕以此為基準，再往後盡未來際都不會有「有漏的生老病死」，所以確認自己已經漏盡了。盡未來際，不管生命怎麼樣再相續，都不會再有任何的惑業苦。現在不存在，以後也不會製造出來，也不會再承受到，這就是「漏盡明」。（訪7）

從十二支生命緣起做最長遠、最廣泛的評估，確立了自己已經具有「宿命明」以後，又再延伸到「死生自證明」以及「漏盡明」：

利用宿命通把過去無量生的生命流程、一連串的因緣果報都弄清楚，也就是成就了「宿命明」。放眼一

看，天眼能涵蓋的寬度裡面，由死而生的過程，都能
夠用天眼透視所有有情的心念，都看得出來將往生到
哪裡、會用什麼身分出生，那就是「死生自證明」。
（訪7）

「宿命明」、「死生自證明」、「漏盡明」即所謂的「三
明」。佛陀用「三明」自我檢視，斷定自己已經成佛，而這個
地點就是Bodhimaṇḍa（菩提道場），亦即為第二個聖地。楊
郁文認為在聖地要特別重視的，是佛陀成道的過程。

終於成佛的佛陀，第一次轉法輪的地方就是第三個聖地。
佛陀當時在Bārāṇas（城外鹿野苑中仙人住處）為五位比丘宣
說四聖諦：

佛陀說法是契機的，不是對所有凡人說法都算是轉
法輪，要當時至少有一位聽眾開法眼，才算是「轉法
輪」。所以轉法輪，不僅是佛陀在轉動法輪，聽法的
人也在內心裡面有共鳴而轉動法輪，這樣正法才能夠
動起來，才算是轉法輪。初轉法輪中，開悟的是Ājña-
Kauṇḍinya❶阿若憍陳如，為了紀念他頭一個開悟，所
以後來名字特別冠上ājña，也就是「首先開悟的」憍陳
如。（訪7）

---

❶ 巴利語為Āññāta-Koṇḍañña，由於漢譯「阿若憍陳如」是來自於梵語的音
譯，故引文採用梵語。

佛陀在鹿野苑教化五比丘，憍陳如在初轉法輪當場就開悟了，後來其他四位比丘也陸續開悟。

第四個聖地是Kusinārā（拘尸那竭），也就是佛陀入滅的地方。在這裡要特別注意佛陀所交代的遺言，而遺言有兩大重點：

> 一個是「無常」，佛陀再強而有力也抵不過無常力，最終也一定要死。凡生必有死，一切諸法、一切有為法都是「無常」。所以佛陀在涅槃城提醒所有佛弟子無常，因為佛陀的死就是無常。而由這個關聯可以延伸到「一切生命都是無常，一切諸法都是無常，五陰都是無常，六六法都是無常。」所以為了紀念佛陀，也為了我們自己，只要有任何的常見、邪見存在，就要馬上破除它。（訪7）

第一個重點是「無常」，而「無常故苦，苦故無我。」所以「無常、苦、無我、無生」都是環環相扣的，也就是《雜200經》所說的「蘊、處、尼陀那、一切諸法無常。」而佛陀遺言的第二個重點，就是「精進」：

> 再來，有關修行的就是「精進」。佛陀入滅前一天吃了松茸，是有毒的菇類，但他還是吃下去了，因為入滅的時間本來就已經算好了。結果吃了那些松茸以後拉血，體力消耗得很快。所以，佛陀最後在涅槃

城講的這一段開示，實際上是耗費了所有的體力講完的，說完剛好就死了。（訪7）

佛陀在臨死前，還是很用力地把遺言交代完才死，楊郁文認為這是非常精進的表現。因此，就楊郁文的觀點來說，佛陀在Kusinārā這個地點所呈現出來的重點，就是「無常」，還有要「精進、不放逸」。

　　楊郁文講解完「四念處」之後，引發學生們想要去這幾個聖地巡禮的想法。一向不太喜歡旅行的楊郁文，為了達成佛陀的囑咐，❽便在洪錦坤的策畫之下，與學生一行五十幾人利用千禧年的寒假出發了。

二、朝聖後：《佛教聖地隨念經註解》

　　楊郁文與學生們歷時半個月的朝聖之旅，除了參訪佛陀提過的「四念處」之外，還另外加上四個聖地：

　　　這四個地方是戒日王選的。Sāṅkāśya城是佛陀為生母摩耶夫人說法後，從忉利天下凡的落地處，也是戒日王的國都。那裡的確是個很值得紀念的地方，因為是佛陀離開人間又回來人間的地點。戒日王又配合另外

---

❽ 本師般涅槃前（B.C.486），交代佛弟子宜往詣「四念（處）——釋尊出生處、成道處、（初）轉法輪處、般涅槃處」，念佛功德、生戀慕心；如此情形一直繼續到阿育王時代（楊郁文1999：v）。

　　三個在當時很特殊的地方，構成了八大聖地。（訪7）

戒日王當時制定的「八大聖地」，後來成了印度朝聖的黃金路線。世界各國旅客到印度，都曉得有所謂的「八大聖地」。或者左繞，或者右繞，朝聖完剛好繞了一圈。

　　而戒日王加上去的四個聖地，包括了佛陀上忉利天為母說法下來的地方、王舍城的靈鷲山、獼猴池，還有祇樹給孤獨園：

　　　佛陀最後二十年都是在祇樹給孤獨園。而佛陀成佛不久，因為要回饋頻婆娑羅王，所以頭兩三年都是在王舍城外的靈鷲山說法。靈鷲山後來也成了《妙法蓮華經》的說法處，特別許多日本創價學會的人非常崇拜《妙法蓮華經》，朝聖一定會到靈鷲山。靈鷲山本來就是一個很小的山，不能蓋什麼，不過日本人在附近又再蓋一個寺廟在那裡。（訪7）

王舍城的靈鷲山是佛陀早期重要的說法處，而祇樹給孤獨園是佛陀駐足最久的地方，光這兩個地點幾乎就囊括了大半的講經地點。而因為Sāṅkāśya城是佛陀再度降臨人間的地點，所以也成了有名的聖地。另外一處毘舍離（Vaiśāli）城外的獼猴池，則是尊者阿難的舍利塔以及阿育王石柱的所在地。

　　為了有別於一般的觀光旅行團，楊郁文在出發前就開始準備講義，將各個聖地有關的經文都整理出來，供學生們參考：

我認為不能跟一般觀光旅行團一樣，所以就開始準備。我把佛陀曾經在這八大聖地說過重要的經，挑出來加上註解，參加者人手一冊。去到某一個地點的時候，是先上課，佛陀在這裡說了什麼經、重點是什麼，說完了大家再四處走走，接著再到下一個地點。（訪7）

每到一個聖地，不是先到處觀光，而是坐著聽楊郁文講解有關經文，遙想一下當年的時空背景以及佛陀的重要法義。並且為了節省時間，大家還四點多就起床，準備出發了：

有一段時間印度治安不是很安定，有時候塞車互不相讓，交通警察也不會來，一天都堵在那裡也有可能。不過我們都盡量提早去，才不會跟其他人塞在那裡。有時候四點多就起床了，趕快吃早餐。提早三個小時出發，剛好可以避開塞車的時間。（訪7）

大家一大早就出門，到每個聖地都要上課，但是這樣仍然無法將經文解說完全。所以回到了旅館，休息以前還要再補課：

回來休息的時候，利用睡前的兩個小時，把剩下來也是重要的經典又再講解了一下。那些導遊覺得很奇怪，沒有帶過這樣的團，其他人都是到那邊就看看有什麼好買的。但是我們是去了那邊，卻是先把最重要

一經說出來，然後回到旅館又要再開始講解。（訪7）

不管是到戶外的聖地，還是到了室內的休息處所，都一樣要坐著聽課。難怪導遊覺得奇怪，怎麼會有一群人大老遠跑來印度上課。孰不知在佛弟子的心中，最感興趣的不是看那些斷垣殘壁，而是想回溯到佛陀說法的現場，親聞佛陀開示，領略法義：

> 我們佛教徒去那一個地方，是要體會出跟佛陀同在一個地點的感覺。雖然在時間上已經經過了兩千五百多年，可是我們現在跟佛陀是在同一個地點，佛陀就是在這個地方走來走去過的，在那裡要能夠稍微體會出來這種感覺，還要知道佛陀在這個地點說了些什麼。其實佛陀說什麼都是隨緣的，就是在這個地理環境裡面的這些人有什麼問題，佛陀就在這裡回答。所以，這些地點跟佛陀所說的法是有緊密關聯的。（訪7）

佛陀說法主要是為了解決提問者的問題，都是應機而教的，而提問者的問題必然與生活模式有一定的關聯。所以，如果想要深刻體會法義，就不能夠對產生問題的生活狀態太過陌生，不然就會很難想像佛陀說法的涵義。因此楊郁文認為不只是八大聖地應該去巡禮，最好能夠在印度住一段時間，尤其是佛陀遊走過的那一些鄉下，這樣對佛法的了解應該能夠往上提昇。

一趟行程下來，大家仍舊意猶未盡，又在推廣部接著上了

一年的課。而楊郁文把這一本充滿朝聖圖文的講義書，取名為
《佛教聖地隨念經註解》：

> 　　那時候只是簡單地講解，所以回來以後，我把要去
> 之前的講義，又用更詳細的方式把它一一整理出來，
> 開始編了《佛教聖地隨念經註解》。裡面配合圖片，
> 以及佛陀在這些聖地說了些什麼，加上更詳細的註
> 解。後來，這本書也成了一種紀念。（訪7）

而身為一名佛弟子，從佛教聖地朝聖回來，不只是會產生有形
的紀念品，還會留下無形的烙印：

> 　　不只是理性上的影響，感性跟下意識也都會有影
> 響，會有烙印下來的記憶。類似回教徒到麥加朝聖，
> 像基督徒去耶路撒冷耶穌被釘在十字架的地方、復活
> 的地方，許多宗教徒難免都會具有這種宗教行為，都
> 有很正面的影響力。（訪7）

這一次的朝聖行程回來後得到熱烈的迴響，沒有去的人希望有
機會可以過去，而去過的人也很想再去，但是楊郁文考量到自
己身體各方面的狀況，只好作罷：

> 　　第一個是交通的問題，另外食物我們也很不放心。
> 八大聖地是在印度的北方，那裡在佛陀時代是印度的

精華區，可是現在印度生活環境比較好的，是在南部
工業區。北部是農村，各省的稅收經濟都不足，路況
太差。在公路上坐遊覽車跑，好像在海面上坐船，不
只是左右搖，還會上下晃。我年紀大了，這樣搖來晃
去，骨頭都鬆了，所以不敢再領教了。假使路況很
好，每年去一趟也無所謂。（訪7）

因此，儘管印度朝聖之旅就此畫上句點，但是對於佛陀教法的
體會以及在聖地行走的那份感受力，卻始終存留在楊郁文的腦
海裡。每看一次照片，就是再走一趟印度的朝聖之旅；每閱讀
一次經典，就是再親臨一次佛陀說法的現場。

第四節　結語

楊郁文所編寫的以上這三本講義式專書，是他授課二十
餘年的產物。為了學生課堂上的學習效果，他在這些書本保留
了許多個人的研究習慣與風格，尤其《阿含要略》更充滿了許
多特殊的標記符號和「點、線、面」的連結線索。此外，他又
深受印順法師《學佛三要》的影響，體會到佛陀乃「知、情、
意」三方面人格圓滿者，因此佛陀在成佛過程中，關閉既有的
神通，用正常人的生活方式達到成佛。後來楊郁文亦用此三要
來統整他所接受到與理解到的佛法，更朝著「知、情、意」三
方面自我檢視與努力。

　　若就此三本書籍來看，其系統化的整理與編輯方式，展現了楊郁文對於佛法的理性分析能力，這是「知」的部分。而從他在書本種種特殊的標記之中，便可感受到他體會經文每一個細節的用心之處，這是「情」的部分。而他能夠地毯式地全覽四部《阿含經》以及相關文獻，並且翻爛《大正藏》的過程來看，則可體會到他深入佛法的毅力與決心，這是「意」的部分。

　　而這些上課用的講義書乃與課堂講授息息相關，故再從書籍內容擴大到課程整體的表現來看，也可領略到其中與三要的關聯性。首先，楊郁文會用理性的思考角度來解釋經文，包括醫學及科學的專業知識與剪報資料等等，這屬於「知」的成分。而從他提醒學生注意經文要點的方式，以及帶領學生上下課感恩三寶並且到印度朝聖的舉動來看，也可以感受到他濃厚的宗教情操，這乃是「情」的部分。另外他二十餘年在各地講授佛法、誨人不倦，甚至必須依靠「羅漢果湯」來保護嗓音，這就是他弘揚佛法所表現出來的意志力，屬於「意」的部分。

　　因此，無論是從書籍本身或是授課過程，都可以看到楊郁文不但在理智上關切佛陀成佛的原因與過程，也在情感上充滿了對於三寶的感恩與嚮往之情，並且用實際的行動力來效法佛陀，當一位孜孜不倦的弘講師。

第七章　學術性研究

第一節　前言

　　楊郁文的學術性研究成果，大多與他接手的研究工作有關，例如《阿含藏》的四篇題解，以及關於《阿含辭典》的兩篇論文。此外還有因應《中華佛學學報》以及印順法師壽誕等研討會的邀稿，而發表過的十餘篇論文。楊郁文將這些論文分為兩大類，即學術性的與宗教性的研究。如下表所列：

發表之書名或篇名（詳細出處請見附錄一）	發表緣由	分類
1985〈印順導師的根本信念與看法〉	為印順法師祝壽	宗教性
1988〈以四部阿含經為主綜論原始佛教的我與無我〉	學報邀稿	學術性
1989〈南、北傳「十八愛行」的法說及義說〉	學報邀稿	學術性
1991〈初期佛教「空之法說及義說」（上）〉	學報邀稿	學術性
1992〈初期佛教「空之法說及義說」（下）〉	學報邀稿	學術性
1995〈《學佛三要》的啟示〉	為印順法師祝壽	宗教性
1996〈緣起的此緣性〉	學報邀稿	學術性
1997〈佛法的人間性與現實性〉	學報邀稿	宗教性
2000〈由人間佛法透視緣起、我、無我、空〉	為出書加撰	宗教性

2000	〈三十七菩提分法及其次第開展與整體運用〉	為印順法師祝壽	宗教性
2000	〈戒由心生〉	學報邀稿	宗教性
2002	〈生活中的七覺支〉	國際佛學會議邀稿	宗教性
2003	〈阿含辭典編輯體例說明〉	學報邀稿	學術性
2004	〈阿含辭典單字詞舉例說明〉	學報邀稿	學術性
2004	〈人本的佛法與人本為中心的佛教──論印順導師「人間佛教」之本懷〉	為印順法師祝壽	宗教性
2006	〈無分別與二諦說〉、〈分別與無分別〉	學報邀稿	學術性
2006	〈人間佛陀最早期教導中，佛陀的教法與實踐〉	佛學會議「主題演說」講稿	宗教性

　　從數量上來看，學術性與宗教性研究的篇數旗鼓相當，但是前後卻有很明顯的不同。前十年除了為印順法師祝壽的論文以外，楊郁文發表過的都是學術性的研究成果。相反地，後十年除了與《阿含辭典》有關的論文，以及2006年為了展現四色筆使用方式而發表有關「無分別」的兩篇論文以外，全部都是宗教性的論文。針對此點，楊郁文解釋道：

　　　我整個寫作是配合佛法研究過程在做心得報告，學報需要稿子，適合他們用的，我就提供出來。不過比較學術性的研究對我有利益，不見得對任何人都有用，我認為這不符合佛法的要求。佛法的要求是要自他兩利。（訪9）

佛法的研究應當要能夠自利與利他，尤其是對於護持教團的信眾。有感於自己所屬的單位「中華佛學研究所」，乃是依靠許多信眾的護持才能成立的，楊郁文更覺得應該對廣大的信眾多一點回饋：

> 有許多信眾的護持才有這個單位，我才可以在這裡工作、教學、研究，我心裡總想著要回饋，否則的話變成負債者，所以我每一堂上課都要感謝護法們，一有機會的話，就寫宗教性的、生活化題目的文章。（訪9）

佛教團體舉辦的學術研討會往往會有信眾參加，特別印順法師的祝壽研討會更常常會吸引大量的信眾前來報名，所以楊郁文特別選擇宗教性的題材以利益大眾。

甘露道出版社曾經將楊郁文在學報發表過的論文結集出書，楊郁文為該書出版又多撰寫一篇〈由人間佛法透視緣起、我、無我、空〉，後來甘露道以此篇名做為全書之書名，於2000年出版，因此本章所討論的學術性論文大多可在該書中找到。下面將依發表年代大致的先後順序，分為《阿含藏》四篇題解、學術性期刊論文、《阿含辭典》有關論文等三部分論述之。

第二節 《阿含藏》四篇題解

一、〈雜阿含經題解〉

（一）題解重點

　　《阿含藏》於1986年發行，但是楊郁文早在三年前就開始
著手寫四篇題解了，大約每年完成一篇。而《雜阿含經》的題
解共分為四部分，大致內容如下表所列：

題解四大部分	內容描述
一、阿含字義	說明阿含字義乃「傳來之教訓」，破斥將阿含視為小乘經典的錯誤見解。
二、再被重視的阿含	略述《阿含經》地位的歷史發展過程。《阿含經》原本在印度頗被重視，但是到了中國與日本之後被忽略，直到西元二世紀漢譯阿含的價值才再度被肯定。
三、現存經典	羅列中國、日本、斯里蘭卡等地之北傳《雜阿含經》與南傳《相應部》等版本與譯本。
四、題解主要內容	分為六大細項，包括： 1.「雜阿含」或是「相應阿含」的意義。 2. 原始佛教結集經典的方式，即「修多羅」等九分教。 3.「四部阿含」的結集順序與特點。 4.《雜阿含經》的殊勝，將此經典視為佛教教理的母體。 5.《佛光大藏經》與《大正藏》編排方式對照表。 6. 全部經文之導讀。

一般經文皆以十經為一品，其後連接一個攝頌。由於《雜阿含經》部分經文順序已經錯置了，所以印順法師和呂澂透過《瑜伽師地論》裡關於《雜阿含經》的攝頌之中，重新安排出經文順序，另外一部分則是從《別譯雜阿含經》本校對過來的，因為《別譯雜阿含經》本次序還沒有亂掉。楊郁文認為這一篇題解有兩個很重要的地方，第一是把五十卷的《雜阿含經》重新排比。

> 　　用「誦」、「相應」安排下來，一目瞭然。而排比在一起以後，由上往下看或是由下回頭往上看，就可以看得到整部經的脈絡和骨架。這線索一開始是呂澂居士先發現的，可是呂澂居士當時的對照還不是很精準，印老花了很多心血對照及編寫《雜阿含經論會編》。我又以《雜阿含經論會編》為骨架，重新排比成《阿含藏·雜阿含經》的順序，所以已經不同於《大正藏》的順序了，以「事相應」來分化。（訪7）

這一套《阿含藏》參考印順法師《雜阿含經論會編》的骨架，以「事相應」方式重新排比經文。排比後發現，原來《大正藏》經文順序必須調整，例如第二卷應該改到第四卷的位置，而第十卷也應該被移到後面去。而能夠有此發現，是因為印順法師從《瑜伽師地論》找到的線索。為此，楊郁文對印順法師讚譽有加：

　　沒有非常高超的眼光，很難把「論」跟「經」對照起來，所以印老這部分的工作非常難得。《瑜伽師地論》只有修多羅「契經」的部分，沒有「祇夜」和「記說」。印老配合《瑜伽師地論》九事的比對過程，讓我把《雜阿含經》五十卷，減成後來四十八卷的次第。整部《雜阿含經》的組織能夠復歸原貌，是因為有會編才能完成的。（訪8）

當《雜阿含經》的順序重現原貌之後，楊郁文不禁感嘆起當初編排者的用心，因為《雜阿含經》的「雜」原本就是分門別類插入，也就是「相應」的意思：

　　《雜阿含經》的「雜」不是混雜的雜，而是夾雜，就是分門別類地插入。又叫「間廁鳩集」，就是隔開來、隔開來，再插進去，而且安排得很妥當，把類似的相應安排在一起，是「事相應教」。所以南傳稱為 saṃyutta-nikāya，也就是《相應部》。（訪7）

也因此，南傳相對於北傳《雜阿含經》的經文是五部《尼柯耶》的《相應部》。

　　《阿含藏·雜阿含經》有了以「事相應」重新編排的基礎後，楊郁文在寫題解時，便可就每一相應揀擇重要的經文來做說明，這是該題解第二個重要之處：

　　我在題解根據事相應一一導讀下來，再把每一相應有哪幾經是重要的一一挑選出來，經碼也寫在那裡。初學的人閱讀《阿含藏》的《雜阿含經》，只要先看過導讀，就會知道每一個相應在談什麼、有哪些重要的經，看到那一經的時候就會特別注意重要的法義。（訪7）

只要該經文內容關係到「信」、「解」、「行」、「證」等重要法義，楊郁文就會特別把它挑選出來。在題解最後，楊郁文（1986a：42）還特別叮嚀讀者們：

　　研讀《雜阿含經》應該從第一卷第一經開始逐經一一詳究至第五十卷為止。應當時時親近之，刻刻拜讀之，隨時內正思惟之，隨法次法之，願得現法涅槃！今「導讀」猶如「導遊手冊」，只是引導讀者發心遊覽「佛法寶山」之用；如欲覽勝，請臨實地，不可走馬看花。否則「入寶山，空手回。」愧對三寶，枉此一行。

從楊郁文對於經文的挑選、法義的提醒以及最後的這一番話，不難理解為何日本佛學專家水野弘元（關世謙譯1988：100）會特別讚賞這篇題解，認為該題解不只具有學術上的價值，更可貴的是它還具備了引導宗教徒之宗教生活的作用。

（二）全經特色

「修多羅」、「祇夜」、「記說」是原始佛教結集經典最早所使用的方式，整部《雜阿含經》就是用這三種方式記錄的。第二次結集之後收納了其他六種方式，稱為「九分教」。「修多羅」乃經文的主體，「祇夜」（geyya）是用偈誦的方式記錄，而「記說」則是對於「修多羅」與「祇夜」的補充解釋。

首先，就《雜阿含經》的「修多羅」來看，內容從「蘊相應」、「處相應」談到了「因緣相應」，這正是阿含道次第「增上慧學」的主要架構。五十卷的《雜阿含經》到這裡已經第十七卷了，也就是《雜阿含經》花了大約三分之一的分量在安排「增上慧學」的學習架構，而這樣的學習架構其實就是佛陀在《雜200經》對羅睺羅的教導。

根據記載，當時羅睺羅向佛陀請教「增上法」，但是佛陀卻要求他先學習向同學們介紹陰法門、處法門、尼陀那法門（因緣法），之後才要向他解釋：

> 佛陀為什麼要羅睺羅先去教陰、處、尼陀那？難道這些跟他要求的增上法沒有關係嗎？因為要先把這些基礎打好，並且透過教學相長來學習並且想通了，才能夠談增上法。對於「陰」跟「處」的了解就是對身心靜態的了解，而「尼陀那」是對身心因緣果動態的了解。對這些都了解了以後，才能掌握增上法，也就是才能現觀「無常、苦、空、無我」。（訪7）

經過了「陰」、「處」、「界」等學習次第之後，便能夠具備現觀的能力，才可以真正地修行。於是在「因緣相應」後面便是「道品誦」，內容就是三十七菩提分，一直到成就四不壞淨為止。而最高、最究竟的不壞淨，就是到達阿羅漢果位。如下表所列：

	誦	九分教	相應教
1	五陰誦	修多羅	陰、羅陀、見、斷知→陰相應
2	六入處誦	修多羅	處→處相應
3	雜因誦	修多羅	因緣、食、諦、界、受→因緣相應
4	弟子所說	記說	舍利弗、目犍連、阿那律、大迦旃延、阿難、質多羅
5	如來所說	記說	天、修證、入界陰、不壞淨
6	道品誦	修多羅	念處、正勤、如意足、根、力、……不壞淨→三十七菩提分
7	如來所說	記說	大迦葉……
8	八眾誦	祇夜	比丘、魔、帝釋、剎那、婆羅門、梵天、比丘尼……

對於「陰」、「處」、「界」這些教法有不懂的，由弟子來加以說明的就是「弟子記說」，由如來再加以說明的就是「如來記說」。關於「弟子記說」所收錄的對象，楊郁文說道：

阿難是最好的侍者，又是記性最好的弟子，所以被列在「弟子記說」裡面。就連在家人智慧第一的「質多羅」也被包括在裡面。因為這是由出家人主導所編

輯的，所以可以看出當時是很看重在家人的，也用一
個相應把質多羅長者記錄下來。可以看出早期僧俗是
互相尊敬、互相尊重的。（訪7）

當時受人尊敬的佛弟子，除了在「弟子記說」有特別整理出相
關經文以外，在第二段的「如來記說」裡面也還有彰顯出幾位
佛弟子的智慧、神通、修行、論義等等的特殊能力。

記說之後的「八眾誦」，包括了佛陀對於佛教四眾以及
外道四眾的教導，說明了如何影響異學外道，又如何教導比丘
尼、比丘、梵天、諸天、夜叉、林神等等。「八眾誦」都是用
祇夜的方式，方便內容廣為流傳。而很有趣的是，「八眾誦」
在南傳《相應部》被列在最前面，但是在北傳《雜阿含經》卻
被列在最後面。對此，楊郁文的體會是：

所以，《雜阿含經》是給內行的人一路學下來的，
南傳是要吸引初學的、外道的人，讓他們比較喜歡。
因為這裡都是天神、地祇，比較有名的阿羅漢、比丘
尼，而且又用記說、歌誦的方式。就是先有一篇短
文，後面再加上歌頌，把前面的重點弄成押韻的，可
以容易記得，也容易傳播的方式。（訪7）

所以，《雜阿含經》先安排出慧學的架構安排，然後是開法眼
的修行方式，然後又有自覺覺他、弘法利生的效用。

依照佛法結集流傳的過程，是先完成《雜阿含經》，然後

再《中阿含經》、《長阿含經》，最後把重要的綱要法數結集在一起，成為《增壹阿含經》。所以，楊郁文當時也按照此過程，先完成《雜阿含經》的題解：

〈雜阿含經題解〉可以說是我學佛以來第一次用文字發表的東西，不過我的文筆深受母語用字遣辭的影響，採用的是閩南話，也就是中古漢語的方式。因為我讀經也罷，思考也罷，都是用漢文式的方式進行，所以寫作的時候難免也有這樣的痕跡留下來。（訪7）

這篇論文雖然受到知名學者水野弘元的讚賞，但是卻有學生反應不太適應他所使用的文筆風格，讓他引以為憾。然而楊郁文自小受過漢文的訓練，平常也都習慣用閩南語來讀經與思考，寫出來的文章自然會保留著些許傳統漢文的痕跡，這是他很難兼顧的部分。

二、〈中阿含經題解〉

題解開宗明義提到，該題解的主旨乃在「幫助讀者認識《中阿含經》，親近《中阿含經》，研讀《中阿含經》，內正思惟《中阿含經》之法義、理趣，進而隨順「阿含道次第」，向法、次法，乃至現世涅槃。」題解共分為八大部分，如下表所列：

題解八大部分	內容描述
一、名稱	《中阿含經》的「中」，指的是經文篇幅不長也不短。
二、結集	以精練簡短語句誦出，共同審定次第編成，稱為相應，也就是「修多羅」；而為了便於記憶背誦，每十經編為一偈，稱為「嗢陀南／攝頌」；此後不久，有了問答與分別的體裁，稱為「記說」。
三、傳承	《雜阿含經》傳承自說一切有部，《中阿含經》為犍陀羅有部旁系之誦本。
四、版本	漢譯年代與版本介紹。
五、現存經典	現存北傳《中阿含經》、南傳《中部》。
六、表解	《中阿含經》〈習相應品〉的「阿含道次第」：善人→慚愧→親近善知識→恭敬→奉事→往詣→聞法→熏習→觀法義→受持→翫誦→觀法忍→生信→正思惟→正念正知→護諸根→護戒→三妙行→四念處→擇法→正精進→初禪→二禪→三禪→四禪→明→厭→無欲→解脫→解脫知見→涅槃。
七、編集	說明「四部阿含」的特色。相同內容或對象者，歸為同一品，並以其內容或對象為品名。其他則以十經為一品，而以每品的第一經為品名。
八、導讀	按照每一品的順序，提醒讀者每一部經應該著重的要點。

　　基本上，楊郁文是順著《雜阿含經》題解的寫法，按照名稱、結集、傳承、版本、現存經典等項，分別來說明。

　　以每部經的篇幅來講，《雜阿含經》大概是《大正藏》的三分之一頁，即一欄左右。而《中阿含經》的篇幅大約一

頁半，屬於中等長度。《長阿含經》則平均大約起來十五頁，篇幅最長。另外，從結集先後順序以及經文內容也可以看出來，《中阿含經》明顯地在整理《雜阿含經》的部分重要說法，尤其是有關於修行的方面。更特別的是，《中阿含經》〈習相應品〉這十部經，乃是楊郁文架構「阿含道次第」的主要參考根據：

> 不過《中阿含經》這十部經還不夠，還要從別的地方再補充進來。我就這樣一直對照、對照，漸漸形成了《阿含要略》的道次第。我認為從《習相應品》可以很明顯看到學佛、修道有一個很完整循序漸進的道次第在。（訪7）

一般經文都以十經為一誦，《中阿含經》也不例外。而所謂的「攝誦」或是「錄偈」就是「攝十經為一誦」或「錄十經為一偈」，亦即把前面十經的重要內容用三十二音節的方式說出來，這樣容易朗朗上口，有助於佛經的背誦。不過《中阿含經》後面就有用十五、十六經為一品的，那就是經文在傳承過程中，有別的經文插進去了。至於每一品的命名，有的和經文有關聯性，而有的是以第一經或者最後一經為品名的。其中的「第幾日誦」，則是大家集合背誦一天的分量，《雜阿含經》則用「五陰誦」、「六處誦」、「雜因誦」這樣的稱呼。

三、〈長阿含經題解〉

《長阿含經》題解延續《中阿含經》的寫法也分為八大部分，漢譯《長阿含經》乃為法藏部傳承的經典，而原來的九分教此時已拓展為十二分教。《長阿含經》的經文較長，內容以化導外道者為主，共三十部經，分為四分，表解如下：

共四分	內容	內容描述
第一分	《大本經》、《遊行經》、《典尊經》、《闍泥沙經》	敘說佛行，稱讚佛德。
第二分	《小緣經》……《大會經》等十五經	社會變遷、外道邪見。
第三分	《阿摩晝經》……《露遮經》等十經	對宗教政治領袖之開示。
第四分	《世記經》	為原始佛教之宇宙觀。

楊郁文順著每一分逐步導讀下來，將每一部經的重點提出來。而由於《長阿含經》是為了教化外道，而這些婆羅門教徒或是其他宗教的信徒大多有天神信仰，所以《長阿含經》提供了許多方便權宜之說，屬於「世間悉檀」：

　　「世間」是比較世俗化的，「悉檀」siddhānta指的是要使人有所成就，讓人讀到之後會有一種歡喜心、幸福的感覺，所以南傳《長部》的註釋書叫做《吉祥悅意》。為了讓初學的人或是異學外道喜歡，《長阿含經》一開始就說一些比較吸引人的事情，像是佛陀和

神祇、大梵之間的互動等等。在以婆羅門教為主的那
個時代，他們看到大梵也請求佛陀說法，自然就會比
較尊敬佛陀、相信佛陀所說的。（訪7）

《長阿含經》的特點，除了給予初學及異學外道更多的誘因來
學習佛法以外，也有類似《增壹阿含經》的作法，用數字把
重要的佛法結集起來，像是《增壹經》、《眾集經》、《十上
經》等等。楊郁文認為，這也是當初編輯者特別的用心，為了
使佛法更能夠廣為流傳，並且為人所接受。

　　另外很明顯地，《長阿含經》是由許多小經堆積起來的，
而成為篇幅很長的經文。例如《長阿含經》的第二部經《遊行
經》就是如此：

　　以《遊行經》來看，許多小經別的地方也都有，
可是在《長阿含經》裡面就順著佛陀最後一年遊行教
化過程來寫，佛陀在地理位置上所移動的村落和城市
都可以一一對照出來。也就是把佛陀最後一趟的遊行
教化的過程，很用心地記錄下來，成了《遊行經》。
（訪7）

根據《遊行經》的記載，佛陀最後一年曾經在許多地方駐
足，有很多重要的說法，包括多次強調三無漏學的重要性。
楊郁文認為，《遊行經》可視為佛陀弘揚佛法四十五年的收
尾階段，因此他特別將該經編寫成上課教材，在推廣部以一

整學年來講解。

　　佛陀般涅槃後，佛弟子們一直在懷念和思慕佛陀，幾處與佛陀關係密切的地點逐漸形成了朝聖地。而佛陀當時也有提到四個佛教徒應該去的地點：

> 　　包括誕生的地方、成佛道的地方、第一次轉法輪的地方、入滅般涅槃的地方，實際上是要讓弟子憶念佛陀的功德。憶念佛陀功德當然就會聯想到正法。《長阿含經》著重在方便，也就是先用世俗諦的立場，把有緣的人帶入佛法的文化圈或是影響範圍裡面來，然後順著每個人的條件去了解第一義諦的佛法。（訪8）

因此，楊郁文在講解過《遊行經》以後，也和學生五十餘人一同遵行佛陀的教誨，到印度幾大聖地去朝聖。但是在朝聖之時，也當同時憶念起佛陀的功德，如同楊郁文（1986c：29）在該題解所提醒的：

> 　　當知《長阿含經》為慰藉佛般涅槃後，諸弟子之戀慕心，開示遊行道場（佛生處、初得道處、轉法輪處、般涅槃處），禮敬諸塔寺（奉佛舍利處），憶念佛功德，思慕正法之方便法門；亦當勿忘《長含經》中處處開示持戒修定，六通三明，無上明、行具足之真實解脫法門。

佛陀最後一年的弘法過程固然重要，而第一年度化各大弟子的
過程也同樣地受到重視，被如實地記載於《律藏》之中。然而
其間四十三年的過程和順序就比較不被重視了，大多只有記載
每年佛陀雨安居的地點而已，尤其最後的二十年幾乎都停留在
舍衛國祇樹給孤獨園。

　　雖然《長阿含經》具有許多為了拉攏初學者和異學外道的
特點，但是卻也包含著許多重要的佛陀教法：

> 　　《長阿含經》裡面也特別提出要持戒修定，甚至於
> 開發六通，更重要是要形成三明，順著這樣的明行具
> 足，大家最後也都會成佛。所以不能說《長阿含經》
> 只是為了適應初學的人或是異學外道改信而已，雖然
> 以情為主導，但最後都會進入佛法的那一種理性。編
> 輯者的設計方式沒有用文字記錄下來，我們沒有辦法
> 直接跟他們溝通，但是細心去看，就會發現有這一些
> 特點在。（訪8）

即使是先從情感做為引導，但是最終還是要回歸到佛法的理性
面，重點還是要使眾生皆能成佛的。而延續對於編輯者之用心
與佛陀教法之體會，楊郁文談到了比較有爭議的《世記經》：

> 　　《世記經》可能是比較後出的，因為南傳《長部》
> 沒有《世記經》，但是有《小緣經》。《小緣經》一
> 部分內容在《世記經》裡面也有提到，就是在談論世

間的「生、住、異、滅」這一些。有些人真的對這些
很好奇、也很有興趣，可能因為這樣，《世記經》就
擴大了，一經就占了《長阿含經》四分之一的分量。
但假設佛陀曾經有這樣說的話，也是隨順民間信仰的
傳說，以不違背佛法太嚴重的情況下而說出來的。
（訪8）

佛陀對於民間信仰或是一般民間通俗的見解，會想辦法把它拉
回到符合佛法的正軌上來。所以，《長阿含經》除了有廣談世
間是如何產生、如何變化、如何壞滅的《世記經》以外，還有
談論如何建立安和樂利的平等社會、如何像轉輪聖王那樣以正
法治理世間，以及如何用正確的方式來謀求生計等等的方法，
這一些都可謂為《長阿含經》的特點。

四、〈增壹阿含經題解〉

　　《增壹阿含經》題解的架構也同於《中阿含經》題解。
而所謂的「增壹」指的是「每次增加一個數目」，亦即藉由
「一、二、三……」法數不斷逐一增加的方式來幫助憶念與
誦持，內容主要是以教化弟子。不同部派有不同的誦本，
《佛光大藏經・阿含藏》使用的是大眾部末派之誦本，共有
472經。

　　其實在《長阿含經》裡面，就已經有用「法數」來幫助記
憶的例子了。楊郁文以《眾集經》的緣起來做說明：

　　《眾集經》是佛陀晚年的時候，耆那教教主死後，教徒在Pāvā城分為兩大派系，互相爭奪主導權，攻擊對方記錯了。這樣爭執不只影響到教團內部和信徒，甚至一般人民也不能忍受他們這樣鬥爭。舍利弗當時也在Pāvā城，警覺到佛陀年紀大了，遲早也會離開。假設預先把佛陀所說的法，用比較精簡的方式確定下來，以後就不會爭論了。所以舍利弗就號召了當時在Pāvā城的佛教徒，特別是記性好的人，大家一起過來合誦。（訪8）

在《增壹阿含經》編輯之前，已經有三部《阿含經》的資料了，因此要幫助弟子們記憶，用增壹法是最理想的，也是最科學的。

　　在佛陀時代，就已經使用增壹法來幫助記憶佛法的名相了，不過後來有些數目字脫落掉了，而改用其他經文補充上去。但是另外補充上去的經文，往往不是跟數目字有關的名相，而是篇幅比較長、具有故事性的經文。特別是和佛陀關係親密的佛弟子們，他們前世與佛陀有過哪些互動的本生談。

　　由於《增壹阿含經》的編輯是用「數字」來排列的，所以放在同一品的經文內容不見得有關係，故楊郁文就按照法數逐一增加的每一品，依次導讀下來：

　　　我導讀也順著這樣在說，而序品在解釋《增壹阿含經》還有「四部阿含」的結集過程。再來是〈十念

品），念佛是一法，念佛、念法、念僧……共有十個一
法。《增壹阿含經》比較特別的地方，就是有介紹四眾
的賢聖弟子，像智慧第一或是神通第一的比丘是誰、比
丘尼又是誰等等，包括有比丘眾一百位、比丘尼眾五十
位、優婆塞眾四十位、優婆夷眾三十位。（訪8）

這些具有「第一」封號的弟子是佛陀所稱讚的，佛陀當時便向
大眾介紹那些賢聖弟子各自具備哪些優越特質，以便大眾能夠
注意並且學習。

第三節　學術性期刊論文

一、關於原始佛教的「我與無我」

　　中華佛學研究所於1987年創刊《中華佛學學報》，楊郁
文應學報第2期邀稿，將幾年來研究《阿含經》的心得撰寫成
〈以四部阿含經為主綜論原始佛教的我與無我〉一文，該文也
是楊郁文第一篇發表的期刊論文。2000年甘露道出版社將本論
文結集於《由人間佛教透視緣起、我、無我、空》一書中。

　　在楊郁文就讀高雄醫學院的時候，就受到老師的影響，
學習將同一主題的各科筆記彙集在一起，因此他在開始學佛以
後，就地毯式閱讀大藏經，並且留下大量卡片的過程，後來這
些卡片被運用來編寫《阿含要略》及做為撰寫論文的材料，而
這一篇論文便是楊郁文具體的研究成果了：

為了寫這一篇文章，我特別再把「四部阿含」重新
整理一遍，專挑「我」跟「無我」的部分瀏覽、比對、
分析。我之前都有留下卡片，就是《阿含要略》裡面的
無我法門。不過《阿含要略》是當上課教材在用的，這
一篇文章是用學術論文的方式表達出來的。（訪9）

楊郁文在記錄書卡的時候，就已經發現到同一個字詞在不同的
經文脈絡中，往往有不同的意思。由於「無我」法門涉及佛
法的核心要義，所以楊郁文決定以「無我」做為主題，將這些
「我」與「無我」的分歧意義加以剖析：

不管漢文也罷，巴利語也罷，「我」與「無我」
的歧義相當多。要了解異學外道錯誤「我見」的範圍
及深度，論文中有兩個表很有用，可以配合「陰」、
「處」、「界」來看。可以看到雖然都是「我」與
「我所」，可是外道錯誤的寬度和深度卻不一樣。
（訪9）

一般人很容易就「我」與「無我」字面上的意思而望文生義，
因而對佛法產生誤解。而不只是漢譯經典的名相往往具有多義
而令人難以分辨，在梵語、巴利語也有相同的困境。楊郁文這
一篇論文就是將《阿含經》出現過的「我」與「無我」進行彙
整，再論及其中不同的寬度與深度。
　　首先就寬度來說，楊郁文以「五陰」為例，將外道有關

「我」的見解開展為不同的層次。茲將該文圖表（1988：25）
參考上課解說，簡化如下：

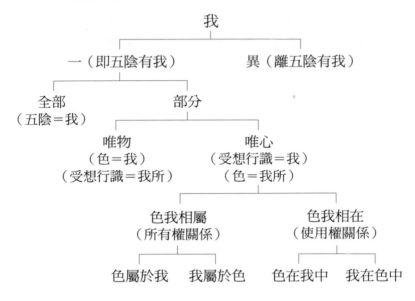

在第一階「五陰」和「我」的關係，包括了「部分或全
部的五陰是我」以及「五陰不是我，而是與我有關。」到了
第二階，「部分五陰是我」又分為「色是我」以及「色不是
我，受想行識才是我。」第三階「色不是我，而是我所。」
則「色」與「我」之間的關係為「相屬」或「相在」。而
「相屬」是「某甲屬於某乙」，所以可以看待成「所有權」
的關係；「相在」是「某甲在某乙之中」，故楊郁文用「使
用權」來解釋它。

其次，是深度的剖析。楊郁文（1988：26）將造成外道
有關「我」的錯誤見解，細分為「我見」與「我慢」，而「我

見」又可分為「分別的」與「俱生的」。分類方法與巴利語如下表所列：

主題	分類		巴利語	解說或翻譯
我	我見	分別的	宗教的：Attan	常、一、主宰的神我
			哲學的：attan	常、一、主宰的人我
			常識的：Ayam aham asmîti	「此我有」
		俱生的	Aham asmi	「我有／我在」
			ahaṃkāra	「我作」
			Ahan'ti	靜態的「我」
			Asmîti	動態的「有我」
	我慢		Asmîti anusaya	「我使／我……的隨眠」
			Asmîti chanda	「我欲／我……的隨眠」
			Asmîti māna	「我慢／我……的隨眠」

關於「分別的」我見，有的來自於宗教上的神我概念，有的來自於哲學上的人我概念，都認為具有一個恆常不變、可以完全自主宰他的「我」存在。而另外一個「分別的」我見，則是來自於常識上的：

　　宗教或哲學上認為的「我」與「我所」，是「常、一、主」的概念，這是純理性分析的結果。能理性思考的人很容易把這一層錯誤的、絕對的、分別的我見給排除掉，二十種身見結都是圍繞這一種錯誤的「我

見」、「我所見」在討論的。而「分別我見」是常識
上的，是每個人都會有自我的那一種見解，自知自己
存在，或是因為面對別人而發現到自己存在。（訪9）

從「表層的我見」可以探索到「更深一層的我見」，亦即每
個人與生俱來的「我見」，不必經過父母或是他人教導就會
有這樣「我」的概念，包括靜態「我」（ahaṃ）的存在或是
動態「我」（asmi）。人在使用語言溝通時，已經就會伴隨著
「我」的概念：

　　是無量生累積起來的，下意識中也會有這樣的衝動
在。asmi是動態的我，印歐語系的第一人稱動詞都是
-mi，在說的時候就有「我」的概念在。像passāmi就是
「我在看」，使用第一人稱單數動詞就是和「我」的
觀念配合在一起反應的。雖然漢文沒有這麼樣很明顯
的分析，可是也會加上主詞，像「我看」等等。這樣
的人稱代名詞實際上是有需要的，假使不用你我他的
話，說話大家會聽不懂。（訪9）

從與生俱來的我見，可以更深一層分析到「我慢」。「慢」
有多種涵義，而這裡「慢」的巴利語māna，來自於字根√man
「思」，指的是由無量生潛伏到生命中最深層的「我思」：

　　第三層是最深的，就是「我慢隨眠」的問題，我是

　　根據《差摩（khema）比丘經》體會到的。我還沒看
　　過有古德或是現在的學術界的人討論到這些事情，就
　　是把「我」排出不同的層次來。四沙門果對於錯誤的
　　「我、我所」往更深的層次一步步排除，到阿羅漢才
　　能夠把五上分結的「慢」連根拔除。（訪9）

這樣深層的我思，必須到達阿羅漢果位（漏盡）才能夠完全根
除。而《差摩（khema）比丘經》是影響楊郁文相當深遠的一
部經❶，他從經文中諸位比丘一來一往的對答之中，體會到消
融自我、到達漏盡的不同層次。

　　楊郁文撰寫該文時，國內進行南北傳經典對照以及使用巴
利語詞性來解析字義的研究尚未多見。而從單純的一個「我」
與否定概念的「無我」，在縱向上深入佛法核心，在橫面上廣
羅哲學性與常識性的認知，最後又回歸到生活之應用與修行方
式，可說是內容相當豐富、架構又十分完整的一篇論文。然而
大部分的篇幅皆為經典之羅列，較少白話式的解釋，對不熟悉
經典語言的讀者來說，或許會有稍過生硬之嫌。

　　這雖然是楊郁文第一篇公開發表的研究性論文，但是在語
言學的概念與經典義理的掌握已經展現出雄厚的實力，並且拓
展出個人的著述風格以及未來的研究方向。在國內研究學術風
氣尚未成熟，《阿含經》研究乏人問津，巴利語學習也正在起
步，這篇文章可說是開國內部分《阿含經》研究模式之先河。

---

❶ 第九章將會說明對楊郁文影響深遠的經文，此經亦是其中之一。

二、關於南北傳十八愛行

　　隔兩年（1989年），楊郁文又再發表一篇關於「十八愛行」的論文。上一篇論文主要是南北傳經典對照的研究，而這一篇文章則將觸角延伸到論典。

　　當楊郁文在校對《阿含藏》時，發現南北傳的相關經文都有問題，反而論典的內容才比較合乎義理。他基於論典的記載以及自身多年對於《阿含經》的心得，推斷出合理的經文應該為何，故而發表了此篇論文：

> 　　不只是漢譯本有問題，連《增支部》也有問題，而《分別論》的論文裡面引用的原文才是正確的，透過這樣可以把「十八愛行」一個很重要的論述加以修正。不管南傳也罷、北傳也罷，已經傳承這麼久，可是好像都只是順著前人寫下來，有問題的地方卻都不敢更動。那我就不得不用論文的方式，把許多有問題的地方寫下來。（訪7）

原本楊郁文是希望《阿含藏》能夠直接修改，但是卻遭到拒絕。其實這樣的結果也是可以理解的，因為一般認為經文所承載的是佛陀的教導，而佛陀又是所有佛教徒皈依的對象、是佛教教理的傳授者。因此當有人對經文內容提出質疑而建議加以修改時，除非主事者有相當的把握和眼光，不然往往會採取較為謹慎保守的態度。

　　這樣的因緣也造就了楊郁文撰寫此論文的動機。這篇論

文後來受到中華佛學研究的《中華佛學學報》所接受，並且列在當期學報的第一篇文章。中華佛學研究所向來以佛學研究見長，期望國內經論比對校刊的成果能夠趕上國際潮流，自然對這樣的學術研究作品頗為欣賞。

> 那時候我已經寫好了，本來要給佛光學報，但是他們沒有採用。因為我提到不只《雜阿含經》，甚至《增支部》裡面有關十八愛行的許多經文都有錯誤，幸好《分別論》保留下來的是正確的。我認為不是在口耳相傳的時候形成錯誤，也不是用文字轉音記錄謄寫時錯誤的，而是到了後來某些音節才漏掉了，結果大家都沒有發現。（訪9）

原本是先有經文，後來才有論典產生，但是幸好《分別論》保留了原來經文漏掉的地方，楊郁文才得以透過比對，將經文原貌還原。

除了把正確經文校對出來以外，本篇論文也具有法義上與修行上的重要意義，因為「十八愛行」是錯誤「我、我所」的一種綜合型式，學佛人可以透過「十八愛行」的解析，來透徹各種「我、我所」的妄執、邪見：

> 「十八愛行」是有關「我、我所」錯誤的見解，跟「貪」、「渴愛」扯上關係。愛惡都是因為有「我」，不然怎麼會「我」愛、「我」所愛呢？所以，我分析了

「十八愛行」每一句的「音」和「意義」，而這樣也可
以給不熟悉巴利語的人，知道巴利語的一些連音規則，
像siya iti會轉成siyan'ti等等的。（訪9）

楊郁文發表此論文時，中華佛學研究所才創辦六年，法光佛
學研究所也才剛要開始成立而已，更遑論當時國內的巴利語
師資與相關研究成果了。事實上，即使到了今日，國內也還
沒有完整的巴利語中文教材，僅有一本蔡奇林以A.K.Warder
的文法書為藍本所編著的《實用巴利語文法》，然而迄今也
尚未正式出版。

此外，該文最後（楊郁文1989：19）亦將《瑜伽師地論》
與《俱舍論》相關的內容一併加入，用表列的方式加以排比及
解析。如此一來，讀者又得以看到世親與無著兩位重要的論師
如何看待「十八愛行」。

三、關於空之法說和義說

1991、1992年楊郁文在《中華佛學學報》連續發表了〈初
期佛教「空之法說及義說」〉上、下兩篇論文。從論文中，可
以看到了楊郁文在經典字詞與法義的比對之餘，嘗試進行法義
演變過程的研究。

由於龍樹在《中論》所提到的「緣起性空」，引發了後期
經典對於「空」的諸多論述。因此楊郁文這兩篇論文的重點，
並不在於上篇關於種種「空」的整理，乃在於下篇「空」與
「無我」的演變，以及「空觀」之探討：

　　最早《阿含經》就有在談內空、外空、世間空等等
這些，我把《阿含經》裡面可以找到的說法排列下來
的，以及後期的人怎麼樣在談論它。但是我主要不是
在說明「十八空」或是「空」的字義，比較重要的是
以「空」來代替「無我」的演變，另外有關「空的觀
行」這兩節也是重要的。（訪9）

原來佛教現今廣為人知的「空」，並非是後來獨開創出來的新
法義，而是其來有自的。甚至楊郁文還認為原始佛教中的「無
我」其實就是「空」，只不過後來經典往往用「空」來代替
「無我」一詞罷了。

　　至於「空的觀行」，楊郁文（1992a：78）在該文用「二
諦」來分析對於「作者與業報」的觀察，如下表：

四種人	二諦	作者	業報	說明
平面「常見」者	世俗諦	有	有	一切絕對有，不符合緣起。
	第一義諦	有	有	
平面「斷見」者	世俗諦	無	無	一切絕對無，不符合緣起。
	第一義諦	無	無	
「平面正見」者	世俗諦	有	有	一切相對「有、無」，符合緣起。
	第一義諦	無	無	
「立體正見」者	世俗諦	----	有	如實知見「有業報而無作者」，符合緣起。
	第一義諦	無	----	

　　《雜335經》也是影響楊郁文相當深遠的一經，他從此經

體會到「有業報而無作者」乃是透過「空相應隨順緣起法」來觀察，亦即在不離開時間與空間等世俗條件之下，又能夠如實地使用緣起法來觀照當下，故楊郁文（2000f：348）稱它為「立體的正見者」。

另外，楊郁文也在論文中回顧到「我、我所」不同的寬度與深度，以及十八愛行中的「我、我所愛」，然後再用定型句來探討《阿含經》「無我」的演變：

> 佛陀時代，要談無我，一定要先從「無常」、「苦」，再談到「無我」。而「無我」的內容就用「色不是我，色不是我所，色不是我的我（ātman）」的定型句表示，意思是「色非我」、「色非我所」、「色非余之我」，漢譯就是「色不是我」、「色不異我」、「不相在」。（訪9）

而到了《增壹阿含經》就開始變化了，從以往的「色是無常的，無常所以是苦，苦所以無我」，又再加上一句「無我所以是空」。楊郁文認為，那是因為「無我」的內容讓人弄不清楚，所以就用「空」來替代。而「空」又是什麼呢？經文後面接著談到，「空」就是「彼非我有，我非彼有……。」而這就是所謂的「不是我、不異我、不相在」，也就是「無我」。

綜合以上，楊郁文得到的結論是，「無我」就是「空」，「空」就是「無我」，兩者完全相等。同樣的道理，「三三昧、空、無相」與「無常、苦、無我」，或是「無我」、「無

我所」與「空我」、「空我所」之間也是如此。所以當「空」的思想逐漸受到重視，進而有人以為高出「無我」的境界時，楊郁文便無法認同：

> 有人說「人無我、法無我」跟「人空、法空」程度不一樣，好像能夠體會出「人空、法空」的人比較高明，說「人無我、法無我」的程度比較低一點，但是我認為兩者其實是平等的。因為「我空」就是「人無我」，「無我所」就是「法空」。（訪9）

雖然佛陀並沒有親口說出「緣起性空」四個字，但是楊郁文相當欣賞龍樹這樣的思想脈絡：

> 「緣起性空」可以說是龍樹菩薩一貫思想的脈絡，因為「緣起」、「無自性」，所以「性空」。雖然佛陀沒有直接這樣說出來，但是只要是佛陀的好學生自然會這樣想通。如果「因」有自性、「緣」有自性，就沒有「緣起」，不會有「果」形成。就是因為「因」無自性、「緣」無自性，才會產生「果」，所以「果」也無自性。（訪9）

但是楊郁文強調，並不是經過客觀理性分析以後，就能夠當體即空。必須要先能夠「現觀無常」，也就是「由因緣觀無常」、「由因緣觀無我」、「由因緣觀空」，亦即對於「此緣

性」的把握，這也是楊郁文日後撰述〈緣起的此緣性〉該文的緣起之一。

四、關於此緣性

楊郁文1996年撰寫〈緣起的此緣性〉，此時已接觸佛法近三十年了，故此論文蘊含了多年的研究心得，是相當重要的一篇，甚至是他要寫給來生看的：

> 那一篇文章談的是對於緣起的了解、對於此緣性的了解，像是法性、法定性、法位性、如性、不異如性、無他性等等。就是圍繞著「緣起」，把最核心說法和想法都扣在一起談，應當是要給來生的我看的啦！我再來人間的話，就會發現很熟悉、會容易看得多。（訪9）

在該文中，楊郁文先分析與整理原始佛教種種之緣起說，接著提出對於時下有關「相依性」研究的看法，最後再由緣起法和因果法則來討論何謂「此緣性」。

當時在日本學術界，對於「緣起性空」亦有諸多探討。其中以宇井伯壽為代表之學者們認為，「緣起」指的是事物以相依相關而成立，沒有獨立固定的實體，然而楊郁文卻較為認同增田英男對此說法的駁斥：

> idappaccayatā「此緣性」，日本人翻譯成「相依

性」，但是這樣子不妥當。因為「相依性」是許多條件同時存在而彼此互助合作的關係，不是在談因果，但是「此緣性」談的是因果。「相依性」說的是「同時存在」，就像一部卡車有一百個零件同時存在才不會散亂那樣，可是由「因緣」形成「果」不是這樣。（訪9）

問題在於對於「相依性」的批判。「相依性」指的是「同時成立」，可是佛法所謂的「相依」應該是輾轉相依，不是同時相依。例如「識緣名色，名色緣識。」的兩個「識」並非同一個「識」：

「甲」的識，形成「乙」的名色，「乙」的名色不是形成「甲」的識，而是形成「丙」的識，是輾轉相依，不是同時相依。也就是說，我的父母是因為有內外曾祖父母，才會有他們。而有我，是因為有我的父母。而我的孩子，又是因為有我跟我的妻子才有的。所以一連串的過程，都是「父母生子女」、「父母生子女」。（訪9）

以「十二緣起」來說，應該是「單一方向」的緣起關係。茲將楊郁文（1996：12-16）與宇井伯壽等人的差別，說明如下表：

十二支緣起的關係	識緣名色，名色緣識。			
同時相依： 雙向的緣起關係 （宇井伯壽等人的解讀方式）	（甲）⇆（乙） 識　⇆　名色			
輾轉相依： 單向的緣起關係 （楊郁文的見解）	（甲）　（乙）　（丙）　（丁）……			
	曾祖父母　祖父母　父母　子女……			
	識　→　名色　→　識　→　名色……			
	無明　→　行　→　識　→　名色……			

為了有別於日本學者的「相依性」，楊郁文選擇將idappaccayatā翻譯作「此緣性」，涵蓋了「法住性、法位性、如性、不異如性、不他性」等特性，如下表：

五種特性	說明
法位性 （法定性）	因在前，緣在中，果在後，彼此位置的相關性是一定的。確立「因、緣、果」的序列性。
法住性	確立「因、緣、果」的關聯性。
如性	以空間來看，具備如此條件，就會有如此結果。
不離如性	以時間來看，條件具備的一剎那，就是結果形成的那一剎那。
不他性 （不異如性）	在一定因緣下，只會有一特定的結果，不會有其他結果。

這五種特性就是「緣起性」，所以「此緣性」可說是「緣起性」的總稱，為最廣泛的緣起性：

　　「此緣性」就是緣起性，是生命最廣泛的緣起，包括礦物、植物也都是緣起。整個生命從開始到結束，可以用十二個名稱來說明，這「十二支緣起」就是生命的緣起，連三世二重因果都可以說得通，也讓我們了解到「此有故彼有」的緣起法則。（訪9）

於是，楊郁文從「十二支緣起」延伸到「緣起法則」來看待「此緣性」，並且把「此有故彼有」的法說與義說逐步分析下來：

<table>
<tr><td></td><td colspan="5" align="center">緣起法則</td></tr>
<tr><td>漢譯</td><td>此</td><td>有</td><td>故</td><td>彼</td><td>有</td></tr>
<tr><td>巴利語</td><td>imasmiṃ</td><td>sati</td><td>,</td><td>idaṃ</td><td>hoti</td></tr>
<tr><td>解析</td><td>近身指示代名詞（Loc）</td><td>√as = to be（ppr.Loc）</td><td>→</td><td>遠身指示代名詞（Nom）</td><td>√bhu =to become（3rdSg, pres）</td></tr>
<tr><td>翻譯</td><td>於此</td><td>正在「有」的狀態（具「生住異滅」變化的性質）</td><td></td><td>那個</td><td>成為「有」（經過轉化才產生的）</td></tr>
<tr><td>說明</td><td colspan="5">轉化產生的「有」，是現在這些因緣全部具備，又維持著的結果。</td></tr>
</table>

也從這樣的解析過程，楊郁文體會到「以果推因」、「因待果立」的奧妙。因為順觀的話，「因緣→果」只是具有可能性而已。而「果」一旦形成，「因緣」關係與名分便得以確立。如

下表：

順逆觀	因果關係	
以果推因	因果原則 principle of causality	結果的形成，必須依賴原因存在。
以因推果	因果律 law of causality	原因會產生結果的規律性、可能性。

因果關係就在這順逆觀兩者之間，達到完滿的掌握。而楊郁文還強調，對於「生、住、異、滅」四項變化的掌握都是如此。

五、關於《阿含辭典》

　　楊郁文撰寫〈緣起的此緣性〉一文，正值六十歲，是他決定結束婦產科工作，全心投入佛學研究之時。次年，他便向中華佛學研究所提出編纂《阿含辭典》的計畫。沒想到這一個計畫卻持續到2007年3月才圓滿，共花了楊郁文十年的工夫去完成。

　　在這十年期間，楊郁文總共發表過四次成果，前兩次為較簡略的計畫書報告，後兩次則於2003年及2004年分別發表在《中華佛學學報》以及所內研究人員專題論文發表會之中，名為〈阿含辭典編輯體例說明〉與〈阿含辭典單字詞舉例說明〉。茲就此兩篇論文之內容，說明《阿含辭典》之研究成果，最後再補充論文中未提到的部分。

（一）編輯體例說明

　　楊郁文在該篇論文的「提要」即說到，有感於現代人應用漢譯「四部阿含」學習佛法，往往遭遇到許多困難，即使透過種種工具書仍然無法克服。而他自己乃是藉由南北傳本對讀、比較研究之後，許多問題才迎刃而解。因此，他希望可以把自己累積多年的研究成果提供大眾，無論是學術界或是佛教界的人士都可以參考，這也是他向中華佛學研究所提出編輯《阿含辭典》工作計畫書的本意。

　　這一篇「編輯體例說明」（2003：70-103）分十四個部分來解說，整理如下表：

十四部分	摘要說明
一、經典	以各經「經名」為條目，說明該經經義主旨。 例如：【鹽喻經】，說明業報之事理。
二、術語	為佛法或是佛教的特殊用語。 例如：【如是我聞】，佛教經典特有的開頭用語。
三、音譯、咒語	人名等專有名詞或是難解字往往採用音譯的方式譯出。 例如：【須涅】，傳說中古代婆羅門七師的音譯。
四、多義／歧義	有多義或歧義（ambiguity）的字／詞。 例如：【受】，該文列出五十種字義。❷
五、詞性	名詞及代名詞的曲用或者動詞的活用變化。 例如：【以】，該文列出十五種詞性意義。

---

❷ 在楊郁文後來編著的《阿含辭典》中，【受】共有五十二項條目，其中三項是校對出來有問題的字，而四十九項是歧義字。資料來源：楊郁文2007年6月7日補充。

六、特殊術語	部分特殊名相，難用現在字面通常的用語解釋。例如：【鬼村】，為「植物界」的意思。
七、法數	綜合佛法，方便記憶與傳誦。例如：【三行】，指「身行、口行、意行」等六種「三行」。
八、修行	具有解脫惑業苦，導引作證涅槃的重要修行法義。例如：【安那般那念】，出入息念。
九、中古漢語	魏晉南北朝時代，譯經使用的佛化漢語。例如：【脫】，指「或許」、「錯誤地」、「若是」等意義。
十、句讀	標明句讀。因為句讀不同，可能使意義改變，甚至相反。例如：【示、教、利、喜】，非「示教、利喜」。
十一、《高麗藏》本錯字	《大正藏》中，部分高麗藏本錯字仍被保留下來。例如：【聞獨】，應為「罪觸」。
十二、有待商榷的譯語	從南北傳本對照中，推論某些譯文或譯語有待商榷。例如：【嗟蘭那鳥】，應為「嗟蘭那畫」。
十三、大正本錯漏字	《大正新修大藏經》之錯植字及欠漏字。例如：【供養事】，應為「供養、奉事」。
十四、中文大辭典所缺	《中文大辭典》中，缺少的「四部阿含」詞彙。例如：【牽捑】，指「以布掩蓋手，進行討價還價的行為」。

（二）單字詞舉例說明

由於上述十四項中，以第四項「多義／歧義」最難處理，所以楊郁文在2004年以此為題，專文發表一篇《阿含辭典》中的單字辭舉例說明。

無論是漢譯藏經或是巴利語本，許多字詞皆具有多義

（polysemous）或歧義（ambiguity），造成讀者在理解上的諸多困擾，甚至導致修行上無所適從。因此楊郁文從南北傳本之對照分析，配合自身對於法義上的理解，整理出具有多義或歧義的單字詞（a single-morpheme word），以及有二字或二字以上的多字複合詞（a compound word）。而其中尤以漢譯經文的多義或歧義字詞最容易造成法義上的混淆，所以楊郁文本篇論文特別針對這個部分加以舉例說明。

以「覺」字為例，該論文（2004b：2-7）就提出二十六條歧義以及四個建議更動的字，歸屬十類，列表說明如下：

「覺」十大類	摘要一例說明
一、佛陀的覺悟及所覺悟的內容	〔行位〕（佛）佛陀覺悟的能力，無上正等正覺──〔阿耨多羅三藐三菩提〕。
二、聲聞弟子的覺悟及所覺悟的內容	〔行位〕指聲聞弟子的覺悟──正見、正覺。
三、慧學	〔慧學〕對「覺／受」的種種如實知。
四、定學	〔定學〕指初禪的尋思禪支。
五、修行	〔修行〕指精察／熟慮。
六、佛法的法說及義說	〔教說〕指感受的知覺。
七、惑業／有漏業	〔惑業〕專指有漏的〔覺〕，感覺上有漏的成分。
八、外道異學的說法	〔外教〕大覺悟及小覺悟。
九、一般世俗通用詞彙	〔雜語〕指沒入眠的覺醒者。
十、誤植或宜選用的版本、擬議更正	〔訂正〕「覺」大正本誤植，當作：「學」。

（三）其他補充說明

　　從楊郁文單字詞的舉例當中，可以明顯看到他把各詞條的解釋又區分為〔教說〕等幾大類，列表如下：

分類	內容
一、教義有關	〔教說〕〔經典〕〔定義〕〔法數〕〔譬喻〕〔惑業〕〔業報〕
二、核心法義	〔正見〕〔緣起〕
三、修行過程	〔修行〕〔行位〕〔行果〕
四、阿含道次第	〔善學〕〔信學〕〔戒學〕〔定學〕〔慧學〕〔解脫學〕
五、身心方面	〔醫藥〕〔生理〕〔心理〕
六、普通用語	〔雜語〕
七、時間與空間	〔世界〕〔時間〕〔空間〕〔天界〕〔地獄〕
八、地名	〔天文〕〔地理〕〔山〕〔河〕〔湖〕〔池〕〔林〕〔園〕〔地名〕〔村〕
九、人物	〔佛〕〔辟〕〔比〕〔尼〕〔塞〕〔夷〕〔人〕〔外道〕〔仙〕〔天名〕〔異類〕〔有情〕
十、物品	〔器物〕〔食物〕〔衣物〕
十一、物種	〔動物〕〔植物〕〔礦物〕
十二、編輯者意見	〔訂正〕〔提議〕〔擬議〕
十三、風俗民情	〔傳說〕〔神話〕〔寓言〕〔風俗〕
十四、外道見解	〔外教〕〔邪見〕
十五、國族方面	〔種族〕〔國〕〔政治〕
十六、建築	〔建築〕
十七、職業別	〔職業〕〔職位〕

而除了一些人物、地名等其他工具書也會列舉的類別以外，可以看到楊郁文兼顧了世俗語言以及佛法特殊用語，尤其重視與修行有關的單字詞。因此，諸如「阿含道次第」的歸類、修行「前、中、後」的關係、身心方面的剖析、還有外道的邪見等等，都特別一一註明出來。

《阿含辭典》這些詞條的來源，是楊郁文透過「逐字、逐詞（單詞與複合詞）、逐句、逐段、逐節、逐章、逐經、逐相應（集）、逐一《阿含經》」的研讀過程，慢慢蒐集彙整出來的，可說是以經文脈絡做為最主要的參考點，進而「由下而上、從點到線」逐步建構起來的。同時，他還比對了南傳五《尼柯耶》（Pañca nikāyā）的相當經文，參考了北傳《阿毘達磨》論典、南傳《分別論》與《清淨道論》、南傳註釋書等著作，並且參照了發展中佛教的經論、當代南北傳高僧大德的相關著作，以及重要的參考工具書。因此，這部辭典可謂兼顧了佛法修行上以及學術研究上等多重價值。

雖然楊郁文鑽研《阿含經》已三十餘載，這部《阿含辭典》是他這樣耗費苦心慢慢整理出來的，但是他仍然為自己與他人保留了增益的空間。有相當保握的，註明「訂正」；有部分保握的，註明「提議」；期待有更多參考資料以協助判斷的，便註明「擬議」。其小心謹慎與負責任的態度，在此可見一斑。

六、關於無分別與二諦說

　　2006年楊郁文七十大壽,《中華佛學學報》為他出版祝壽專輯,他應邀投了兩篇有關「無分別」的文章。而特別的是,此次他改以課堂講稿做為底本,修改成這兩篇論文,其中一篇還保留了大量講課逐字稿的風貌,以最素樸與通俗的方式來呈現阿含法義,這是他為了方面讀者更容易理解所做的新嘗試,因此他稱這篇論文就像是一盤佛法的「小菜」。

　　此外,這兩篇論文還有幾項特點,其中之一就是「四色筆」的使用首度躍於紙面上。由於這一次楊郁文要求學報將這兩篇論文彩色印刷,所以他可以盡情地使用四色筆來呈現其法義,不同於以往必須使用粗體字、斜體字等來取代。而若是從論文的參考文獻來看,可以發現楊郁文(2006a:19)比起以往更大幅參考了發展中的漢傳佛教經典,諸如《大般若波羅蜜多經》等等。如以下的一張圖表:

句義	主題、材料:二諦	第一義諦		世俗諦	出處
		異		一	
四句	眾因緣生法	我說即是空	亦為是假名	亦是中道義	《中論》大 30.33b
	色性是空,空性是色	色不異空	空不異色	色即是空,空即是色。	《普遍智藏般若波羅蜜多心經》大 8,849a
三段	所謂佛法	即非佛法		是名佛法	《金剛經》大 8,753c

三關	三十年前未參禪時：見山是山，見水是水。	後來親見知識有箇入處：見山不是山，見水不是水。	今得箇休歇處。依然見山衹是山，見水衹是水。	《續傳燈錄》大51，p0614c吉州青原惟信禪師上堂
二諦	諸佛依二諦，為眾生說法，一以世俗諦，二第一義諦；若人不能知，分別於二諦，則於深佛法，不知真實義。			《中論》大30.32c
一義	因緣是空義，因緣是假義，因緣是中道義。（空、假、中皆是因緣義）			吉藏《中觀論疏》大425c
零執	破異相，不著一，是名法忍。（破二亦不著一 = 無所執）			《大智度論》大25，169c
佛道	學佛三要：一切智智相應作意，大悲為上首，無所得為方便。			《大般若波羅蜜多經》大7，66cf

　　這兩篇「無分別」的論文，其實與十八年前所寫「無我」的第一篇論文有許多類似之處，都是將一個字詞推演出不同的面向，但是這兩篇「無分別」與往昔「無我」之論文比較之下，則可看出楊郁文經過十幾年的淬鍊，無論講述風格或是經論的引證，都已更加自在與圓融。而該文（2006b：31）中將「分別」與「無分別」分為下列五類：

類別	紅色（正確的）	黑色（錯誤的）	說明
1		無分別	愚癡者與冷漠無情者的無分別。
2		分別	不正確的分別。
3	分別		正確的分別。
4	無	分別	消除不正確的分別。即菩提、正覺。
5	無分別		聖者的無分別。

同樣一個「無分別」，卻有著聖人與愚癡凡夫的天差地別；一樣講求「分別」，也有正確以及不正確的差別。而區區一個「無分別」的「無」字，卻隱含著從凡夫到聖人的關鍵點，也就是「菩提」或稱為「正覺」。從楊郁文這樣的分析，不難理解何以佛法有時會讓人無所適從，甚至會引發許多爭議的緣故了。

若再從寫作風格來看的話，在他第一次發表〈雜阿含經題解〉時，他就非常關心學生對文義的吸收狀況，因此不難理解為何他日後會想要用「四色筆」以及更口語的方式來呈現法義了。畢竟如何讓讀者更能領略他所述說的「阿含法義」，才是他始終念念不忘的要點。而這樣的關懷點，也正符合他先前說過的「佛法研究應當要能夠自利與利他」。

第四節　結語

雖然本章討論的是楊郁文學術性的研究成果，但是這些以學術為主要訴求的論文亦皆涵藏了修行方面的重要性。可見得在楊郁文的研究過程中，學術與修行是緊密扣連的。茲將各研究成果與重要性回顧如下表：

年代與內容敘述	學術與修行方面的重要性
1983-1986 《阿含藏》四篇題解	導覽四部《阿含經》；導引重要經文的修行法義。
1988 無我法門： 關於「我與無我」	南北傳經文對讀；從字詞寬度與深度的開展，看到排除錯誤「我、我所」的過程。
1989 無我法門： 南北傳「十八愛行」	經論對讀，巴利語學習參考；透徹解析種種錯誤的「我」。
1991-1992 無我法門： 「空」之法說及義說	探討佛法思想上的演變，「無我＝空」；與空相應的業報觀：有業報而無作者。
1996 緣起法門： 緣起的此緣性	評論日本當代學術相關之爭議；從「緣起」之特性，掌握「此緣性」。
2003-2004 《阿含辭典》有關說明	補充及校正既有工具書與藏經之闕漏，彙整歧義字詞與各經論之要點；具有修行次第與關鍵法義之導引。
2006 二諦： 關於「無分別」	以「四色筆」釐清字詞不同的意義，用口語式方式呈現論文，引據更多後期相關經論；從字詞不同意義的探討中，看到凡聖之間的差別，以及轉凡成聖的關鍵。

　　依照時間先後順序討論下來之後，可以看到楊郁文研究成果具有層層堆砌的效果，亦有逐漸關懷當代議題的趨勢。楊郁文先是從四部《阿含經》進行鳥瞰與地毯式地導讀，接著從《阿含經》南北傳經文，整理出同一字詞的寬度與深度，而「十八愛行」乃擴展到論典的對照。〈「空」之法說與義說〉則立基於前面兩篇論文的研究基礎，將關懷面拓展到思想上的

演變，駁斥當下過於強調「空」而忽略「無我」的見解。另外
在〈緣起的此緣性〉一文，更直接以時下學術界的爭論為切入
點，用經論與法義等方面做為依據，判準孰是孰非。最後，結
集楊郁文學佛近四十年之成果，便是他耗費十年心血編纂的
《阿含辭典》了。《阿含辭典》不但延續了《阿含要略》點線
面的關聯性，更兼具了學術與修行上的多重價值。至於「無分
別」兩篇論文，形式上看似「小菜」，但裡面卻蘊涵了楊郁文
教學多年的心得，例如「四色筆」的使用等等，並且在法義的
詮釋與經論的引據上，也逐漸跨越了原始佛教的經論範疇。

第八章　宗教性論文

第一節　前言

　　楊郁文認為佛法研究應當要能夠自他兩利，所以發表的論文愈來愈偏向於宗教性的題材。尤其當該論文是要在大眾面前發表時，他更會選擇對大眾有益的論文題目來進行研究：

　　　　只要我有參加學術會議，就會找適合的題目來利益信眾，像〈三十七菩提分法及其次第開展與整體運用〉或者〈生活中的七覺支〉這一些就是。還有一部分是配合印老的壽誕，我從印老的著作挑取比較對信眾有利益的部分，更清楚地把它說出來。（訪9）

他總是把信眾的護持放在心中，念茲在茲，也希望他的學生們能夠如此。因為如果沒有辦法將佛法廣為流傳並且應用在生活上，那佛法就有消失的危機：

　　　　佛教在印度才一千六百年就幾乎消失了，雖然有些人還在生活中應用佛法，可是卻不曉得這就是佛法，還認為是印度教或者是什麼學派的主張，已經都忘記

> 源頭了。所以要荷擔如來家業，或者是傳繼純正的佛
> 法，就不要使佛法成為像法、末法。那就要在自己的
> 生活上，找出對自己有用的佛法來使用，並且展現給
> 別人看，甚至教導別人怎樣來應用。（訪9）

唯有先從自身做起，把佛法與生活結合。這樣一來，既可以推
廣佛法，也可以使正法相續不斷。

楊郁文的宗教性論文可分為三大類，為「與印順法師著作
有關」、「與生活修行有關」、以及「與人本思想有關」，他
希望這些宗教性的論文將來也能夠結集成書，以便利益更多的
大眾。如下表所列：

論文篇名（詳細出處請見附錄一）	發表緣由	類　別
1985〈印順導師的根本信念與看法〉	為印順法師祝壽	與印順法師著作有關
1995〈《學佛三要》的啟示〉	為印順法師祝壽	與印順法師著作有關
1997〈佛法的人間性與現實性〉	學報邀稿	與人本思想有關
2000〈戒從心生〉	學報邀稿	與生活修行有關
2000〈三十七菩提分法及其次第開展與整體運用〉	為印順法師祝壽	與生活修行有關
2000〈由人間佛法透視緣起、我、無我、空〉	為出書加撰	與人本思想有關
2002〈生活中的七覺支〉	第四屆中華國際佛學會議邀稿	與生活修行有關

| 2004 | 〈人本的佛法與人本為中心的佛教——論印順導師「人間佛教」之本懷〉 | 為印順法師祝壽 | 與人本思想有關 |
| 2006 | 〈人間佛陀最早期教導中，佛陀的教法與實踐〉 | 學術研討會「主題演說」邀稿 | 與人本思想有關 |

由上表可以看出，楊郁文剛開始比較直接從印順法師對他的影響談起，後來轉向於佛法在生活上的應用，之後日益傾向人本思想的統整與強調。以下，將依此三部分敘述之。

第二節　與印順法師著作有關

一、印順法師根本信念與看法

　　1985 年印順法師八十壽誕，藍吉富等人有感於印順法師的佛學成就，故編印了一本有關印順法師學問與人格的書做為祝壽獻禮。藍吉富（1985：8-9）在該書的〈倡印緣起〉列舉了印順法師六方面的貢獻，摘錄如下：

　　（一）對中觀學（空義）的闡釋與推演，為民國佛學界之一絕。

　　（二）對大乘教義體系有為古人所不及的判教思想。

　　（三）為印度佛教之發展及佛經之形成過程，理出清晰的脈絡。

　　（四）華文佛教資料的應用價值，透過導師的著述，而發揮得淋漓盡致。

（五）「成佛之道」是導師為初學者所撰的體系性佛學著作，也是二、三十年來華文系佛教徒信仰的重要指針。

（六）中國佛教並不是導師主要的治學領域，但是偶有所論，也仍然珠玉紛陳，鞭辟入裡。

除了上述等等因著作在華人地區所造成的深遠影響以外，藍吉富還特別推崇印順法師的人格與治學能力，大致可分為以下三項：

（一）治學態度：「導師以多病的身體，三十年來，成書數十部。即使是健壯的年輕學者，單就精進勤奮的程度而言，也很少有人能與相比擬。」

（二）史學能力與宗派成見：「他老人家絕無任何宗派成見，也不輕從流俗。最難得的是，他雖然未曾受過學院的史學訓練，但卻具有過人的史識與精確的史法。他總是先行探求歷史發展的真相，然後再給各義理體系做客觀的評估。」

（三）治學方法：「他老人家曾經閱讀過《大藏經》若干次。誠如導師所言，就解決佛學問題而言，古人所標榜的『閱藏』並不一定有太明顯的作用，但是通閱全藏可以使人熟諳全體中文佛教資料，並且可進而培養出一種「掌握大局」的通識。」藍吉富認為就是最後這一點才讓印順法師能夠有西方與日本學者所不及的長處。

在藍吉富主編的這一本祝壽論文集當中，楊郁文發表了一篇論文，闡述印順法師的根本信念與看法：

　　他們藉著慶賀大壽，讓學生後輩寫文章，把老師最吸
引人的那一部分介紹讓大家知道。而我認為要了解一個
人，當然要先了解他的根本信念，還有他對人事物，以
及人生宇宙的看法，而說不定別人會沒有注意到，所以
我把它特別提出來，又稍微補充說明。（訪9）

這一篇論文，以印順法師的一部書的〈序文〉做為主要線索，
其中又串聯到其他著作做為延伸參考書目：

　　我發現他在《說一切有部為主的論書與論師之研
究》的序文，已經把他自己對於佛法的信念和根本看
法條列出來了，已經說得很清楚了，這是我們要了解
印老精神不可或缺的部分，我只是順著他的八個條目
再稍微補充說明一下而已。（訪9）

而楊郁文（1985：45-52）建議讀者注意印順法師序文之摘要
的重點，為：

印順法師條目內容及序文頁數	楊郁文建議參考印順法師其他著作
1. 佛法是不共於神教的宗教。如做為一般文化，或一般神教去研究，是不會正確理解的。俗化與神化，不會導致佛法的昌明。（頁1）	導師對宗教之看法：參考《我之宗教觀》、《我怎樣選擇了佛教》；佛教注重現世、以人為本：參考《印度之佛教》〈自序〉、《佛在人間》。

2. 佛法是一切人依怙的宗教。並非專為少數人說,不是適合於少數人的。所以佛法極其高深,而必基於平常。（頁2）	2、3：《佛法概論》； 4：依次參考《原始佛教聖典之集成》、《說一切有部為主的論書與論師之研究》、《初期大乘佛教之起源與開展》、《中觀今論》、《唯識學探源》、《性空學探源》。
3. 佛陀的說法立制,並不等於佛陀的正覺,而有因時、因地、因人的適應性。……不及與太過都有礙於佛法的正常開展,甚至背反於佛法。（頁2）	
4. 佛法有所以為佛法的特質。……對於外學,如適應融攝,不重視佛法的特質,久久會佛魔不分。這些都是存在於佛教的事實。演變,發展,並不等於進化,並不等於正確。（頁2-3）	
5. 印度佛教的興起,發展又衰落,正如人的一生,自童真,少壯而衰老。……我不說:「愈古愈真」,更不同情於「愈後愈圓滿,愈究竟」的見解。（頁3）	《佛教史地考論》 〈印度佛教流變概觀〉。
6. 佛法不只是「理論」,也不是「修證」就好了!理論與修證,都應以實際事行的表現來衡量。（頁3）	《成佛之道》、《學佛三要》。
7. 佛法,應求佛法的真實以為遵循,所以尊重中國佛教,而更重於印度佛教。我不屬於宗派徒裔,也不為民族情感所拘蔽。（頁3-4）	注意印順法師著作中,以「無我」簡化一切佛法的部分。

8.治佛教史，應理解過去的真實情況，記取過去的興衰教訓。……焉能做為無關於自己的研究，而徒供庋藏參考呢！（頁4）	《妙雲集》下篇第九冊各文。

　　楊郁文（1985：45-52）認為，掌握印順法師的「根本信念與看法」固然是研讀印順法師著作之首要，但是也必須了解印順法師在佛教的貢獻。楊郁文列舉了較為重要的幾項，摘要如下：

　　（一）使在中國被輕視了將近兩千年的《阿含經》得到應得的尊重。楊郁文引據印順法師在《佛法概論》以及《中觀今論》序文中，說道「《阿含經》是三乘共依的聖典」、「（我）從初期聖典中，領略到佛法的精神。」並且印順法師以「阿含」開示佛法，在其著作中處處可見。

　　（二）「三系」、「三法」、「五期」的判教方式：

　　1.立大乘佛法三系，即「性空唯名」、「虛妄唯識」、「真常為心」。以此十二字，區分不同宗派對染淨因果之不同說明。

　　2.依佛法適應世間、化導世間以及編輯聖典的史實，將佛法分為三，即「佛法」、「大乘佛法」、「秘密大乘佛法」。

　　3.依時間、內含、外現、史實，將佛教本質及流變分為五期，即「聲聞為本之解脫同歸」、「傾向菩薩之聲聞分流」、「菩薩為本之大小兼暢」、「傾向如來之菩薩分流」、「如來為本之梵佛一體」。

（三）對於佛法研究方法之指示，即「以佛法研究佛法」。

綜合上述，楊郁文特別強調，雖然印順法師的書籍內容都很重要，但是更重要的是他每一本書的自序。因為序文往往會把整本書的精髓，用一種更為簡要的方式表達出來，這也是他撰寫這一篇論文的初衷。

二、學佛三要

楊郁文〈《學佛三要》的啟示〉於1994年完稿，次年收錄於印順法師九十大壽的祝壽文集，而1993年楊郁文最重要的講義書《阿含要略》才剛出版。因此楊郁文在這一篇祝壽文章中，除了說明《學佛三要》是他學佛生涯的轉捩點之外，更特別從「阿含道次第」重新省思「三要」對他的重大啟發。該文分為九項子題之標題與重點，表列如下：

標題	重點描述
1.《學佛三要》改變了我的生命	a. 關於自己：說明小學同窗贈書之緣由，因此書之影響，確立了佛學之終極目標，並皈依受戒。 b. 關於此書：破題。印順法師此三要源自於《大般若經》，而三要亦符合人類心理三大功能，故覺悟出「成佛」乃人性「知、情、意」圓滿之開展。
2.阿含學與阿含道	a.「阿含」：傳來之聖教。 b.「阿含學」：有其次第性，即「增上善學」等。 c.「阿含道」：指「聖八支道」，乃成聖、成佛之道。

3.由增上善學佛	a. 善者具有「良知」，即「正見」，分為「世俗之正見」與「出世間之正見」。 b.「良知」（知）需有「良心」配合，即「慚愧心」（情）與「不放逸」（意），此為「三善根」。
4.由增上信學佛	a. 由外凡成為內凡，需透過「四法」，即「親近善士、聽聞正法、內正思維、法次法向」。 b. 由此「四法」成就「四（佛、法、僧、戒）不壞淨」，即處於信心明淨（知）、喜悅（情）、安定（意）之狀態。
5.由增上戒學佛	a. 戒（sīla）：經過思擇的戒行，即一再練習善行，而成為慣性、構成人格。 b. 四種戒：波羅提木叉戒（情）、活命遍淨戒（意）、根律儀戒（知情意）、資具依止戒（知）。
6.由增上心學佛	a. 增上心學：特別用心，依止觀、三昧、禪那使心集中注意力並提昇觀察力。 b. 實際操作：依四念住，修習七覺支。
7.由增上慧學佛	a. 由「陰、處、界、根」法門把握有情的身心；由「諦、緣起」法門通達有情身心之因果，並且依次把握「無常、苦、無我」法門。 b. 五根：「信根、定根、慧根」分別以「感情、意志、理智」做為主導，而「念根」關照三根是否平衡發展，「精進根」則維持三者之平衡與健全。
8.由正解脫學佛	a. 唯有以「聖出世間的八支聖道」為架構，有機的三無漏學培養出五出世根、具足五力，才能逐漸捨離貪瞋癡及一切漏，成就四沙門果。 b. 因此可確定，「阿含的解脫道」即「成佛之道」。
9.感恩祈禱	a. 反省自己一生遭遇，前生必有善行，締結善緣，今生方得親近極善知識──導師，得以聽聞正法，得內正思惟，得依法奉行，得以延續慧命，得使法身茁壯。 b. 慶幸此生得遇導師，願導師長久住世！願生生世世仍然得於人間親近受教！

　　誠如前面章節所言，《學佛三要》對楊郁文一生影響很大。楊郁文三十一歲時因為《金剛經註解》而開始對佛法產生興趣，積極尋找相關訊息，並且利用工作之餘鑽研佛書。三十三歲時，國小同窗薛松茂看到楊郁文診療桌上的佛經，曉得他對佛法有興趣，就把《學佛三要》送給他：

　　　印老《學佛三要》是根據《大般若經》「一切智智相應作意，大悲為上首，無所得為方便」提出來的，這段話裡面就包含三個成分。大悲為上首，那是慈悲心；無所得為方便，是智慧，也就是般若慧的應用慧；一切智智相應作意，「一切智智」是佛陀的智慧，「作意」是佛陀的用心，也就是有情界最高度的志願。所以這裡談到情感、意志，還有理智。（訪8）

「知、情、意」雖然只是三要而已，但是整部《大般若經》就是圍繞著這三個要目在談的，並且已經把整個人性完全涵蓋住了：

　　　我們學醫的人學過心理學，曉得人性就是這三大成分。我慢慢想、慢慢想，發現這真的很重要。透過印老《學佛三要》的種種說明，我認為佛法要傳達的，就是有情怎麼樣成就最完美的人格，也就是怎麼樣成佛。《學佛三要》這一篇文章說起來很有道理，好像可以辦到，因此我立定今生要跟佛法結緣，就是要跟

　　三寶結緣。（訪8）

　　皈依三寶的念頭當時就已經確立了，後來正逢印順法師到嘉義閉關，並且首次在台灣傳授菩薩戒，楊郁文終於不僅是與印順法師的書本結緣，也與本人成就一段傳授戒法的殊勝因緣。

　　經過皈依和受戒儀式之後，楊郁文深刻體認到宗教儀式的重要性不是只用理性就能夠了解的，還必須透過感性上的感受。也因此，他認為想要純粹站在理性上的角度去研究宗教行為與宗教生活，是不可行的：

　　　　假使學術界永遠只是站在純理性的角度，想要去發現、理解和說明佛法的問題，那他永遠得不到需要情感來體會的這部分。另外，有一些佛法是需要透過生活應用來理解的，就是佛法的宗教生活，要實際參與宗教的某一些行為或者儀式。如果只用非宗教徒的角度，站在旁邊做田野觀察，只能夠在表面上看到和想到而已，跟自己是團體的一分子，感受不一樣。（訪8）

　　所以純粹透過理性和理智來分析研究的話，只能夠解決一部分的宗教問題。以佛教來說，學佛必須要「知、情、意」合一，三項成分缺一不可，最好是平衡地成長。假設無法保持平衡地發展，勝出的部分可以帶動其他兩項較弱的，楊郁文認為這是最安穩、最有效果、成長最快的學佛方法。

　　《學佛三要》不僅令楊郁文產生皈依三寶的信念與動力，

更讓他從此以後閱讀經藏都會朝此三大要項思考其法義，包括
《阿含要略》的整理過程也是如此：

> 以後我研究「阿含」、整理「阿含」，就一直朝著
> 這三個立足點來看佛陀所說的法。《阿含要略》的脈
> 絡成熟之後，我再配合「知、情、意」來看，發現整
> 個「阿含學」、「阿含道」也都是圍繞著這三個成分
> 在栽培和發展的。（訪8）

1995年楊郁文應邀至檳城馬來西亞佛學院專題演講，特別以
「阿含道學佛三要」為題，向馬來西亞青年總會佛學研修班講
解此三要。後來甘露道將此四天的課程整理成十六卷錄音帶，
於2006年對外發售。

第三節　與生活修行有關

一、戒從心生

　　〈戒從心生〉是楊郁文唯一一篇屬於「增上戒學」的論
文，但是善戒與不善戒皆由「身、口、意」因緣所生，實際應
用不能離開「以四念處的法念處來操作七覺支」，並且唯有現
觀「苦、集、滅、道」者才可以真正圓滿善行，所以本文在論
述上仍然牽動了整個阿含道修習次第。全文架構與重點如下表
（楊郁文2000c：33-51）：

標題	子題	重點摘要
1.前言	何謂「戒從心生」	「戒行」是內心有意念，經「心所」思惟抉擇之後，將內心活動透過言行反應於外者。 →故不是沒有壞事現行就算持戒，如嬰兒。
2.思是戒	a.意思是戒	引述十善道業之經文，說明淨行須經「意思」審慮之後發動，且具有「止持」與「作持」兩類。
	b.心所是戒	以《水淨梵志經》為例，說明唯有持戒與修習四無量心才能淨洗內心垢穢及惡業。
	c.律儀是戒	「律儀」saṃvara 源自於 saṃ-√vṛ，具有「防護」之意，包括防止惡行、護持善行。以《清淨道論》「波羅提木叉」等五律儀為例，分別說明之。
	d.不犯是戒	以《增壹阿含經》、《長阿含經》為例，再次說明「不作眾惡」是戒，而非「沒有諸惡」。
3.八心持戒	a.怖苦心	害怕承受惡報，故持戒。
	b.畏罪心	害怕成為有罪的身分，故持戒。
	c.求福心	為了生天、求福，故以持戒來造福田。
	d.兩利心	以四念處、七覺支的操作來持戒，可自利利他。
	e.慚愧心	受良知、良心所策動，為實質的持戒。
	f.慈悲心	
	g.恕心	因良知與良心而產生同理心，推己及人。
	h.菩提心	見道後成為聖賢，由菩提心推動「無漏戒學」。

　　「持戒」重視的不是只有戒條而已，因為生理、心理、人際關係都是「戒」所涉及的範圍，所以「戒」涉及了佛法在生活之中的應用，而除了表現於外的行為以外，更重視動機與習慣性的養成：

> 　　「戒」並不只是戒條，而是要養成良好的習慣性，養成品行、天性，簡單來說就是有「戒法身」。有「戒法身」的話，日常生活都中規中矩，因為已經養成非常靈活的制約機能和反射性反應，自然會避開壞的、遷就好的言行。（訪9）

而所謂「戒從心生」，經過「心所」思考判斷後的言行才算持戒。持戒動機與成果又可分為八種層次，其中「慚愧心」與「慈悲心」是佛教徒持戒之動力，必須與「無漏戒學」相互配合，最終可構成「戒法身」，乃至成佛。而「恕心」為將心比心的同理心，要透過「般若慧」才能夠圓滿具備。最後，「菩提心」為最高的同理心，必須經過漫長時間逐漸累積並且與般若慧同時俱進。而以菩提心持戒，必定屬於「無漏戒」，具有「厭、離欲、滅盡」的效果。

　　另外楊郁文特別強調「持戒」與「五蓋」之關係，日常生活持戒清淨可以減少五蓋，乃至使五蓋不起。而所謂的「五蓋」，即五種修行上的障礙，包括「貪欲蓋」、「瞋恚蓋」、「昏沉睡眠蓋」、「掉悔蓋」與「疑蓋」。楊郁文先就前四者來說明：

　　持戒過程會少欲知足，就是生活單純化，不會不惜
福或是吝嗇，維持一定水平的家居生活。在這樣的情
況下，「貪欲」、「瞋恚」、「昏沉睡眠」這三類就
算有，也不會是大麻煩。只有「掉悔蓋」才比較會影
響入定，但是持戒清淨的話，該做的會做、不該做的
完全不做，那還有什麼可掉悔的？（訪9）

如果日常生活過程中，一直用「戒」來規範自己，可以將「掉
悔蓋」的影響力減到最低。而只要用心修行，也可以很容易注
意到「貪欲」、「瞋恚」。至於「昏沉和睡眠」方面，只要注
意關照日常飲食起居，身心的健康狀況也可以改善。但若是不
持戒，「該做的沒做」或是「不該做的卻做了」就會後悔了，
而且生活沒有約束，心也會散亂，難以入定、發慧。

　　持戒清淨的修行者，比較難處理的往往是「疑蓋」。事
實上「疑」可分為兩種，「健康的」與「不健康的」疑。若以
楊郁文使用四色筆的方式來說，就是「紅色的」與「黑色的」
疑。學佛要去除的，當然是「黑色的疑」，不過當中又有不同
的層次：

　　比較淺顯的疑蓋，是對於「去五蓋」、「修七覺支」
這些還弄不清楚，還沒有信心，立即呈現出來的一種障
礙，會很難維持正念正知，在操作七覺支的時候一直半
信半疑、猶豫不決等等。如果這樣的話，就算拚命在修
行，也不會那樣順利、那樣有用了。（訪9）

比較深層的疑蓋，則是令眾生流轉輪迴的「疑結」。要斷除「疑結」，必須透過「般若慧」來處理：

> 跟有漏的輪迴打結、接在一起的就是「疑結」，是「三結斷」所要斷的。這要般若慧才能排除，純粹靠定力沒有辦法，定力只能讓這個結不縮緊而已。只能夠用般若慧的慧炬、般若慧的剪刀、般若慧的刀劍才能把這個結切開。（訪9）

最深層的疑蓋必須使用般若慧才能夠去除，但是在這之前，可先藉由「親近善士、聽聞正法、內正思惟、法次法向」去除知見上的疑慮，清楚明瞭「持戒」、「修心」與「修慧」的道理與方法。這樣就可以在持戒之前，有更大的信心與動力了。

佛教相當重視正確的知見，也就是「正見」。因此正確合理的懷疑，不但是被允許的，還是被鼓勵的。而不僅佛教如此，西洋的物質文明也是因為有合理的懷疑才得以發展的：

> 西洋的物質文明都是因為有懷疑而開始的。為了解決這個懷疑，就設計了一套合理的說明；而為了證明這句話是不是實在的，就開始設計一連串的試驗來證明。假設試驗可以證明那一句話為「是」，那就對了；假如不能證明，就可以再用反面或別的方向來思考。（訪9）

其他宗教非常強調「信」，而不允許「疑」。楊郁文認為這是佛教與其他宗教不同之處：

> 其他宗教強調不能懷疑，因為「信、望、愛」三位一體，不允許有任何的懷疑。但是佛教認為，如果連健康理性的懷疑都不允許的話，碰到邪師邪說怎麼辦呢？明明在理性上發現有問題，但是卻不敢懷疑，那就像是個瞎子在走路一樣，多危險呀！所以，佛教對於「疑」有分為健康跟病態的。（訪9）

對於聽聞到的各種訊息，要經過理性的判斷與思考才可以決定接受與否。因為即使是風聞或傳說，也可能是有用的訊息；而即使是經典所記載的內容，也可能有錯誤：

> 風聞不是全部都沒有用，例如聽到某一種警告的聲音，自然要關心一下這個警告是不是正確的。至於傳說的話，《阿含經》是傳來的，也是一種傳說，可是我們現在透過《阿含經》在學習純正的佛法。所以經過理性的分析與思考之後，才可以判斷。也不能只因為是經藏記載的，就全部接受。經藏有時候也會有錯誤、有錯字，就算沒有錯誤、錯字，也有可能是自己誤會了。（訪9）

尤其人是很複雜的，一樣的行為可能出自於完全不同的動

機。因此，時時保持正確合理的思考力與判斷力，才是安全且合宜的。

在補充說明「持戒與五蓋之關係」之後，楊郁文強調修行生活之建立必須循序漸進，初學者還是要從「親近善士」做起，並且養成良好的生活習慣以及學習一般性的修行功課：

> 日常生活不必特別做些什麼，不是任何人都可行的，要對於佛法了解到某一種程度才可以，否則還是要中規中矩地做早晚課、禪坐、參加法會等等，但是這些實際上只是在訓練基本功而已，訓練正念正知、分別五蓋和操作七覺支的能力，再配合四十種止的業處、十種觀的業處。（訪9）

而楊郁文認為最重要的，還是「七覺支」的操作。在《阿含經》「覺支相應」裡面清楚表明，七覺支的操作才是真正地在修止觀。而若沒有配合四念處與七覺支的操作，修止觀也不會順遂。

二、三十七菩提分法

事實上「七覺支」乃「三十七菩提分法」之一部分。2000年印順法師九十五歲壽辰，楊郁文以「三十七菩提分法」為題，探討其次第開展與整體運用。該文架構如下表：

標題摘要	描述
1. 前言：印順法師相關論述	將印順法師著作分為五大類，分述之。
2. 三十七菩提分法的特色	a. 釋尊宣告自己因修習此法而成佛。 b. 為修習佛法之「行道之教」。 c. 可疾得漏盡法。 d. 為佛法之中道。 e. 為法海中之珍寶。 f. 是畢竟之智藥。
3. 名數——三十七菩提分	a. 早期經論未有此名相出現。 b.「分」為整體之部分，具有各部分相互資「助」之意。
4. 菩提分法的彙集	南北傳經論所提過的菩提分法。
5. 為相應阿含的主體	以《雜阿含經》道誦、《相應部》大篇（Mahā-vagga）為例。
6. 與阿含學、阿含道之關係	（其關係稍後將列表說明之。）
7. 在見道、修道、證道上之特性	a. 見道：整體性、次第性、隨時性、因依性、緣起性、法性。 b. 修道：相應性、對治性、相須性、平等性、中道性。 c. 證道：實踐性、實證性、漸次性、分證性、同行性、必行性、可證性。
8. 實踐方法	a. 以修習「四念處」為首。 b. 以修習「八支聖道」為究竟圓滿。 c. 依「七覺支」修習，完成菩提 d. 依「五根」增長五分法身，依「五力」相續不滅。 e. 以修習「四正勤」貫徹始終。 f. 認識與親近善士。 g. 由「空、無相、不可得」修習之，成就佛果。 h.「聞、思、修、證」諸法，次第開展與整體互動。

9. 各分法性質之異同	a. 以「五出世根」為分析與綜合之主軸。 b. 以「七覺支」為分析與綜合之主軸。
10. 結論	a. 修習三十七菩提分法，不離日常生活與宗教生活。 b. 把握次第性開展，對治「惑、業、苦」三障；掌握整體性運用，相應三無漏學，完成五分法身。

　　「三十七菩提分法」顧名思義，乃由三十七個方法所組成，分別為「八正道」、「七覺支」、「五根」、「五力」、「四神足」、「四念處」、「四正勤」。由於各法皆為整體之一部分，彼此相互關聯，故稱為「分」。參考該文，將「三十七菩提分法」之內容以及與「阿含學」、「阿含道」的關係，整理如下表：

「阿含道」、「阿含學」與「三十七菩提分法」的關係： 「三十七菩提分法」＝八正道 ＋七覺支 ＋五根 ＋五力 ＋ 四神足 ＋四念處＋四正勤							
	【阿含道】	八正道	七覺支	五力	五根		【阿含學】
36	涅槃＝解脫知見						涅槃無學
35	解脫淨勤支	正解脫					正解脫學
34	無欲淨勤支						
33	除淨勤支						
32	道淨勤支	正智					增上慧學
31	分別淨勤支						
30	度疑淨勤支			慧力	慧根	四聖諦	
29	見淨勤支						

右欄（貫通全表）：開法眼以後，出世間。

序號	名稱	八正道	七覺支	五力	五根	四類	三學	界
28	第四禪	正定	捨覺支	定力	定根	四神足 四禪那四如意足	增上定學	開法眼以後，出世間。
27	第三禪	正定	定覺支	定力	定根			
26	第二禪	正定	輕安覺支	定力	定根			
25	初禪	正定	喜覺支	定力	定根			
24	正精進		精進覺支	念力	念根	四念處	增上戒學	
23	擇法		擇法覺支	念力	念根			
22	四念處	正念	念覺支	念力	念根			
21	安那般那念	正念	念覺支	念力	念根			
20	三妙行			進力	進根	四正勤		
19	護諸根			進力	進根			
18	具學法	正方便		進力	進根			
17	具威儀法	正命		信力	信根	四不壞淨		
16	正念正智	正業		信力	信根			
15	精進	正語		信力	信根			
14	正思惟	正志		信力	信根			
13	生信	正見		信力	信根			
12	觀法忍					法次法向	增上信學	未開法眼，世俗間。
11	翫誦法							
10	受持法	正定						
9	觀法義	正念				內正思惟		
8	耳界	正方便				聽聞正法		
7	樂聞正法	正命						

6	樂見聖賢	正業					
5	恭敬順語	正語			親近善士	增上信學	未開法眼，世俗間。
4	親近善知識						
3	不放逸	正行					
2	慚愧	正志				增上善學	
1	善人	正見					

然其「次第開展」與「整體互動」之關係，如下圖所示：

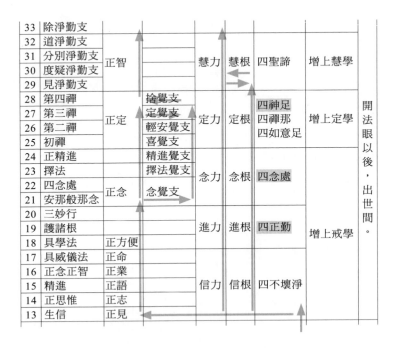

亦即，依「四預流支」（四不壞淨）開發信根、展開信力，進而向上推動「五根」與「五力」，並且操作「七覺支」與充實

「八正道」。

　　楊郁文將「信、進、念、定、慧」五根之整體活用，比喻成一個陀螺。陀螺頂是「念根」，以正念來檢視「信根」、「定根」、「慧根」是否平衡，而交由「進根」給予扭轉的動力，調整此三根。而其他菩提分法亦可類推，如下圖所示：

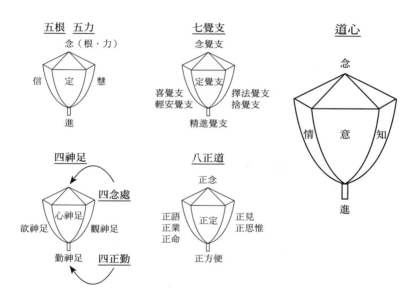

因此可知，各菩提分法皆可歸類到「知、情、意」學佛三要之中。此時，楊郁文以「學佛三要」統整佛法的成果，可說是愈來愈具體了。

三、生活中的七覺支

　　2002年中華佛學研究所舉辦第四屆中華國際佛學會議，會議主題是「佛教與廿一世紀」。當時楊郁文以「生活中的七覺

支」為題發表論文，該文架構與各節重點，整理如下表：

標題	重點描述
1. 序言	現代人如何應用早期佛法，在生活中修行。
2. 佛法以有情的人類為中心	佛陀教化的主要對象是人，故佛法以人為中心。
3. 佛教的重心在於完人的教育	佛陀乃修行完成者、人格完成者。
4. 佛道的修行在於生活中	在日常生活持戒修身、宗教生活入定修心，目的在修慧生正覺，過著正覺的生活。
5.「修行」的意義	修行主旨為「滅惡增善」。
6. 生活即是修行（修行不離生活）	煩惱結於生活中打造，故在生活中才能拆解。 ①具有菩提成分的修行： 具足菩提心與出離心，才能完成佛道、涅槃道。 ②修習七覺支的資糧： a. 親近能授與七覺支法門的善知識。 b. 自己能夠如理作意，如法抉擇方便修習。 c. 善巧分辨七覺支的養素與毒素。 d. 具足正見持戒清淨維持良心平安。 ③七覺支漸次修習滿足： a. 如法修習四念處法門。 b. 如法揀別、抉擇善惡，精進於改過行善。 c. 但法自然，得喜、輕安、定及捨覺支。 ④生活中適時調整，隨所欲覺支等至： a. 有五蓋時。b. 止觀等持。c. 安止善巧。 ⑤生活中修習七覺支的例子： a. 飲食：依食斷穢食、觀食不淨、厭食患者。 b. 民生：比照「飲食」，操作七覺支以斷諸漏。

	c. 性欲：重視倫常者、潔癖者、怕死屍者、重視 戒律者、慧根利者。 d. 生氣：憶念瞋恚過失與離瞋功德、重視戒律 者、重視修定者、重視修慧者。
7. 結論	a. 現代人仍可用樸素、簡要、實用的方法修行。 b. 接觸佛教，是接受「成佛」之教育。 c. 於日常生活修身、宗教生活修心，自在解脫。 d. 以七覺支帶動三十七菩提分法，作證涅槃。

　　由上表可見，楊郁文延續了〈戒從心生〉所關心的主題，特別以本文探討生活中應用「七覺支」的方法。其中更以現代人常見的「貪」與「瞋」為例，細談不同情境與不同個性的人，適合使用的操作方式：

　　　貪的話，以性欲、食欲作例子；瞋的話，用生氣、嫉妒為例。不同個性的人在不同狀態都有當時特別有效的方法。為什麼不談癡？因為對付癡，要開展般若慧才有效。但是即使沒有般若慧，只要生活上多注意，貪和瞋一產生就可以發現到，可以趕緊對付它。（訪5）

現代人注重「情緒管理」，認為有氣就要發洩，不要累積在心裡，於是市面上開始有出氣娃娃之類的商品。但是楊郁文站在會養成習氣的立場來看，不認為這是高明的方法：

氣憋起來，累積到最後會爆炸。在爆炸的狀況下，
不僅自己會受傷，別人也會受傷。所以認為有氣就要
出氣，就用受氣娃娃什麼的馬上發洩掉。可是拿受氣
娃娃當作主管，用拳頭狠狠打下去，又口出惡言，暫
時有一點舒服沒有錯。可是這樣卻會加重習氣，強化
生氣的習慣性反應。（訪5）

楊郁文認為比較適當的解決方式，還是要心平氣和地自我反
省，或者和主管溝通清楚，但是這就涉及到自己要能夠保持
「五蓋不起」的狀態。楊郁文（2002：12）依據《雜阿含
經》，提出了日常生活對治五蓋的方法，整理如下表：

五蓋	可使用下列方法如理作意、正思惟。 （即挑選適合之業處）
貪慾蓋	「不淨相」
瞋恚蓋	「四無量心」（慈、悲、喜、捨）。
昏沉、睡眠蓋	「光明相」。
掉悔蓋	「寂止隨念」。
疑蓋	「業報」或「十二支緣起法」。

要視自己個性與身心狀況，在生活中時時調整業處。亦即，先
由「念覺支」清楚每一個念頭，交由「擇法覺支」判斷❶是非

---

❶ 根據楊郁文的說法，「擇法覺支」在做判斷時，有時候也需要「念覺
支」提供憶念來協助，故此二支之間是互動的過程。待結果確立後，再
交給「精進覺支」。

善惡，再由「精進覺支」付諸行動，立即改過遷善。去惡行善之後有階段性的成果，容易產生成就感，便是「喜覺支」；再由「喜覺支」帶動身心輕安，即「輕安覺支」；身心輕安容易入定，即「定覺支」；入定之後，出定作觀，便能夠開發「捨覺支」。

第四節　與人本思想有關

如第七章所分析，楊郁文發表的論文愈來愈偏向於宗教性的研究，而其中又以「人本思想」的闡述日益受到他的重視。目前以有三篇正式發表的論文，以及一篇在研討會的口頭發表文稿。

事實上這四篇文稿內容有許多重疊的地方，例如對於何謂佛教，以及佛陀教化眾生的原則、方法、目的等，但從這裡也可以看出楊郁文一再強調的重點。而從文稿的比對當中，也可看到楊郁文的研究內容日趨成熟，用詞也日趨肯定。因此，本節除了將各文架構及重點進行圖表的整理，以及重點式的說明以外，也將特別強調四篇文稿當中的比較。

一、佛法的人間性與現實性

此文分為五大部分，先從佛法的各種定義談起，並且由佛陀教化眾生以及佛法的特色，來強調佛法具有人間性（即「以人為本」）與現實性（當下可證）。其次，從「人間」與「天

界」還有「淨土」的比較，看到以「人」的身分在「人間」修行的好處。而由於佛法具有上述特點，故在現代社會也是切實可行的。該文架構與重點，如下表所列：

標題	子題	內容摘要
1. 佛法	具有多義	法性：緣起法；法相：意境法。法語：文義法；法依：皈依法。法施：甘露法；法身：五分法身。
2. 教化特色	a. 原則	凡有所說，必使聞者得其義利；選用聞者可愛、可意之語，但對其有義利之逆耳忠言亦說之；不說違反真理實相之不實語。
	b. 方法	從「法說」得「法饒益」；從「義說」得「義饒益」；從「法次法說」得「梵行饒益」。
	c. 終極目標	涅槃，即滅盡一切有漏的惑業苦。指聖人的身心狀態處於無漏的生住異滅之中，非「灰身滅智」之意。
3. 念法	a. 法是善說的	以良好的動機，使對方得可意的善果，而「人」乃六道之究竟善趣。
	b. 法是實用的	「聞」、「思」、「修」之後，將佛法在日常生活與宗教生活中「證」實。
	c. 關鍵經文解析	善說的svākhāta：文義巧妙。現法的sandiṭṭhika：現見的、現世作證的、當親見的。即時的akālika：非時的、不待時節的。

		來見的ehipassika：是值得來看的、當現前觀察的。 導引的opanayika：能通達、引生道果。 諸識者各當自知的paccattaṃ veditabbo viññūhi：出世間之道與果法，是開法眼、得三菩提者各自證知的。
	d. 隨念佛法	根據佛法的法說與義說，隨時應機地憶念、掌握、開發、成就佛法之功德。即此現世，當下可成。
4. 人間與淨土	a.「人」、「天」之比較	人：環境有苦有樂，人的特質具有梵行勝（情）、憶念勝（知）、勇猛勝（意）。 天：諸天以人間為善趣。長壽天乃八難（難以見佛聞法）之一。
	b.「淨土」、「穢土」之比較	「穢土」具有五濁，即劫濁、見濁、煩惱濁、眾生濁、命濁，而「淨土」則無此五濁。
5. 佛法與現代社會相應	任何時代皆可適用	人類劣性自古皆然，教導眾生離貪瞋癡的佛法，不只可成就聖果，亦能淨化人間、安定社會。

二、由人間佛法透視緣起、我、無我、空

　　這一篇文章與其他論文不同之處在於，此文並未發表在學報或研討會之中，而是因應2000年甘露道將楊郁文發表過的論文結集成書，而為該書出版特別撰寫的。全文五大部分，其實就是在分別說明所結集之五篇論文的重點。但特別的是，楊郁文乃從「人間佛法」的觀點，來重新詮釋他所發表過的五篇論

文。因此可以理解的是，楊郁文（2000e：4-19）此時已經逐漸將他多年的研究成果，彙整到「人本佛法」的思想之中了。該文架構與重點，如下表所列：

五大部分	重點摘要
1. 有關「佛法」的特性	認識佛法之人間性與現實性，甚為切要。
2. 有關「此緣性」	為緣起法之關鍵，由此才能現觀生命實相。
3. 有關「我」與「無我」	由邪見的「我」，如實知正見的「無我」。
4. 有關「二諦」 （世俗諦、第一義諦）	依「世俗諦」肯定「緣起的主體我」。 依「第一義諦」否定「非緣起的實體我」。
5. 有關「空」	「空」之法說與義說，及以「空」代替「無我」。

三、人本佛法與人本為中心的佛教

2004年印順法師百歲誕辰，楊郁文以此文祝壽，暢談印順法師「人間佛教」之本懷，並由此延伸到「人本佛法」的思想。

全文架構與重點，如下表所列。乃由「器世間與有情世間」，談到佛法以後者為主；再由五趣六道眾生，分析佛法以「人」為主；最後，再回到印順法師「人間佛教」之旨趣。而雖然該文與〈佛法之人間性與現實性〉內容略有重疊，但兩相比較之下，可以見到該文之架構比前文更為清

晰，層次亦愈加鮮明。

標題	重點摘要
1.序言	引述印順法師著作有關「人間佛教」之思想，做為引言。
2.佛法、佛教、人本	佛法：文義法、皈依法、意境法。 佛教：佛陀對眾生之教授、教誡。故要體會佛陀教化之原則。 人本：佛法的根本立場、學佛的著重所在，為「人類」。
3.眾生為本的佛法	器世間與有情世間皆是緣起法，但佛法更重視有情世間。
4.人類為本的佛法	唯有「人」，才能發心修學而成佛。
5.人本的大乘佛法	五乘佛法雖然皆是佛法，同歸佛道，但是有「迴入」與「直入」之差別。「大乘法」乃以人的身分為本，直向直入，直趣成佛。 （見下表）
6.結論	佛法以教化「人類」為重點所在。以人乘正行而趣向佛乘，以人菩薩行而向佛道，才符合印順法師以人本為中心的人間佛教。

表中「5.人本的大乘佛法」內嵌表格：

佛法	修持內容	五乘
端正法	修持五戒、十善	[1]人乘、[2]天乘
正法要	現觀四聖諦	[3]聲聞乘
增上法	現觀十二緣起。（無常、苦、空、無我。）	[4]辟支佛乘
大乘法	以人的身分，行四法本，具足六波羅蜜，即成無上正真等正覺。	[5]佛乘（佛：果位；菩薩：因位）

茲將該文架構以及直入佛道之「人本的大乘佛法」，圖解
如下：

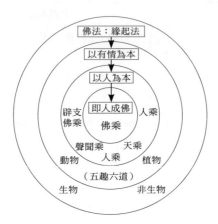

　　楊郁文認為五乘佛法雖然究竟同歸佛道，可是有「歧出才
迴入」與「直向且直入」之分別，而各自所著重的「六念」也
不盡相同。圖解說明如下：

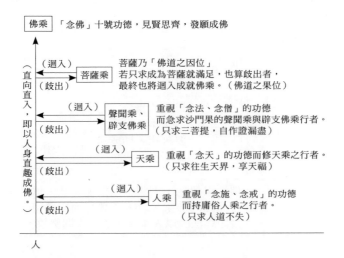

四、人間佛陀最早期教導中，佛教的教法與實踐

　　這一篇文稿發表於2006年南華大學所舉辦的巴利語佛學研討會中。雖然只是會場中的主題演說，並非正式的期刊論文，但從該文可以清楚看到楊郁文對「人本思想」又再度進行整理，並且以往的研究心得與阿含道次第亦被囊括在內。

　　所以，儘管本文篇幅不長，卻具有楊郁文「人本思想」之彙整效果。又由於「人本思想」，是楊郁文從多年研究成果之中逐漸凝聚與架構起來的，所以該文也可擴大視為探討楊郁文思想核心之重要線索。該文標題與重點，整理如下表：

標題	重點描述
1. 認識「人間佛陀」	諸佛出於人。人間的佛陀所開創的是「人間佛教」，四十五年所說的是「人本的佛法」與「人本為中心的佛教」。
2. 認識「佛教」	佛陀教化之…… a. 原則：義饒益、法饒益、梵行饒益，明、慧、正覺、向於涅槃。 b. 方式：法說、義說；法次法說；先說端正法，次說正法要，終說增上法；說俗數法、第一義空法。 c. 目的：世尊為涅槃故，為弟子說法。
	聲聞弟子學習之…… a. 原則：厭、離欲、滅盡。 b. 方式：親近善士、聽聞正法、內正思惟、法次法向、見法涅槃。 c. 目的：為究竟無上梵行，現法作證涅槃。
3. 教法內容	教：一切事相應教，即「陰、處、界、根、諦、緣起」等法門。
	理：染淨因果之真理實相，即緣起性、法位性、如性……等。

	行：三善根、四預流支、三學、三十七菩提分法……等。
	果：四雙八輩、辟支佛、（菩薩）、佛陀。
4. 學道次第	學法次第：聞→思→修→證。
	修道次第：信→解→行→證。
5. 成佛次第 （聞、思、修、證） （信、解、行、證） （教、理、行、果）	聞／信／教：聽聞佛法，正信佛教。
	思／解／理：正思佛法，理解佛學。
	修／行／行：如法修行，實踐佛道。
	證／證／果：隨順成佛道跡，畢竟證得佛果。
6. 最早期的佛學	阿含學：增上「善學→信學→戒學→心學→慧學」→正解脫學。
7. 最早期的佛道	阿含道： 增上善學：三善根。 增上信學：四預流支。 增上戒學：持守四種戒。 增上心學：操作七覺支、修習三三昧……，乃至捨斷五蓋。 增上慧學：成就五種清淨。（見清淨→……→智見清淨） 正解脫學：成就三種正解脫。（厭、離欲、滅盡）
8. 由好的人性，符合道性，而充實佛性。	人性：（知）憶念勝、（情）梵行勝、（意）勇猛勝。
	道性：十八種道性。
	佛性／法性：以一切智智相應作意，大悲為首，無所得為方便。
9. 以「空相應緣起隨順法」的生活，展現「活的佛教」。	a.「空相應」：第一義諦； 「緣起隨順」：世俗諦。

二諦	身心靈	處理人性與生活之	因時因地而改變
第一義諦	淨化	共同性、普遍性	不會改變
世俗諦	安定	差異性、特殊性	會適當地做調整

b. 活的佛教：佛法生活化，才能推廣到四面八方，盡未來際。
依增上戒學，過日常生活；依增上心學，過宗教生活；依增上慧學，過般若慧生活（隨時運用七覺支對付五蓋、成就五分法身）。

補充：南北傳佛經

相同處：共同珍惜相同說法之勝義諦、契理的部分。

相異處：互相尊重不同說法之世俗諦、契機的部分。

第五節　結語

　　雖然楊郁文的宗教性論文可分為「與印順法師著作有關」、「與生活修行有關」、以及「與人本思想有關」等三類，但是綜覽各文之後，卻可發現每一篇文章都有著共同的關懷點，那就是「佛法以人為本」以及「修行不離生活」。茲將各文主要內容與重要性回顧如下表：

年代與篇名	重要性
1985 〈印順導師的根本信念與看法〉	a. 從印順法師著作，統整其根本信念與看法。 b. 提供讀者閱讀印順法師著作之重要參考指南。 →「著作」（研究成果）與「人」（信念）的關係。
1995 《學佛三要》的啟示〉	a. 從「三要」與人性分析之共同點，體會出佛陀乃各方面人格圓滿者。 b. 將學習到的佛法與「三要」進行串聯，例如「阿含道次第」與「三要」之關係。 →學習佛法有助於理解「三要」，亦與學佛有關。
1997 〈佛法的人間性與現實性〉	a. 從佛陀教化的原則與方式，確定佛法對人類是真實有用的。 b. 由佛法「人間性」與「現實性」之特色，證實佛法在現世便可印證、有所成就。 →提供「在人間、以人身」修習佛法之殊勝處。
2000 〈戒從心生〉	a. 破斥一般以為不違犯就是持戒的錯誤見解。 b. 持戒意義，有消極的「止持」與積極的「作持」。 c. 從「八心持戒」可看到修行之次第。 d. 持戒清淨，亦可在生活中五蓋不起。 →戒律與生活息息相關，故可為生活中實踐佛法之參考。尤其是持戒之關鍵，「思心所」的掌握。
2000 〈由人間佛法透視緣起、我、無我、空〉	從「人間佛法」的觀點，彙整各研究成果，包括「緣起」、「我」、「無我」、「空」等。 →即使是學術性的研究，亦不離佛法的實踐性。
2000 〈三十七菩提分法及其次第開展與整體運用〉	a. 將各菩提分法與「阿含學」、「阿含道」彙整在一起，並可看到其動態之開展過程。 b. 運用「三要」剖析各菩提分法，看到各成分在操作時的相互關係。 →所以學佛是在一個動態的過程中逐步發展的，具有次第性開展與整體性運用的特性。

2002 〈生活中的七覺支〉	a. 佛法以人為本，為佛陀應機之教。 b. 具體描繪生活中操作七覺支的方法。 c. 第一義諦的佛法在任何時代皆可適用。 →修行不離生活，佛法可在生活中具體操作。
2004 〈人本的佛法與人本為中心的佛教——論印順導師「人間佛教」之本懷〉	a. 以印順法師「人間佛教」思想為依據，進行細緻地推演與經典論證。 b. 從包括器世間皆符合的緣起法，到有情眾生的五乘共法、三乘共法，層層探討至大乘不共法。 →無論是佛陀教化的方式、佛法的修習特性，皆以「人」為本，當「以人身直入佛道」最為理想。
2006 〈人間佛陀最早期教導中，佛陀的教法與實踐〉	a. 再次整理人本佛法之思想架構，並且進一步納入以往之研究成果與「阿含道次第」，一併探討。 b. 雖為口頭發表之文稿，與以往發表過之內容多有重疊，但卻摘要及彙整了楊郁文之思想要點。 →從佛陀、教法內容、道次第，一直到「以空相應，緣起隨順」的生活方式，重點說明了佛法之思想體系與實踐方式。

　　由上表可知，楊郁文從印順法師的著作以及經典的研讀之中，已經逐漸推演出他對於佛法的整體性理解以及次第開展的實踐方式。各論文雖非一系列的研究成品，但是卻彼此相關，而且有共同關懷的核心主題。「在生活中實踐佛法」不僅是他的研究成果，也是他對學生一貫的教導，而「以人身直入佛道」更是他修習佛道的志向所在。

第九章　佛法之實踐

第一節　前言

　　本章將以佛法之實踐為焦點，回顧楊郁文的一生，並且補充前面章節所未提到的重要內容。

　　如前面幾章所言，楊郁文除了去參加過一次菩薩戒受戒儀式以外，幾乎沒有參加過任何宗教性活動。而向來喜歡閱讀的他，長年研讀佛教經藏，因此這一生引導他如何學佛的，主要就是記載在聖典裡面的佛陀教義了。所以，本章首先整理對影響楊郁文深遠的經文，還有他理解這些關鍵經句的方式。其次，將探討身兼佛學研究者和佛弟子的他，認為佛學研究者所應該秉持的研究態度，以及他個人在生活中應用佛法的實例。最後，將從楊郁文個人擴大到周遭的親友，探討他認為人際互動以及感謝親友的良好方式。

第二節　關鍵性經文

　　對楊郁文這一生學佛影響最大的是印順法師，而對於他理解原始佛教幫助最大的論典，則是佛音論師的《清淨道論》。

另外還有一些經文，對於他理解佛法特別具有關鍵性的啟發作用，例如前面所提過的《差摩經》、《羅睺羅經》、《第一義空法經》等，都是他在課堂上不斷會對學生強調的重要經文。以下將就「十不緣起」等幾項主題，分別探討之。

一、十不緣起

一般而言，外道主張事物之「有、無」乃是一種絕對的存在，非關緣起，亦即與人的造作無關，是由造物主所創造出來的。但然是從生命表相之「生、住、異、滅」如實知見的話，便可透視到生命實相，一切「因、緣、果」都是隨順緣起的。針對緣起的特性，楊郁文（1997a：342-343）從《雜阿含經》中整理出「十不緣起」。如下表所列：

十不緣起	內容解說	經文
1. 不有不無	就緣起而說「有、無」；離緣起則無「絕對有、絕對無」。 →依存在之有無來看，乃「此有故彼有，此無故彼無。」所以不是絕對之有無。	《雜 301 經》❶
2. 不生不滅	依緣起而有「生、滅」；生不實生，滅不實滅。 →依現象之生滅來看，並非是恆常的。有自性的話，則「實不生亦不滅」，即「常」。但是緣起的生滅，生乃是無自性的，滅也是無自性而滅。	《雜 335 經》

❶ 可參考《S.12,15》對應之巴利經文。《S.12,15》為 *Saṃyutta-nikāya*（相應部）第12相應，第15經。此表示法為楊郁文慣用之表達方式，以下註腳皆同。

3. 不常不斷	依緣起，「因緣果生」是「無常」，「因緣相續」是「不斷」。 → 從時間上之常斷來看，就如同稻穀發芽、苗壯，最後長成稻穗那般。因為會不斷地產生變化，所以「不常」；因為變化過程彼此相連，所以「相續不斷」。	《雜 300 經》❷
4. 不一不異	因不即是果，果不即是因；然「果依因生」，「因待果立」；因果不相離。 → 從空間上之整體與部分來看，鐘表由各零件按照特定順序組合而成，但是各零件也必須等到條件具備，組合成鐘表之後，才可謂為鐘表之零件。所以，整體與部分的關係是同時存在、同時發生的。	《雜 297 經》
5. 不來不去	依緣起：果生時，無不變之因來到果中；果滅時，無不變之果復歸因。因果依緣變化無常，因果依緣相屬；因果之間，不實來、不實去。 → 外道認為生命恆常不變，從梵天來，終歸於梵天，即「實來實去」。然而事實上，乃是緣生即生、緣滅即滅的。	《雜 301 經》❸

二、空相應緣起隨順

　　佛陀的教法有二諦，即「世俗諦」（表象）與「第一義

---

❷ 可參考《S.12,46》對應之巴利經文以及《別譯雜195經》：「如來說法，捨離二邊，會於中道。以此諸法壞故不常，續故不斷；不常、不斷。因是有是，因是生故，彼則得生，若因不生，則彼不生。」
❸ 可參考《S.12,15》對應之巴利經文。

諦」（實相）❹。而《雜335經》提到「有業報而無作者」，
讓楊郁文體會到二諦之關係，就如同手掌有兩面那般。「此有
故彼有」乃生命表象的生滅面，「此無故彼無」乃生命實相
的寂滅面。此外還有其他相關的經典，如《雜293經》等，這
些則是彰顯此法重要性之經文。如下表所列（楊郁文1997a：
344-345）：

出處	內容解說
《雜 293 經》	為彼比丘說聖賢、出世、空相應緣起隨順法？所謂「有是故，是事有；事是有故，是事起……。」 →a. 彰顯此法之重要性。b. 即「此有故彼有」。
《雜 1258 經》	聞如來所說修多羅—— 甚深、明照、空相應隨順緣起法。 →彰顯此法之重要性。
《雜 335 經》	眼不實而生，生已滅盡，有業報而無作者……。俗數法者，謂此有故彼有，此起故彼起……。此無故彼無，此滅故彼滅……。……是名第一義空法經。 →a. 世俗諦：有業、報；第一義諦：（無作者、無受者）。 b. 以世俗諦看待生命現象，以第一義諦體會當下本是空，非「常、一、不變」。
《增壹 37-7 經》	……此亦假號……此名第一最空之法。 →彰顯此法之重要性。

三、不同深度的「我」

如第七章所言，楊郁文從北傳漢譯《雜103經》與南傳

---

❹ 楊郁文認為「相」乃指稱抽象的事物，具體的事物則用「象」。故，生命表「象」、生命實「相」。

《S.22,89》經文對讀之中，體會出不同深度的我見、我慢，並將成果撰寫於〈以四部阿含經為主綜論原始佛教的我與無我〉一文。該經主要內容是描述當時差摩比丘患了重病，上座比丘們派請陀娑比丘前往探病，而雙方在詢問病情以及回覆病況的對話之間，透露出修行的次第。如下表所列：

問答	經文	巴利語說明
1 問	身小差安隱，苦患不增劇耶？	
1 答	我病不差，不安隱身，諸苦轉增無救……。	
2 問	汝差摩能少觀察此五受陰非我、非我所耶？	
2 答	我於彼五受陰能觀察非「我」、非「我所」。	「我」：attan；為表層的「我」。
3 問	（略）	
3 答	我觀五受陰非我、非我所，非漏盡阿羅漢也。 （南傳巴利語經文）：在五取蘊中，我沒有看見我或我所，但我並不是漏盡阿羅漢。我在五取蘊中，還有「我存在」的見解。	「我存在」：ayam aham asmî ti；為中層的「我」。（北傳經文沒有這一小段。）
4 問	（略）	
4 答	我於五受陰觀察非我、非我所，而非漏盡阿羅漢者，我於五受陰「我慢」、「我欲」、「我使」，未斷、未知、未離、未吐。	「我使」：asmîti anusaya； 「我欲」：asmîti chanda； 「我慢」：asmîti māna； 為深層的我。
……	（略）	

四、有關「阿含道次第」

在第六章曾經提到，《中阿含經》〈習相應品〉❺是楊郁文架構「阿含道次第」的基礎。而在《雜200經》❻中，佛陀教導羅睺羅（Rāhula）成就阿羅漢的學習次第，更是楊郁文體會「增上慧學」的重要線索。在該經中，佛陀教導他從「五陰法門」開始學起並且為人講授，其次是「六內外處法門」，接著才是「尼陀那（因緣）法門」。當羅睺羅深刻明瞭了這些法門，並且確認這些法門都是導向涅槃的以後，佛陀才為他解說「一切無常」的真理實相。如下表所列：

修學次第	說明
1. 陰法門：五受陰法門	先了解五受陰法門，並且根據每個人不同的根器來教導他。屬於心理學的分析。
2. 處法門：六入處法門	配合生活，了解人生事。屬於生理學的分析。
3. 緣起法：尼陀那（nidāna）法門	於活動的時間與空間之中，感受到緣起性及動態的一系列生命之因、緣、果輾轉次第而起。

❺ 為《中42經・何義經》～《中57經・即為比丘說經》，巴利對照經文為《A.10,1~2；A.8,81；A.5,21~22；A.10,61~62；S.12,23》。《A.10,1~2》表示 *Aṅguttara-nikāya*（增支部）第十集，第一品到第二品，其他依此類推。
❻ 可對照參考《S.35,121》：六六法乃至受、想、行、識無常→厭、離欲、解脫→無所取著而心從諸漏解脫。

五、探病的代表性經典

《中28經》又名《教化病經》，記載的是給孤獨長者病
重，舍利弗前往探病的過程。楊郁文很欣賞舍利弗的善巧與智
慧，認為該經典可做為探望病重者的典型代表。

當時舍利弗首先對給孤獨長者提到，愚癡凡夫因為不信，
所以身壞命終會墮入惡趣，但是給孤獨長者不但沒有不信，而
且還具有「上信」（也就是成就了四不壞淨），成就了須陀洹
果位，因此實在不必感到害怕。

舍利弗不斷重複這些詞語，一共列舉了十個項目來安慰
給孤獨長者，並藉此引導他回憶起這一生修行的成果，包
括：「無有不信，唯有上信」、「無有惡戒，唯有善戒」、
「無不多聞，唯有多聞」、「無有慳貪，唯有惠施」、「無
有惡慧，唯有善慧」、「無有邪見，唯有正見」、「無有邪
志，唯有正志」、「無有邪解，唯有正解」、「無有邪脫，
唯有正脫」、「無有邪智，唯有正智」等。❼當舍利弗這樣
一路一路說下來之後，給孤獨長者病情不但減輕，甚至還如
往常一樣坐起身來了。

而從這裡也可以體會到舍利弗廣演佛陀教法的智慧，因

---

❼ 楊郁文：有惡戒的人，死了可能會落入惡趣。但是給孤獨長者自發自動
向佛陀請求受五戒，而且持戒很圓滿，所以是善戒的人。而給孤獨長者
不僅多聞，還是很多聞的人。而不但不慳貪，還可以說是典型的布施代
表者，因為有慧施。給孤獨長者沒有惡慧，而有善慧；沒有邪見，而有
正見；沒有邪知，而有正知；沒有邪解，而有正解；沒有邪脫，而有正
脫；沒有邪的解脫知見，而有圓滿正確的解脫知見。（訪8）

為佛陀平常談到須陀洹，只有提到「念佛」、「念法」、「念僧」、「念戒」這四項成就而已，可是舍利弗卻能夠廣說成十種，無怪乎被稱為佛陀「智慧第一」的大弟子。

六、巴利語接頭詞與語幹

楊郁文認為許多重要的法句或名相都是佛陀金口所說，經由南北傳大德傳承下來的，尤其一些巴利語接頭詞與語幹可以引導修行上的聯想，含藏著開悟契機。然而他的這一些心得未必能從工具書查閱出來，必須加入自己對於法義的掌握與體驗才行。為了說明起見，楊郁文舉了「pa-」和「aṅga、pakka」兩類範例。

其一，「pa-」乃「強烈明瞭、前導、發趣」之意，所以包含該語幹的法相往往具有「出離煩惱漏」、「超凡出世」的修行作用。因此透過「pa-」的體會，將更能掌握操作該法相的關鍵。「pa-」出現在「四念處」❽的名相之中，也同樣地出現在「慧」的字根裡面。如下表所列：

---

❽ 四念處的巴利語為satipaṭṭhāna，是一個複合詞，有兩種可能性，一種是sati-upaṭṭhāna，一種是sati-paṭṭhāna。根據Ñāṇamoli（2001：1189），前者意指"setting up" or "establishing" of mindfulness，後者則是"domain" or "foundation" of mindfulness。

法相	巴利語	關鍵接頭詞與語幹
慧	①「慧」的字根為pa-√jnā；例如動詞為pajānāti（慧知，即為「般若」）。其他類似的法相則有不同的字根，例如： ②「知」：√jñā；動詞為jānāti。 ③「想」：saṃ-√jñā；動詞為sañjānāti。 ④「識」：vi-√jñā；動詞為vijānāti。	① pa：強烈明瞭、前導、發趣。 ③ saṃ：共相、總相。sañjānāti為「共相知／想」。 ④ vi：分別、別相。vijānāti為「分別知／識」。
四念處	cattāro-sati-paṭṭhānā	pa：同上。

　　其二，「七覺支、八支聖道、三十七菩提分法」的巴利語皆有代表「部分」的語幹在內，即aṅga與pakka，而此二者乃含有「支」與「翼」的意思。楊郁文認為構成整體的部分才稱為「支」，所以這些法相的構成內容必須著重整體之運用才行。而禽類的雙翼乃最重要飛行器官，所以從這裡又可以體會到這些法相於修行上的重要意義。如下表所列：

法相	巴利語	關鍵接頭詞與語幹
七覺支	satta bojjhaṅgā	aṅga（部分的）
八支聖道	ariya aṭṭhaṅgika magga	aṅgika：aṅga（部分的）-ika
三十七菩提分法	sattatiṃsa bodhipakkhiya-dhammā	pakkhiya：pakkha（部分的）-iya

第三節　研究重無諍

　　如前面章節所言，楊郁文並不是一開始就研讀《阿含經》的，是後來發現到《阿含經》是佛法的根源，所以才致力研究《阿含經》。原本他計畫《阿含經》仔細研究過之後，便要往「阿毘曇」、「初期大乘」、「中期大乘」、「後期大乘」等各階段一路研究下來，但是後來決定停留在《阿含經》就好了，其他經論只用來輔助對照，除了因為時間的考量之外，還跟他對佛法的體會有很大的關係。

　　首先就第一義諦與世俗諦而言，由於第一義諦的佛法不會因時因地而有所改變，因此《阿含經》裡面的第一義諦佛法依然通用於各個時空。而每個時代與地區都有高明的大德，會就當地的風土民情以及人們修行上的困難，善巧地將佛法適當地表達出來，這就是世俗諦的佛法。所以楊郁文認為，應當要先對佛法的第一義諦有所掌握，而《阿含經》乃佛法的大動脈，故決定致力研究《阿含經》。

　　由於佛法在各時期傳播到各區域往往產生會不同的變化，甚至引起是否為佛說的爭論。面對這樣的爭執，楊郁文主張要「依法不依人」：

　　　　法為什麼重要？不是因為是佛陀說的才重要，而是因為這樣的說法是如實的、如法的，能夠真實解決生命與生活上的問題，這才是「依法不依人」的精神所

在。對我來說，我不會有聲聞乘、大乘這樣的分別，只要看到佛法，我都會很仔細地體會這些話對生命有什麼價值，或者生活曾經遭遇什麼困難，可以用這樣的方法來解決。這樣才是活學佛法。（訪8）

因此，「佛說、非佛說」不是應當關注的焦點，佛弟子應該把專注力放在對於佛法的理解、接受與應用。其實即使是親臨佛陀說法現場，聽聞佛陀說法，也是要自己把佛法聽進去、想通了、做到了，才算真正地領略到佛陀的法義。而早在佛陀時代，也不是一定要佛陀親口說的才是佛法，有些佛弟子或者是天神先說出口，再由佛陀印可的，也等同佛說。所以只要是符合真理實相，又能夠解決生活與修行上的問題，並且有效排除惑業苦的，就是應當要學習且活用的佛法。

其次，對於佛法的論述方式，楊郁文主張最好不要採用批判的態度。例如許多學者或是信眾往往會對古德的言論加以批判，楊郁文認為只要古德是憑著良知與良心在傳遞法義的話，就不是有意要誤導他人，就算言論有所欠失，只要加以修正就好了，不需要過度批評。就像在課堂上的學習，好老師固然重要，更重要的是學生自己：

碰到好老師提供百分之百正確的資料，那是最理想的。可是假使一流學生碰到三流老師的話，也可以從老師授課的內容得到一流的教學成果。好學生之所以好，不光是因為有好老師的輔助，更重要的是學生本

身的材質與努力。（訪9）

因此，楊郁文在學術研究或者課堂授課之中，從來不對他人或古德採用批判的態度。事實上，楊郁文對於佛法的理解自然有其特殊的地方，即使是對他影響最深的印順法師與佛音論師，他有時也會和這兩位大德的看法不同。可是楊郁文向來只會加以補充說明，從來不會加以批判，甚至還不言明。因為他認為自己之所以會有不同的看法，是自己的時代背景能夠接觸到更多的訊息，而自己的看法不同，也不代表大德就一定不對。

楊郁文認為，中國向來文人相輕，而在學術界想要揚名立萬，最快的方式往往就是攻擊別人，特別是目前的制高點。到時候無論對錯，馬上就可以名聲大噪。其實佛法不是不能辯論，所謂「四無礙辯」就是在辯論，但那不是比賽式的方式：

> 辯論是在設法使知，使對方知道他自己的錯誤在哪裡，為了利益對方，這才符合佛法的要求。假使為了爭勝而來討論的話，就違背了佛陀的教法。如果真的想要利益對方的話，可以打電話給他，提供自己的看法給他參考。不過這樣子就沒人曉得，失掉了出名的機會了。有些人還得理不饒人，又加上人身攻擊，無形中養成習慣。好像我批評別人，沒有人敢反駁，或者是有人反駁我，我還要再反駁回去。這樣久而久之，漸漸以為自己是學術界最高的裁判者。（訪9）

因此楊郁文建議，學術性論文固然要符合學術界的要求，但不一定要批評別人。尤其身為佛教徒的學術研究者，應當採取符合佛陀教法的研究態度比較適當。就是要以利益對方來設想，而不是為了自己。

其實學術研究與學佛之間不但不是背道而馳的，甚至還有很密切的關聯性。所謂「信、解、行、證」，其中的「解」就是佛法的研究面，而「行」則偏向於實踐面，但此二者皆要加以「驗證」：

> 學佛每一個階段都要「信、解、行、證」，偏廢不得。有初步的相信，就要理性地去了解，再以這樣的了解融入生命與生活之中，加以實踐。並且最後要驗收自己所相信的、所了解的、所貫徹意志要達成的，是否朝向成佛、成就三菩提或是究竟涅槃。（訪9）

「信、解、行、證」也與「知、情、意」相互關聯。例如「信」以「情感」為主，「理智」與「意志」為輔；而「解」則「理智」較強，「情感」與「意志」隨之修正與增進；「行」則以「意志」的貫徹最為重要，但是「情感」成分可以增加成就感，「理智」成分可以避免盲目的衝動；而此三者皆包含在「證」的範圍內。

第四節　佛法即活法

　　無論是在課堂上對於學生的教導，或者平日生活上對於自己的要求，楊郁文總不斷要活用佛法。所謂「信、解、行、證」當中的「行」，或是「聞、思、修、證」當中的「修」，指的就是佛法的活用：

> 「修」要透過生活來印證和檢驗，這才有用到佛法。否則一直聽、一直看、一直想，都沒有用到生活上來，那沒有用。生活包括日常生活跟宗教生活，假使這兩者達到某一種水平的話，那就可以應用般若慧一直處於解脫的生活狀態中，過著解脫自在的生活。（訪5）

　　早晚課、誦經、拜佛、持咒、打坐等等，就屬於宗教的生活。楊郁文認為印度教徒的宗教生活是和日常生活融合在一起的，因此生活當中就包含著許多宗教的儀軌。可是佛教徒往往會過度理性，而忽略了宗教生活的重要。很多人只有在研究佛法的時候，才會注意到佛法的法義，沒有在研究的時候，就把佛法擺到一旁，只用平日習慣的生活模式在過日子。事實上應該對佛法有任何體會，就要馬上思考這種體會可以在生活中哪一部分使用到，也就是要「解行並進」。理解是為了修行，而修行是為了證明所理解的沒有錯。

　　以楊郁文自己來說，他沒有特別注重修習安止定，但是他

非常注意觀照自己是否能夠維持沒有五蓋的干擾，這樣則相當
於處在近行定的範圍內。有一些「蓋」只要注意到，就會自動
消退，若是沒辦法消退，則可透過宗教手段來應付：

> 多生以來的習氣往往是最深層的，我們這一生養
> 成的條件反射，也是在意識不到的時候才反應出來。
> 這一生剛累積起來的比較有辦法發現，一旦變成了習
> 慣，就要加強制約的功能去修正它。不過只要有注意
> 過一次，下一次要注意到就更容易了。能夠有效處理
> 過一次，第二次要處理它或修正它也會愈來愈容易、
> 愈來愈有效果。（訪9）

至於具體的作法，則是在意識清醒的狀況下，分析自己在生活
過程中所出現的貪、瞋、癡、慢、疑，相當於「五蓋」。其
實只要生活中有不好的狀況，往往就是五蓋起作用了。楊郁文
強調，這時候不必擔心、害怕，因為那是以前的惡習累積到今
日，所呈現出來的「報」而已，只要自己好好自我觀照，不要
再造作惡業，就能夠隨緣消除舊業了。而壞的影響無非就是
憂、悲、苦、惱，這時候應該要記取教訓，為了不讓這種苦果
再度發生，平常就要小心避開類似的因緣。

　　除了注重清醒的狀況以外，楊郁文也會把夢境當作重要
的線索，因為夢境乃是下意識的一種呈現。尤其在剛醒來的時
候，夢境往往還很清晰：

　　較強烈的下意識常常會從夢境裡面洩露蹤跡，所以
對夢境的分析是重要的。特別一連好幾天都是同樣類型
的夢境，那更要特別小心，可能最近這個業力正在找出
口。要開始分析是貪、是瞋、是癡嗎？可意境往往會生
貪，不可意境往往會生瞋，可不可意的中性狀態往往會
忘掉正念而不自知，或者會用非常糊塗的方式去處理，
連自己事後也訝異會做出這樣子的行為。（訪9）

所以遇到夢境要稍加注意，甚至用日記簿來記錄。但重要的
是，要注意分析最近下意識是否有偏向於哪一個不好方向在蠢
動著。

　　楊郁文並不十分重視安止定，不是安止定沒有用，而是
他認為安止定只是在「鎮伏」五蓋而已。除非已經到了要對
五蓋舉手投降的地步，不然不應當只在設法鎮伏五蓋。而五
蓋出現的時候，就應當要即時處理，那正是隨緣消業的最好
時機。此外，他認為一些宗教性的活動，例如早晚課、念
佛、拜佛、持咒、精進禪七、精進佛七等等，都只是在練習
面對五蓋可以提起高度的警覺性而已。所以相較之下，楊郁
文更重視七覺支的操作，並且會用沒有任何思考的「等」來
觀照自己當下的念頭：

　　處理五蓋一定要動用七覺支。每動用一次七覺支，
七覺支就又訓練一次。假使能夠有效處理五蓋的勢
力，過一段時間以後，五蓋就會愈來愈沒有力氣、愈

來愈衰弱，甚至會餓死掉。有時候我也會靜下來，
等！不特別想什麼，只是等！看看有什麼念頭會閃出
來。而我注意到這個念頭了，實際上就是處於七覺支
或是四念處「正知」或「正念」的狀態。為什麼要這
樣呢？因為要了解最近的心念偏向什麼方向。平常在
生活處於很清醒的狀態，就已經能夠分析自己是否有
屬於五蓋哪一部分的念頭。而再下意識一點的部分，
它會自然發射出來，包括從作夢發射出來的，或者不
特別去想什麼，它就會自然閃進來。（訪9）

楊郁文比喻，那就像是心田的土面忽然出現裂縫，一個綠綠的
芽冒了出來，這時候可以看看那是屬於哪一種芽。如果是不好
的胚草，在剛吐出來的時候就被發現到，立刻清理一下，就連
根去除了。而如果是好的胚草，就可以繼續施肥、灌溉，提供
適度的肥水，順勢照顧一下。楊郁文認為這樣子做，在修行上
很實用，可以不斷加強四念處的「正念」、「正知」。等加強
到某一個程度以後，就更有能力在獨處與待人、接物、處事之
時，反省自己在過程中有沒有參雜五蓋。

　　不過楊郁文並不否定禪坐的效用，他認為無論是內觀、
地遍處或是安那般那念，只要一直不斷練習下去，也是一種加
強覺知的方法，只不過楊郁文更強調念頭的分析。例如自己想
要專注於某個目標，卻總是不能夠集中精神，始終有其他念頭
跑出來，讓自己一直會分心。這時候將這一些念頭加以分析的
話，可以讓自己知道原來自己目前內心有些什麼壓力、什麼負

面的情緒。假設是有業障的話，便可以知道最近有哪一些業障出現。當開始這樣分析的時候，其實就已經是在向五蓋積極地進攻了。

而開法眼，就是要如此不斷地累積。只要持續以一定的條件，有恆心毅力地累積下去，等一切因緣條件具足的時候，就會出現一個突破點。那就好比是在鑽木取火一般，只要不斷鑽木加熱，等到達起火點的那一剎那，火光就會一下子突然出現了。但並不是最後那一鑽讓它起火的，前面每一次鑽木都與後來的起火有關。至於般若慧的培養，楊郁文則用樹木的成長過程來比喻：

> 般若慧的養成，需要有般若慧的泥土和養料，可是種子也要有慧根才行。慧根就是日常生活要合乎戒的要求，並且用特殊的宗教生活模式來修心，這是慧的兩種根。透過持戒修心，才可以具備吸收般若慧養料的可能。等到吸收足夠的養料以後，就會慢慢累積成樹幹、樹枝、樹葉，並且開花結果。這些都需要一連串的條件相互配合才行，缺一不可。（訪5）

這就是《阿含要略》〈增上慧學〉所說的，由「陰、處、界」以及部分的「根」法門形成慧地，再從持戒與修心之中長出慧根，並且透過「根、諦、緣起」法門的操作，慧體乃得以茁壯，而這一切都必須與「無常、苦、無我」法門相應。因此，「現觀無常」有一連串的養成過程，不是只依賴知識就可以具

備現觀的能力：

> 我們說「飛花落葉無常呀！起心動念無常呀！」大
> 家馬上都會懂，可是這樣只是在世俗諦認識無常，和
> 現觀無常還離得十萬八千里。對於能現觀無常的人來
> 說，這兩種認識其實只有一紙之隔。不能現觀的話，
> 認識無常跟現觀無常距離非常遙遠。（訪5）

而自己是否具備現觀的能力，必須在人、事、物的互動之中
判斷。只要一出現貪、瞋、癡的反應，便可以立刻發現到，
並且立即使這些反應消失，才算具有現觀的能力。如果還要
經由一些過程才能揮掃掉這些反應，甚至只能夠知道卻無法
排除，那就沒有現觀的能力。楊郁文經常舉小孩子吹肥皂泡
的例子來說明：

> 肥皂泡圓滾滾的、五彩繽紛的，隨著風飄動，實際
> 上是很吸引人的。可是大人不會去追逐它、不會貪戀
> 它，自己吹的肥皂泡被弄破了，也不會生氣，因為本
> 來就認識到肥皂泡是無常的，這很類似現觀的狀況。
> 可是正處於貪、瞋、癡的人，要他聯想到無常，很
> 難！種種無明的習氣，可愛、瞋恨、嫉妒等等的心所
> 讓他沒辦法現觀。（訪5）

即使肥皂泡再迷人，也沒有大人因為肥皂泡破滅而傷痛欲絕，

因為早知道肥皂泡遲早會破滅的。但是轉換到其他對象上，就很難如此灑脫了，尤其是自己非常喜愛的人、事、物。

以楊郁文自身的體驗來說，在他剛搬來台北的時候，曾經在光華商場的古董店買到兩只很漂亮的鼻煙壺，外表是光滑的玻璃，裡面彩繪著非常美麗的圖案，以當時的價錢來說並不便宜。楊郁文很心愛這兩只鼻煙壺，把它們和其他裝飾品一同擺在客廳的櫃子上面。有一年要過年的時候，楊郁文最小的女兒主動幫忙打掃，一不小心就把那兩只鼻煙壺弄掉下來了。楊郁文談起他當時的反應：

> 因為是心愛的又是高價的東西，照理說我應該會很生氣才對，可是我那時候突然警覺到自己居然還在貪愛稀有的東西，這跟佛法已經背道而馳了。所以我當下沒有生氣，不但沒有責罵她，還反過來安慰她。從此以後我遇到漂亮的東西，都不會再想要占為己有了。回想起來，我的小女兒可以說是我的老師啦！（訪5）

楊郁文自我反省，如果沒有透過這樣的過程，對人、事、物的愛惡仍然不夠敏感。當他聽到「砰！」的那一聲，就曉得心愛的鼻煙壺已經粉碎了。再看一下，內心更是警醒了過來。其實在買的當下，就應該要現觀無常了，尤其長年累月擺放在客廳櫃子上面，很容易會被弄破掉，這是早就可以預料到的事情。

學佛多年的楊郁文，不會因為喜愛的東西破滅而生氣，反而慶幸自己因此而增加了「現觀無常」的敏感度。其實在擁有

的同時，就已經具備了失去的可能性，就如同見面之時就已經
註定了有分離的一天，而在出生的同時也註定了必定會有死亡
的一日。但是反過來說，分離乃是再見的開始，一期生命結束
以後，才會有另一期生命的開展。所以佛法講的「無常」乃是
生命的真理實相，並非消極的宿命論。因為現觀無常，才能現
觀苦、現觀無我，才能夠積極地斷惡修善，將佛法落實在生活
中，去除貪、瞋、癡等不良習氣與反應。

第五節　感念親友恩

對無常的體會愈深刻，就會愈珍惜眼前的人、事、物。
而愈了解佛陀的教法、愈能夠運用佛法來提昇自己的生命與生
活，就會對三寶越感恩。

《增壹阿含經》也有說到，沒有感恩圖報的人不是
人，只要是純正的人一定會有感恩的心情。「感恩！
感恩！」這不是順口溜，而是發現到無形中有恩情存
在，想要感謝對方。但是如果希望感恩對方的話，自
己就要付出，不管是透過人力、財力，或是安慰等
等。所以，慈濟功德會的會員開口閉口都一直「感
恩！」在彼此互相說來說去的時候，人際關係已經在
改善了。（訪9）

楊郁文在課堂上帶領學生一同感恩的對象，包括了佛陀、歷代傳法大德，以及護法們。但是護法不是只有護法神明而已，父母、子女、配偶、童年的玩伴等等也都是護法。

以父母的恩惠來說，中國人講求孝道，但是站在佛法的立場，孝順與孝道還不足以報恩：

> 一般最熟悉的是《父母恩重難報經》，經文原型在《增壹阿含經》。裡面提到，假設我們一生下來就是成人，就有力量把父母扛在雙肩，一位扛在左肩、一位扛在右肩。從此以後，父母吃、喝、拉、撒、睡都是在肩上。但是即使這樣子奉養他們，也報答不了他們讓我們生而為人的恩情，這是佛陀的觀點。（訪5）

由於「人身難得」，所以父母的恩情是很難報答的。而佛陀報答父母親的恩惠，是讓他們成就須陀洹果：

> 佛陀成道以後第五年首次回故鄉，那時候他協助父親開法眼，成就須陀洹果位。而佛陀的母親在佛陀生下來第七天就死了，生到忉利天，所以佛陀成佛後第七年就上忉利天為母說法，也使母親開法眼，成就須陀洹果。所以對於生身父母，最好的回饋就是讓他們成就須陀洹果位，就算不行，也要引導他們皈依三寶。（訪5）

此外，佛陀報答他的奶媽兼養母，也就是他的姨母Mahāpajāpatī（大世主／大愛道），不只引導她開法眼，還引導她成就了阿羅漢果位。因此，楊郁文結合佛陀報恩的方式以及《父母恩重難報經》的內容，所得到的心得是，即使父母生下我們就不管，也要回饋他們到成就須陀洹果位才算圓滿報恩。但如果父母不只是將我們身體生下來而已，還養育我們、保護我們的話，那就要成佛才能報答了。因為唯有成佛以後，才有能力引導生生世世的父母成就阿羅漢果位。

回顧自己的一生，楊郁文很感謝自己的父母，除了他們給了楊郁文人身以外，還因為他們讓楊郁文有機會了解宗教，並且因此機緣學習了佛法：

> 我的父母是好人，又是民間信仰很虔誠的信徒。我在這樣的家庭長大，有機會了解到宗教，也透過這樣的關係，受到觀音媽、《金剛經》等的概念影響。等到我父母收到《金剛經註解》，而我拿來看的時候，就開始我這一生新的旅程。這一些都是錯綜複雜的因緣，無法分析到底是從哪一點開始啟動的，是非常微妙的。（訪9）

楊郁文的父母受到楊郁文的影響，皈依了三寶，之後母親還受了菩薩戒。而他的妻子不但也跟著一同去皈依，後來一直持續在推廣中心旁聽楊郁文的課程。另外和他們夫妻住在一起的小女兒，是楊郁文一直很讚賞的孩子，楊郁文甚至認為這個小女

兒的慧根比自己還強。因為她沒有特別閱讀佛書，便可以對楊
郁文提出的問題應答如流。

其實很多人在成為佛教徒以後，都會有拉周遭的親友一起
來學佛的衝動。對於這樣的心情，楊郁文提供的意見是：

> 如果有心要影響一個人成為佛教徒的話，不必很明白
> 地去跟他說，要他成為佛教徒。而是應該讓他在與自己
> 的互動之間，認識到怎樣是佛教徒。特別自己還不是佛
> 教徒的時候，已經跟他熟識了，那麼當自己成為佛教徒
> 以後，他就會發現到自己開始有所改變。當他漸漸串聯
> 起來，這些身心變化和人際關係是因為成為佛教徒才開
> 始改善的，他自然也會想要成為佛教徒。（訪9）

楊郁文的建議是要自己先身體力行，成為一個好的佛教徒，並
且把佛法落實在生活中。如此一來，不但可以改善自己的身心
狀態與人際關係，也可以影響別人想要成為佛教徒。特別是在
夫妻之間，這樣的方式是最適當，且不會引發衝突的：

> 假使企圖要誘導太太成為佛教徒的話，不必特別
> 說明，只要在夫妻之間的互動更加細心處理，讓對方
> 發現自己的確跟以前不太一樣了，而這些不一樣是從
> 成為正信的佛教徒以後才發生的，那麼她就會開始思
> 考。等太太稱讚先生的時候，先生就可以說：「真的
> 是這樣嗎？我也想要成為一位好先生，可是我為什

　　麼會曉得應該怎麼樣做，那是因為我了解佛法的緣
　　故。」這樣子就可以引導太太信佛了。否則用強迫的
　　方式，那就會反效果了。（訪9）

但是楊郁文強調，自己的這些改變不是裝模作樣，而是自然流
露、自然地影響到周遭的親友。好的行為固然會吸引別人一同
來學佛，可是反過來說，不好的行為也會造成別人對佛教的誤
解。因此佛教徒的言行不但要符合佛陀的要求，會令人懷疑的
行為也要避免瓜田李下。特別是越有名氣的人，行為的是非對
錯會跟整個佛教產生密切的關聯性，所以更要謹言慎行。

　　雖然人與人的相處往往是物以類聚，學佛的人很自然會遇
上有學佛的人，但是有時候也會碰上怨家。楊郁文認為，這時
候不必抗拒，也不必正面衝突，最好就近趨前與他和解：

　　　對我們看不順眼的，或者我們對於他的種種表現，會
　　有一點違逆感的那一些人，要特別想辦法處理。因為找
　　到怨家了！這種人往往就是我們和他以前有過不好的互
　　動關係。現在改善的機會來了，必須要好好處理，不然
　　萬一累積的惡緣聚合在一起，將來不只是會罵來罵去、
　　打來打去，甚至殺來殺去都有可能。（訪5）

所謂「業報通三世」，人與人的關係錯綜複雜，有時候誰會特
別愛護誰、誰會特別挑剔誰，是以前某部分的業力在影響。所
以學佛人要看得開，了解業報是通三世的，所以要隨緣消業，

有效改善眼前互相討厭的關係。

如何體會到業報對自己的影響呢？楊郁文舉例說道，當自己進入到一所新的學校時，同學們彼此都還互不相識，但是自己一眼望過去，馬上就可以分別出哪一個是比較喜歡的、哪一個是比較討厭的，這樣的差別就是業力造成的影響，是由以前人際關係所累積下來的。然而大家就好像同在一張網子上面，哪一點先動，其他點也會跟著連動起來了：

> 你看他討厭，那他看你也很討厭。你瞪看他一眼，他回瞪你兩眼，那就開始結怨了。這樣很不好！所以遇到自己看不順眼的人，要特別小心，這是消解恩怨最好的時機，要先對他示好，要在自己心裡面想，我要用慈心來感化他，然後找機會旁敲側擊，看他喜歡什麼或是討厭什麼，自己就會曉得應該怎麼做了，這樣才能夠把許多前世帶到今世的惡業給消掉了。業要受報才能消，看起來有違逆感就是在受報了。但是有違逆的感覺以後要停止住，不要再繼續有新的惡因緣反應出來，不然會沒完沒了。（訪5）

即使是佛陀，也有城東老母會討厭他。城東老母只要一遇到佛陀，馬上就轉過去，背向佛陀，但這是業力使然，沒有辦法避免的事情。但是同樣地，也會遇到自己看起來特別順眼的，那就是前世有好的因緣存在。這時候應該要把握機會，讓這份增上緣持續擴大。

　　因此，無論是想要影響他人或是消除舊業，都應該要順其自然，但不是宿命論式的順應。學習佛法的目的，是在運用佛法以期讓生活產生好的改變，例如人格改善或是品行得到昇華等等。這樣一來，佛法才能夠久住：

　　　　為什麼佛法在印度會消失？從表面看，是因為回教的破壞，可是印度教也被破壞，為什麼還存留下來呢？所以關鍵是佛法沒有被應用在生活中，沒有用來做為安身立命的方式，不像其他宗派的宗教和哲學都和生活密切和在一起，不然寺廟裡面還有專職的人員，也還有經藏在，還是可以開始研究才對。（訪9）

所以，想要佛法傳諸久遠，就一定要找出有用、實用的佛法，並且將佛法推廣到每個人的生活當中，這樣才能夠荷擔如來家業：

　　　　要荷擔如來家業，就要推廣實用、活用的佛法，否則佛法會消失。佛法有第一義諦以及世俗諦，如果專談第一義諦而不屑世俗諦，那別人不會願意受教，只能用來訓練腦筋或是自己悠遊在法海當中而已，一旦死了就沒有留下什麼，周圍的人也不會受到影響。（訪9）

因此，佛法的第一義諦固然重要，世俗諦的推廣也很要緊。如果不努力推動世俗諦，大眾漸漸會遺忘佛教也有許多安心的法

門，包括「存好心、說好話、做好事」等等，這是僧俗共同的
責任。

第六節　結語

在本章「關鍵性經文」中，可以看到楊郁文對於經文層層
解析的功力，而也可以見到他對於法義的體會，往往是來自於
他個人對於佛法的整體性理解，以及實際運用佛法的心得。

而楊郁文認為研究佛法應該秉持著無諍的研究態度，尤其
是兼具佛教徒身分的佛學研究者，也就是在探討佛學議題、提
出學術研究成果的同時，應當要以利益他人為主要之考量，不
能過度地批判他人而忘失了佛陀的教法。

事實上楊郁文一向最重視的，就是如何將佛法應用在生活
中，達到排除惑業苦的效果。因為佛法即是佛陀用來教導眾生
排除生命不良反應與問題的有效方法，所以唯有將佛法具體落
實在生活中，才能夠符合佛陀的本懷，並且可以利益自己與他
人，不讓佛法消失於人間。

所謂「人身難得，佛法難聞」，今生得以學佛乃是因為具
足了許多不可思議的因緣。因此，除了要不斷發願生生世世皆
以人身來學習佛法以外，還要感恩三寶以及護法們，而最好的
感恩方式，便是從自己身體力行做起。因為唯有自己能夠有效
運用佛法來改善生命，才可以吸引他人主動學佛，也才能教導
他人正確的佛法，承擔起荷擔如來家業的使命。

第十章　回首來時路

第一節　回顧楊郁文的一生

一、大環境與個人歷程

　　今年已年過七十的楊郁文，名字乃出自於《論語》：「郁郁乎文哉」，而他這一生確實也幾乎都在文字中打轉，是一位學有專精的文人。

　　出生在斗南鄉下的楊郁文，自小在日本教育及閩南漢語教育的環境下成長，如此的語言基礎奠定了他日後自行閱藏的根基。他的父親是一名醫生，母親是一位助產士，雖然家庭經濟尚可無虞，但是他經常到同學家幫忙農務，觀察到許多農作的細節，對於他日後理解佛陀的教法有非常正向的幫助。又由於當時醫療資源不足，不但兩位妹妹早夭，自己也險些喪命，而父親遠赴偏遠村落外診，也曾經遇到溪水暴漲而差一點回不了家的經驗，這些都讓他感受到生命的無常。另外當時台灣民間鸞堂盛行，與擔任乩童的村民以及鸞堂宗教儀式的接觸，也使得他從小就相信有鬼神存在，對宗教充滿了好奇心。

　　而由於戰後台灣經濟狀況不佳，大人們經常要為了生活三餐而忙碌，孩童們沒有什麼娛樂物品，因此楊郁文從小就學會在一旁靜靜觀察大人做事，然後自行模仿學習，甚至會自己製

作童玩,養成了他日後喜歡自己找答案以及獨立思考的習慣。後來他進入醫學院,從不同學科對於相同器官不同角度的教導,領悟到統整知識的重要,這些都影響到他後來運用卡片整理經文要義,並且發展出運用四色筆來剖析佛學名相的獨特方式。

假使從時代的背景來看,無論是台灣的宗教、政治、經濟、教育與醫療的發展,都不是專為楊郁文而精心設計的,但是這些環境卻都奠定了他日後邁向研究佛法、深入法義與自行閱藏的基礎。我們固然可以就佛教的業報觀來看待這些前因後果,可是卻有一項不能忽略的重要因素,那就是詮釋生命過程的「當事人」。

在訪談過程中,楊郁文的回憶理路是既清晰又充滿宗教情感的,跟隨著他回憶過往的腳步,可以從所敘述的事件當中,深刻感受到台灣當時的時代環境。而從他對於經歷事件的省思與敘說方式,也可以看到他對三寶的感恩之情,因為不管是談到生命過程中的任何一個環節,他都會很自然地提到這些對於他今生學佛的影響。因此,我們從楊郁文的生命故事當中,不僅能夠看到的大時代環境與楊郁文個人的關聯,將其生活的點點滴滴做為解讀時代的線索,也能夠就楊郁文對於事件所賦予的意義,看到他對於自己法身慧命成長過程之回溯。

二、研究與實踐之特點

《阿含經》向來被漢傳佛教所忽略,經由印順法師提倡之後,才逐漸為人所重視。而楊郁文受到印順法師著作的影響,

認同了《阿含經》的重要性，投入畢生的精力去研讀該經典。雖然楊郁文受到印順法師許多影響，但是兩人之間仍然有些不同，例如楊郁文較印順法師更加專注於《阿含經》之研究，並且採用印順法師《學佛三要》所提出的「知、情、意」統整他所理解的佛法，而且還自修巴利語，從事南北傳經典的對照研究。

此外，楊郁文受到西方醫學教育背景的影響，會用合乎科學的方式來理解經文。例如經文提到佛陀乃從右脅生出，出生後便可行走七步，並且一手指天、一手指地，說道「天上地下，唯我獨尊」。楊郁文解釋，那是佛陀使用神通讓識神從右脅出來，具有天眼的人才看得到，但是肉體還是從產道生出。而七步之說也是佛陀使用神通，目的是昭告天地並說明事實。更重要的是，佛陀在運用這兩次神通之後便恢復人的常態，直到成佛前才又運用神通來確定自己已經成佛。楊郁文由此推想，學佛過程首重以人的生活方式來累積成佛之因緣，所以必須努力維護良好的人際互動，不斷地自利利他。又由於佛陀累生累世與眾生有良好的人際互動，最後才能具備成就三十二相的基因。而楊郁文也會運用大腦神經組織、胎生學以及呼吸原理來理解佛陀所講的法義，並且使用醫療觀點來形容三寶與眾生的關係，認為佛陀是大醫王，佛法是救治的良藥，而賢聖僧伽便是最好的醫護人員。

不過在理性論述佛典之餘，楊郁文並沒有忘失自己佛教徒的身分，而且常常把自己體會到的法義用在生活上，因為他認為研究佛法是用來幫助實踐的，不是純粹在做學問而已，所

以他又在理性分析之外，特別強調宗教情操與實踐佛法的重要性。又由於他認為「智慧」是動態的，是在生活中面對惑業苦有排除的動力，因此格外重視將正確的佛法知見展現於動態的生活之中，尤其是操作七覺支來對治五蓋。如果可以在五蓋一出現的時候，就可以運用佛法來超越它，那麼煩惱都將成為智慧之火的燃料，而不是落入無盡輪迴的根苗。

在「理智」與「情感」之外的「意志力」，也可以從他的授課與研究歷程看出來。楊郁文一直把佛陀當作學習的目標，視佛陀是最偉大的老師，而為了跟隨佛陀的步履，他三十幾年一直教學不倦，期待自己像佛陀那樣地精進。因此他即使到了七十多歲的今天，每週還在三個不同的地方授課，並且耗費了十年的時間編寫《阿含辭典》。

經年累月與經典相伴，孤獨嗎？楊郁文遙想當初佛陀為五比丘初轉法輪，待五比丘都開了法眼之後，佛陀也要他們五人分不同方向離去，以便隨緣度化眾生，所以他認為聖人本來就要耐得住寂寞的，況且影響他最大的印順法師（1990：60）也曾經說道：

> 我有點孤獨：從修學佛法以來，除與法尊法師及演培、妙欽等，有些共同修學之樂。但對我修學佛法的本意，能知道而同願同行的，非常難得！這也許是我的不合時宜，怪別人不得。不過，孤獨也不是壞事，佛不是讚歎「獨住」嗎？每日在聖典的閱覽中，正法的思惟中，如與古昔聖賢為伍。讓我在法喜怡悅中孤

　　獨下去罷！

　　因此他認為自己並不孤獨，藏經中的佛陀、大阿羅漢、歷代
高僧大德都是他長相左右的善知識與知己。而他發願不只這
一生要效法佛陀，運用佛法來充實人格，也期待今後每一生
都能夠以人的身分，不斷在待人接物之中累積離漏的經驗，
直到成佛為止。

第二節　研究歷程之省思

一、自他隔閡之消弭

　　在訪談過程中，可以清楚感受到楊郁文的某些特色，除了
說話很有條理、思路很清晰、不太有明顯的情緒反應之外，提
到的任何事情幾乎也都會和《阿含經》扯上關係，可以看到他
整個人跟《阿含經》是緊密結合的。於是筆者逐漸體認到，要
了解楊郁文的生命故事與思想內涵，必須同時閱讀他的著作以
及實際參與他所講授的課程才行。果然經過如此調整，並且進
行一段時日之後，當筆者再重新整理訪談內容，就比較容易走
入楊郁文所敘述的歷史情境，並且體會到當時的研究動機與所
要傳遞的重點，心中突然湧現出一股非常深邃的感動。

　　而另一方面，筆者也開始訪談與楊郁文學習較久、互動
較為密切的學生。在這些學生身上，筆者得知楊郁文更多的面
向，看到他對學生所造成的影響。另外也從這些學生身上，看

到他們學佛過程的共通性，以及大環境在他們生命歷程所留下的痕跡。藉由這樣相互對照，更深刻感受到台灣佛教演變的歷史脈動。

　　儘管如此，筆者卻與楊郁文之間始終存在著一種難以言喻的隔閡。這種情況一直等到筆者對於研究內容愈來愈熟悉，並且自己很自然地能夠在生活中體會到這些法義之後，那一層隔閡才逐漸消失。但卻在此時，心中原先的那一份感動也逐漸淡化，取而代之的是更多的客觀與理性。

　　回顧這一段心路歷程，筆者目前的解讀是，情感乃是一項理解他人的重要線索，而楊郁文本身靦腆的個性加上他長年對於念頭的觀照，都使得他不太容易有過多的情緒反應。要打破這樣的困境，必須要先抓住他生命中最重要的部分，以楊郁文來說，就是他對阿含道整體的認知。一旦能夠對他所體認的阿含道有所了解之後，便可清楚看到他的所言所行，其實就是他實踐阿含道的具體表現。而隱藏在理智與行動力背後的，便是他濃厚的宗教情感。

　　又由於本研究主題是探討佛法之理解與實踐，所以假使身兼佛教徒與研究者的筆者，無法將佛法融會貫通並且運用在自己的生活中，必然無法對該議題的核心能夠產生共鳴，進而與受訪者同情共感。

二、共通模式的發現

　　如前面章節曾經提過的，楊郁文認為佛陀乃是人格圓滿者，亦即「知、情、意」三要素完美無缺者，所以他不但用此

三要來理解與統整所接觸到的佛法，並且也在日常生活與宗教生活中加以實踐。他這樣的作法其實與口述歷史研究頗能呼應，因為皆具有「理智」、「情感」與「行動力」三者。也就是說，研究法中的「同意、同理、同情共感」三層次，與「知、情、意」之學佛三要有互通之處。筆者將所觀察到的，繪圖說明如下：

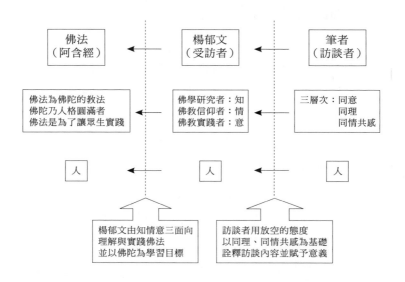

　　筆者認為這樣的對照，至少具有兩方面的意義。其一，就研究方法而言，立基於同情共感並且放下主觀意識所從事的訪談工作，事實上與佛法強調的「無常」、「無我」、「緣起」是很有共通性的，不但能夠將研究步驟與方法清楚描繪出來，也可以透過這樣的方法真實地展現當代人物生動活潑的智慧與經驗。其二，就學佛之目的而言，藉由與受訪者如此深刻地互動，讓研究者更加得以掌握到實踐佛法的可能方式，並且

留下文字記錄，做為當代讀者及後人之參考。以本研究來說，楊郁文透過「知、情、意」三面向去理解和實踐佛陀的教法，是從「人」的角度去貼近佛陀，而筆者又以「同理、同情、共感」來體會楊郁文的思想言行，也是以「人」的角度去研究「人」。

三、不同領域的比較

筆者在從事這一份研究工作之前，曾經以類似的方式在社會工作領域做過研究，也曾經訪談過許多其他行業的從業人員。雖然筆者的經驗還很不足，但卻明顯感受到佛教領域有一些地方頗為不同。

基本上來說，在佛教領域要找人約談比較困難，而筆者從對方的反應整理出幾類可能的原因。其一，佛教強調「活在當下」，所以有些佛教徒會認為回憶以往乃與佛陀教法背離。其二，傳統佛教領域都以高僧大德為立傳對象，而且許多作品都具有豐富的文學色彩，往往會用美麗的詞藻來歌頌立傳對象。因此，當被受邀訪談時，就常常會謙虛地表示自己尚不足以被訪談。即使是本研究的主要訪談對象楊郁文，一開始時也曾經基於上述理由拒絕了筆者。可是事實上，回憶過往並非與當下完全無關，對於回憶所賦予的意義也不是永恆不變的。而若以口述歷史的觀點來看，高知識分子固然有值得訪談的理由，每一位市井小民的生命故事也都充滿了大時代脈絡的痕跡。

除了約談不易之外，筆者遇到許多佛教徒都會對此研究主

題立即表現出他的好惡。親近楊郁文的學生常常會展現高度的
熱誠，並且對筆者的研究成果充滿了期待與想像。相反地，假
使是偏向傳統漢傳佛教或是重視禪定經驗的信徒，便會對筆者
以楊郁文為研究對象的做法提出質疑。但是不管是前者還是後
者，都對筆者造成莫大的精神壓力，這是筆者在其他領域從事
訪談工作未曾遇到的現象。

　　對於這樣的經驗，筆者目前粗淺的看法是，佛教領域較其
他學科具有高度的宗教情操，又最終目的是超凡入聖，因此對
於知名人物的修行狀況自然比較好奇，並且容易投入自己的期
待，甚至涉及個人修行方向的偏好。再者，當代佛教人物的研
究畢竟還是少數，尤其在家居士的部分更是如此，所以一般信
眾比較難用平常心來看待這樣的研究成果。

　　由於感受到大眾對於當代佛教議題的研究仍然顯得陌生，
甚至具有一些封閉和抗拒性，所以筆者在下筆撰寫研究成果
時，不得不為受訪者多設想一些，保留可能會為他帶來困擾的
部分。之所以如此做，也是因為筆者的研究功力尚嫌淺薄，沒
有辦法洞察事件中更深邃的意義，將訪談內容提昇到另一個層
次，去融合可能的差異與衝突。這是筆者目前相當引以為憾，
而還沒有能力處理的部分。

　　但畢竟這份研究成果是筆者一個初步的嘗試，期待有更多
當代人物的研究出現。如此一來，上述筆者所遭遇的困境應該
會不斷緩減，大眾看待彼此差異之時，應該也會有更為廣大的
胸襟與包容力。這是筆者深深期許的佛教研究願景。

參考文獻

王俊中

1999 〈台灣與西藏及在台的藏傳佛教研究〉。《思與言》37（2）：69-102。

冉雲華

1992 〈佛教中的「多聞」概念——佛學與學佛問題的展開〉。《中華佛學學報》5：31-48。

（釋）印順

1990 《遊心法海六十年》。台北：正聞出版社，三版。（1985初版）

2004 《成佛之道》。台北：正聞出版社，增注本。（1994初版）

朱秀容

1997 〈楊郁文——良醫與良師〉。《人生》雜誌167：44-48。

1999 《當代佛學人物演義》。台北：法鼓文化事業股份有限公司。

江碧琴

1997 〈阿含為我打開學佛視野〉。《法鼓》雜誌1997年9月15日第三版。

江燦騰

1993　《臺灣佛教化的新動向》。台北：東大圖書公司。

1995　《20世紀臺灣佛教的轉型與發展》。高雄：淨心文
　　　　教基金會。

1996　《台灣佛教百年史之研究》。台北：南天書局。

1997　《台灣當代佛教》。台北：南天書局。

2001　《日據時期台灣佛教文化發展史》。台北：南天書局。

江燦騰、龔鵬程編

1994　《台灣佛教的歷史與文化》。台北：靈鷲山般若文
　　　　教基金會。

李志夫

2005　〈從印順導師「以佛法研究佛法」談起〉。發表於
　　　　「佛學方法論學術研討會」。台北：台灣大學哲學系。

杜正民

2005　〈資訊時代的阿含研究——以《阿含辭典》數位化
　　　　研究為例〉。發表於「中華佛學研究所九十四學年
　　　　度研究人員專題論文發表會」。台北：中華佛學研
　　　　究所。

余崇生

1998　〈從漢刻藏經到日本經藏出版之考察〉。《佛教圖
　　　　書館館訊》16：47-51。

卓遵宏、侯坤宏（主訪）

2003　《臺灣佛教一甲子——吳老擇先生訪談錄》。台北：國史館。

林玉茹

2003　〈1945年以來台灣學者台灣史研究的回顧——課題與研究趨勢的討論（1945-2000）〉。《台灣史料研究》29：2-33。

林永根

1984　〈臺灣的鸞堂：一種蓬勃發展的民間信仰與傳統宗教〉。《台灣風物》34（1）：71-78。

侯坤宏

2004　〈臺灣佛教人物口述訪問的觀察與省思〉。《國史館館刊》（復刊）36：215-229。

洪蘭譯，葛萊門（Gleitman, Henry）著

1997　《心理學》。台北：遠流出版事業股份有限公司。

洪蘭

2006　《裡應外合》。台北：遠流出版事業股份有限公司。

高淑玲

1996　《跨世紀的悲欣歲月——走過台灣佛教五十年寫真》。台北：佛光文化事業有限公司。

張慈田

1992　《善知識參訪記》。台北：圓明出版社。

梁湘潤、黃宏介編

1993　《台灣佛教史》。台北：行卯出版社。

陳杏枝

2001　〈臺灣宗教社會學研究之回顧〉。刊於《當代臺灣本土宗教研究導論》，張珣、江燦騰編，pp. 458-502。台北：南天書局。

陳啟能

1998　〈序文〉。《西洋史學史》，pp.（序）1-23。台北：雲龍出版社。

陳美華

1999　〈反思「參與觀察」在台灣漢人宗教田野的運用：一個女性佛教研究者的觀點〉。《中央研究院民族學研究所集刊》88：335-367。

2002a　〈個人、歷史與宗教——太虛大師、「人生佛教」與其思想源流〉。《思與言》40（2）：215-260。

2002b　〈個人、歷史與宗教——印順法師、「人間佛教」與其思想源流〉。《中華佛學學報》15：427-456。

陳錫琦

2000　〈佛教淨土法門的生死教育理論與實務之研究〉。《華梵學報》6：1-12。

覃方明、渠東、張旅平譯，湯普遜著

1999　《過去的聲音》。台北：正港資訊文化事業有限公司。

楊郁文

（見附錄一）

楊豫

1998　《西洋史學史》。台北：雲龍出版社。

潘煊

2002　《看見佛陀在人間——印順導師傳》。台北：天下遠見出版股份有限公司。

蔡奇林

1997　〈略談巴利語〉。《法光雜誌》92 ： 2-4。（筆名賀勺）

蔡篤堅

2002　《台灣外科醫療發展史》。台北：唐山出版社。

2003　〈多元主體地位的形塑與追尋——1990年代台灣口述歷史的趨勢探索〉。《台灣史料研究》29：115-140。

藍吉富

1999　〈臺灣佛教之歷史發展的宏觀式考察〉。《中華佛學學報》12：237-248。

2003　〈台灣佛教的歷史發展與文化特質〉。刊於《聽雨僧廬佛學雜集》，pp. 243-264。台北：現代禪出版社。

關世謙譯，水野弘元著

1988　〈雜阿含經之研究與出版〉。刊於《雜阿含經之研究》，吳老擇編，pp. 1-104。高雄：元亨寺妙林出版社。

釋舜融

1999　〈佛教藏經出版總匯——新文豐出版公司〉。《佛教圖書館館訊》20：34-36。

（釋）繼雄法師

1997　《初期佛教家庭倫理觀》。台北：法鼓文化事業股份有限公司。

釋永芸

1996　〈我們都在寫歷史〉。刊於《跨世紀的悲欣歲月——走過台灣佛教五十年寫真》，pp. 316-317。台北：佛光文化事業有限公司。

釋真慧

1992　《七佛通誡偈思想研究》。台北：法鼓文化事業股份有限公司。

釋惠敏

1997　〈序文〉。刊於《阿含要略》，楊郁文著，插頁1-2。台北：法鼓文化事業股份有限公司。

2002　〈教理與實證的結合〉。《人生雜誌》226：110-112。

釋聖嚴

1993　《聖嚴法師學思歷程》。台北：正中書局。

1997　〈序文〉。刊於《阿含要略》，楊郁文著，pp. i-ii。台北：法鼓文化事業股份有限公司。

闞正宗

1999　《臺灣佛教一百年》。台北：東大圖書。

2004a　《重讀台灣佛教：戰後台灣佛教續編》。台北：大千出版社。

2004b　《重讀臺灣佛教：戰後臺灣佛教正編》。台北：大千出版社。

Charles, Brewer Jones

1999　*Buddhism in Taiwan: Religion and State, 1660-1990.* U.S.A: University of Hawaii.

Gillani, N. B. and Smith, J. C.

2001　"Zen Meditation and ABC Relaxation Theory: An Exploration of Relaxation States, Beliefs, Dispositions, and Motivations", *Journal of Clinical Psycholog,* 57(6): 839-846.

Lee Ming, 李敏

2002　"Buddhist Psychotherapeutic Theory and Practice from the Perspective of the Yogacara School of Buddhism", *Hsi Lai Journal of Humanistic Buddhism,* 3: 244-249.

Ñāṇamoli, Bhikkhu & Bodhi, Bhikkhu

2001 *The Middle length Discourses of the Buddha: a Translation of the Majjhima Nikāya*. Boston: Wisdom.

Ramana, Venkata

1974 "Theory and practice in the Buddhist philosophy of Mahayana", *Philosophy: theory and practice,* ed by T. Mahadevan pp. 439-446.

Schmithausen, Lambert

1976 "On the problem of the relation between spiritual practice and philosophical theory in Buddhism", *German Scholars on India* 2: 235-250, Embassy of the Federal Republic of German in New Delhi.

T.W. Rhys, Davids and William, Stede

2003 *Pali-English Dictionary*. Reprint: Delhi, 1997, 2003. Motilal Banarsidass publishers. (First Published: London, 1921.)

附錄一　楊郁文著作一覽表

1985　〈印順導師的根本信念與看法〉。刊於《印順導師的思想與學問——印順導師八十壽慶論文集》，藍吉富編，pp. 45-52。台北：正聞出版社。

1986a　〈雜阿含經題解〉。刊於《阿含藏·雜阿含經》（一），pp. 1-41。高雄：佛光山宗務委員會。

1986b　〈中阿含經題解〉。刊於《阿含藏·中阿含經》（一），pp. 1-32。高雄：佛光山宗務委員會。

1986c　〈長阿含經題解〉。刊於《阿含藏·長阿含經》（一），pp. 1-32。高雄：佛光山宗務委員會。

1986d　〈增壹阿含經題解〉。刊於《阿含藏·增壹阿含經》（一），pp. 1-49。高雄：佛光山宗務委員會。

1988　〈以四部阿含經為主綜論原始佛教的我與無我〉。《中華佛學學報》2：1-63。亦刊於《由人間佛法透視緣起、我、無我、空》，pp. 155-251。台北：甘露道出版社。

1989　〈南、北傳「十八愛行」的法說及義說〉。《中華佛學學報》3：1-23。亦刊於《由人間佛法透視緣起、我、無我、空》，pp. 113-152。台北：甘露道出版社。

1991　〈初期佛教「空之法說及義說」（上）〉。《中華佛學學報》4：121-167。亦刊於《由人間佛法透視緣起、我、無我、空》，pp. 255-327。台北：甘露道出版社。

1992a　〈初期佛教「空之法說及義說」（下）〉。《中華佛學學報》5：67-107。亦刊於《由人間佛法透視緣起、我、無我、空》，pp. 331-397。台北：甘露道出版社。

1992b　〈序〉。刊於《七佛通誡偈思想研究》，釋真慧著，pp. 1-4。台北：法鼓文化事業股份有限公司。

1995a　〈《學佛三要》的啟示〉。刊於《佛教思想的傳承與發展——印順導師九秩華誕祝壽文集》，恆清法師編，pp. 15-30。台北：東大圖書股份有限公司。

1995b　〈建設佛化家庭的藍圖——評「初期佛教家庭倫理觀」〉。《人生》138：39-40。

1996　〈緣起的此緣性〉。《中華佛學學報》9：1-34。亦刊於《由人間佛法透視緣起、我、無我、空》，pp. 61-109。台北：甘露道出版社。

1997a　《阿含要略》（修訂版）。台北：法鼓文化事業股份有限公司。（1993年東初出版社初版）

1997b　〈佛法的人間性與現實性〉。《中華佛學學報》10：147-172。亦刊於《由人間佛法透視緣起、我、無

　　　　我、空》，pp. 23-58。台北：甘露道出版社。

1997c　〈評介《初期佛教家庭倫理觀》〉。《人生》161：
　　　　66-67。亦刊於《初期佛教家庭倫理觀》，（釋）繼雄
　　　　法師著，pp. 1-4。台北：法鼓文化事業股份有限公司。

1997d　〈《當代南傳佛教大師》推薦序〉。刊於《當代南傳
　　　　佛教大師》，傑克‧康菲爾德（Jack Kornfield）著，
　　　　新雨編譯群編譯，pp. 19-31。新竹：圓明出版社。

1999　《長阿含遊行經註解》。台北：甘露道出版社。

2000a　《佛教聖地隨念經註解》。台北：甘露道出版社。

2000b　《由人間佛法透視緣起、我、無我、空》。台北：甘
　　　　露道出版社。

2000c　〈戒從心生〉。《中華佛學學報》13：33-51。

2000d　〈三十七菩提分法及其次第開展與整體運用〉。刊於
　　　　《印順導師九秩晉五壽慶論文集》，藍吉富編，pp.
　　　　63-104。台北：正聞出版社。

2000e　〈由人間佛法透視緣起、我、無我、空〉。刊於《由
　　　　人間佛法透視緣起、我、無我、空》，楊郁文著，
　　　　pp. 3-19。台北：甘露道出版社。

2000f　〈佛教與生命倫理學〉。發表於「第十一屆佛學論文
　　　　聯合發表會」。台北：中華佛學研究所。

2002a　〈生活中的七覺支〉。發表於「第四屆中華國際佛學

會議」。台北：中華佛學研究所。亦收錄於2005，
《佛法與二十一世紀》，釋聖嚴等著，釋惠敏主編，
pp. 29-87。台北：法鼓文化事業股份有限公司。

2002b 〈隨順緣起而與空相應〉（推薦序）。刊於《森林中
的法語：一位證悟者的見道歷程》，阿姜查（Ajahn
Chah）著，保羅‧布里特（Paul Breiter）英文編譯，
賴隆彥中文編譯，pp. 12-16。台北：橡樹林出版社。

2003 〈阿含辭典編輯體例說明〉。《中華佛學學報》16：
67-108。亦發表於中華佛學研究所2002年專任研究人
員論文發表會。

2004a 〈人本的佛法與人本為中心的佛教——論印順導師「人
間佛教」之本懷〉。《中華佛學學報》17：1-18。

2004b 〈阿含辭典單字詞舉例說明〉。發表於「中華佛學研
究所九十三學年度研究人員專題論文發表會」。台
北：中華佛學研究所。

2004c 〈《正信的佛教》——聖嚴法師流通最廣的著作〉。
刊於《聖嚴法師思想行誼》，pp. 93-168。台北：法
鼓文化事業股份有限公司。

2005 〈活出佛法的弟子〉（推薦序）。刊於《佛陀的聖
弟子傳》系列，共四冊，向智長老（Nyanaponika
Thera）、何慕斯‧海克（Hellmuth Hecker）著，菩提
比丘（Bhikkhu Bodhi）英文編譯，賴隆彥中文編譯，

pp. 13-18。台北：橡樹林出版社。

2006a　〈無分別與二諦說〉。《中華佛學學報》19：3-25。

2006b　〈分別與無分別〉。《中華佛學學報》19：27-46。

2006c　〈人間佛陀最早期教導中，佛陀的教法與實踐〉（主題演講）。發表於「第一屆巴利語與佛教學術研討會」，南華大學巴利語研究中心與宗教研究所合辦。嘉義：南華大學宗教研究所。

排版中　《中華阿含辭典》。台北:法鼓文化事業股份有限公司。

附錄二　楊郁文年表

西元	年歲	個人重要紀事
1937	1	出生於雲林縣斗南鎮，過著鄉村的童蒙生活。
1942	6	就讀石龜溪幼稚園。
1943	7	就讀石龜國民小學、斗南國民小學。
1949	13	就讀省立嘉義中學初中部、高中部。
1955	19	保送台灣大學土木工程系。
1956	20	轉學高雄醫學院醫學系。
1961	25	服役，擔任國軍陸軍醫官。
1962	26	受訓於台北市中興醫院婦產科。
1964	28	結婚。
1965	29	回故鄉開業。
1967	31	閱讀《金剛經注解》，開始接觸佛法。
1968	32	透過台灣印經流通處購書，廣泛閱讀佛書。
1969	33	閱讀《學佛三要》，確定自己正信三寶。
1970	34	三皈五戒、菩薩戒（由印順法師授戒）。
1971	35	利用假日到嘉義普德寺閱讀《大正藏》。
1972	36	閱讀《印度之佛教》，不再受困於大小乘之爭。
1973	37	閱讀《妙雲集》，發現《阿含經》之重要性。
1974	38	在斗南居士園開始為居士們講授學佛心得。
1976	40	於妙雲蘭若、嘉義大專院校講授《雜阿含經》。
1977	41	遷居至台北（診所名稱：如意婦產科）。

1978	42	閱讀日譯《南傳大藏經》。
1980	44	開始在北部能仁學會、佛光山女子佛學院講授《雜阿含經》。
1981	45	於靈山佛學研究所講授「阿含經之研究」、審訂《阿含藏》。
1982	46	開始自修巴利語。
1983	47	受聘於中華佛學研究所與文化大學印度文化研究所。
1988	52	受佛光山委託,審訂《佛光大辭典》。 今後每年幾乎都發表一篇期刊論文,請見附錄一。
1989	53	受聘於法光佛學研究所(迄今)、兼任圓光佛學研究所。
1994	58	於中華佛學研究所推廣部授課(迄今)。
1996	60	結束診所營業,開始編著《阿含辭典》。
2007	71	三月完成《阿含辭典》編著工作。

附錄三 訪談記錄一覽表

一、訪談楊郁文本人

次數	訪談日期	訪談大致主題
訪1	2004/3/16	出生～國小五年級。
訪2	2004/3/23	國小六年級～高中。
訪3	2004/3/30	大學～開始學佛。
訪4	2004/4/13	開始學佛～佛學研究所授課。
訪5	2004/4/20	搬來台北～編寫《阿含藏》。
訪6	2004/4/27	研究動機：〈人本的佛法與人本為中心的佛教〉。
訪7	2004/5/4	撰寫《阿含藏》題解（雜、中）、印度朝聖等過程。
訪8	2004/5/11	撰寫《阿含藏》題解（長、增壹）、審定《佛光大辭典》等過程。研究動機：〈印順導師的根本信念與看法〉、〈《學佛三要》的啟示〉。
訪9	2004/5/25	四色筆之使用等個人研究特色與心得，包括： 1.〈以四部阿含經為主綜論原始佛教的我與無我〉 2.〈南、北傳「十八愛行」的法說及義說〉 3.〈初期佛教「空之法說及義說」〉（上）（下） 4.〈佛法的人間性與現實性〉。
訪10	2004/6/1	整體回顧、《阿含要略》的名稱、生活中五蓋不起。
訪11	2004/8/23	參訪楊郁文工作室「如意婦產科」（已歇業）。
訪12	2004/11/12	《阿含要略》編寫及出版過程。
訪13	2004/11/26	〈緣起的此緣性〉。

| 訪14 | 2004/12/7 | 〈戒由心生〉、〈三十七菩提分法及其次第開展與整體運用〉、〈生活中的七覺支〉。 |
| 訪15 | 2005/9/25 | 〈阿含辭典編輯體例說明〉、〈阿含辭典單字詞舉例說明〉。 |

二、學生的部分

人次	訪談日期	訪談學生
1	2004/12/29	周柔含 （中華佛學研究所第十七屆研究生）
2	2005/1/26	胡國富（中華佛學研究所推廣部學生）
3	2005/2/19	洪錦坤（中華佛學研究所推廣部學生）
4	2005/2/20	劉凱玲（中華佛學研究所推廣部學生）
5	2005/2/27	魯依（中華佛學研究所推廣部學生）
6	2005/2/27	魯小米（中華佛學研究所推廣部學生）
7	2005/3/3 （蔡訪1） 2005/3/31 （蔡訪2） 2005/4/8 （蔡訪3）	蔡奇林 （法光佛學研究所第二屆研究生）
8	2005/3/8	杜正民 （中華佛學研究所第六屆研究生）
9	2005/10/7	釋心平 （中華佛學研究所第二十一屆研究生）
10	2005/10/31	越建東 （中華佛學研究所第十三屆研究生）
11	2006/3/19	江碧琴（中華佛學研究所推廣部學生）
12	2006/12/22	釋祥智 （中華佛學研究所第九屆研究生）

附錄四　楊郁文指導學生一覽表

　　截至2006學年下學期5月份為止，楊郁文指導畢業的學生有十三位，出家眾與在家眾的比例為7：6，外籍生與本地生的比例也是7：6，包括有台灣、泰國、馬來西亞、韓國等國籍。畢業後，在家眾以出國就讀博士班者居多，出家眾則返回常住幫忙或派駐各地分院擔任住持。整理如下表：

學生	畢業時間	論文題目	國籍	畢業後去向
1.周玉真（釋真慧）	1989	七佛通誡偈思想研究	台灣	返回常住
2.釋祥智	1993	〈吉祥悅意〉《梵網經》的「六十二見」譯註	泰國	返國
3.釋繼雄	1994	初期佛教家庭倫理觀	馬來西亞	返國
4.釋慧命	1994	《阿含經》之「六隨念」初探	韓國	返國
5.釋開弘	1995	五蓋之研究——以「四阿含經」、「五尼柯耶」為主	馬來西亞	返國
6.釋祥代	1995	巴利語《梵網經》「小戒」及其註疏之譯註	泰國	新加坡（分院住持）
7.高正哲	1996	《中阿含經》之業觀念初探——以〈業相應品〉為中心	台灣	美國亞利桑那大學博士班

8.何俊泰	1996	見微知著——巴利文《小誦》譯注	台灣	印度德里大學博士班
9.謝美霜	2000	巴利《分別論・諦分別》譯注　（與穆克紀聯合指導）	台灣	結婚、工作
10.周柔含	2001	「四善根」探源	台灣	2006年取得日本立正大學博士學位
11.釋心平	2006	「新受戒比丘」修學方案之研究——以泰國法身寺之運用為例	泰國	台灣（分院住持）
12.王常蒞	2006	巴、漢〈入出息念相應〉之研究	馬來西亞	返國
13.黃縷淇	2007	初期佛教「受蘊」的研究	台灣	考取法鼓佛教學院碩士班

附錄五　佛教相關系所一覽表

序號	招生年度	佛教相關系所
1	1988年	輔仁大學宗教學研究所碩士班
2	1992年	輔仁大學宗教學系
3	1993年	華梵大學東方人文思想研究所碩士班
4	1997年	玄奘大學宗教學研究所碩士班
5	2000年	政治大學宗教研究所碩士班
6	2000年	玄奘大學宗教學系
7	2001年	南華大學宗教學研究所
8	2001年	佛光大學宗教學研究所碩士班
9	2002年	佛光大學宗教學系
10	2002年	華梵大學東方人文思想研究所博士班
11	2003年	輔仁大學宗教學研究所博士班
12	2007年	法鼓佛教學院佛教研究所
13	2007年	佛光大學佛教學院佛教學系／研究所
14	2007年	政治大學宗教研究所博士班
15	2008年	法鼓佛教學院佛教學系

資料來源：各系所網頁。

輔仁大學 http://www.fju.edu.tw/history.htm

華梵大學 http://newwww.hfu.edu.tw/SomethingForHFU_history.htm

政治大學 http://www.nccu.edu.tw/server/publichtmut/html/w156/cw156.html

玄奘大學 http://www.hcu.edu.tw/

佛光大學宗教學系所 http://www.fgu.edu.tw/~religion/fo/

佛光大學佛教學系 http://www.fgu.edu.tw/~buddhist/sub/de0.html

南華大學 http://www.nhu.edu.tw/~compare/introduction.htm

法鼓佛教學院 http://www.ddbc.edu.tw/zh/

附錄六　楊郁文《阿含辭典》自序初稿

一、編輯緣起

　　1982～1986不才忝任《佛光大藏經 阿含藏》四部審訂工作並為各部卷首——著作題解，接著於1987～8參預《佛光大辭典》審核、校稿工作。《佛光大藏經 阿含藏》針對主要名相以及重要法句，參考日本《國譯一切經》的注解，作了適當的說明。可是還有許多特別名相及生活上、修行時切要的法句未曾釋義。

　　其次，《四部阿含》於魏晉南北朝間（A.D.384~443）漢譯，是時，隸屬於「中古漢語」時代。佛典翻譯時，大量援用當代「口語／口頭語言」記錄；並且製造許多外來語，構成「佛典漢語／佛教用語」，充實富足了漢語詞彙。這些詞藻小部分迄今通用，大部分已經不在生活中應用這些口語，筆墨所載「書面語」更為稀罕。現代人對它們陌生，同文而歧義，只是採用當今熟悉的語義容易產生誤解；今辭典以⊕符號標出「古漢語／中古漢語」，以㊣符號標出「佛典漢語／佛教用語」，提醒閱讀者，方便分辨認識。

　　再者，《佛光大辭典》參照許多部中、日佛教大辭典或者佛學大辭典，擇優編纂完成。當時，有感許多佛法專有名詞的解釋，大部分立足於大乘法門的觀點；按照思想史說，這是中、後期的佛法，是發展中佛教的說法。儻使與早期的

佛法，根本佛教或原始佛教的說法，有些許差異時，應當溯流窮源，辨識「本義」與「引申義」，釐定「實說」與「權說」。參與《佛光大辭典》審核、校稿時，曾經向編修委員會建議，補充早期的佛法、根本佛教或原始佛教的說法。限於人力有所不足，筆者當時還是初學，能力有限，不敢毛遂自薦承擔這般重責大任。《佛光大辭典》出版之後，一直耿耿於懷，無法釋然。

　　現代人應用漢譯《四部阿含》學習佛法，以筆者親身的體驗，遭遇到多重的困境；尋找種種佛學辭典、中文辭典等工具書，往往無法解決疑惑。許多問題是在對讀研究《四部阿含》與《五尼柯耶（pañca nikāyā）》的「相當經」時，得到解答；累積了許多處理過的資料，或許學術界及佛教界都可以用得到。不揣冒昧，向中華佛學研究所提出編著《阿含辭典》工作計畫書，經審查通過，准予做為研究題目。心頭的重石，終於有機會逐漸卸下。當時，工作計畫書的主要項目條列如下：

二、工作目標

1. 協助讀者普遍乃至深入了解漢譯《四部阿含經》，對象為：
　（1）以漢文了解佛法的華人及華裔，
　（2）受漢文化熏陶的東亞各國人士，
　（3）研究東亞文化的歐美乃至全球人士。
2. 輔助了解南傳《五尼柯耶》。
3. 兼顧學術的了解與宗教的實踐。

4. 導引讀者隨順佛教，依法奉行，成就完人。

5. 方便使用辭典。

6. 可當《四部阿含》及《五尼柯耶》的索引使用。

7. 提供資料給相關辭典使用。

8. 根本佛教的佛學活用 。

佛法是活法，佛學是學活。

以無漏戒學，過日常生活。以無漏定學，過宗教生活。以無漏慧學，過覺悟的生活。以正解脫學，過無漏清淨的生活。

從生活中隨緣消業障，解脫惑、業、苦。從生活中，隨緣充實戒、定、慧、解脫、解脫知見等五分法身。從生存中，隨緣相續慧命盡未來際，乃至成佛。

三、主要內容

1. 經名：相當經、參考經，略說其要旨。

2. 名相解釋：佛記說、弟子記說；法說、義說、法次法說。

3. 同一名相，不同經的解說：依經解經（四阿含之間，以及南、北傳之間）。

4. 行法：次第、應用於生活及修持。

5. 同一原文名相的音譯、直譯、意譯。

6. 推測為同一原文法句的不同漢譯。

7. 特殊金句，南、北傳佛經對照。

8. 條目間互相對照發明。

9. 名相、法句在《四部阿含》及《五尼柯耶》的明確出

處。

10. 漢人少用的巴利語、梵語詞彙（印度獨特的風俗、名產）的說明。

11. 古漢語、中古漢語今釋。

12. 難解詞彙的說明。

13. 詞條分類、詞性分析。

14. 漢字形、音、義的辨別。

15. 同一詞條多義、歧義者，以①……乃至㊿標示。

16. 引用三藏章句，付予新式標點符號，協助分析法句、理解法義。

17. 引用《三藏》、《工具書》、「現代著作」資料，注明出處。

18. 電子檔：方便電腦檢索。

19. 結合網路配合Cbeta作多重檢索，名相對照。

20. 紙本：多重索引，方便引得。如王雲五四角號碼、筆劃、注音、羅馬音標等。

四、正文分量

詞條：31,082條❶

字數：Word工具／字數統計：6,737,964字元數（不含空白）

---

❶ 楊郁文後來又再陸續增加，在此之詞條與字數數量為撰寫本〈自序〉初稿時的狀況。

五、編著始末

　　始於1996年11月27日於中華佛學研究所研究員論文發表會，以〈阿含辭典的編制〉為題，提出討論，經所方通過，准予進行寫作。五年間，感謝研究所未曾催促，讓筆者沒有任何壓力下放心編著。初稿將近完成，於2002年11月30日研究員論文發表會，以〈《阿含辭典》編輯體例〉提出工作報告。二十二卷《長阿含經》、六十卷《中阿含經》、五十卷《雜阿含經》及五十一卷《增壹阿含經》等四大部阿含經，依原本計畫完成初步工作，2004年11月13日研究員論文發表會，以　阿含辭典單字詞舉例說明　展現。接受所方建議，十六卷《別譯雜阿含經》，遵循前例，也一併處理。

　　五部阿含的辭典編著，於2006年10月16日完成。方便閱讀者認識清楚各詞彙，加上注音符號、㊎（古漢語／中古漢語）、㊋（佛典漢語／佛教用語）等符號，於2007年3月4日完成。

六、編後感懷

　　首先，感謝中華佛學研究所創辦人 ⊥聖 ⊤嚴法師、李志夫所長、各位老師以及歷屆同學，還有各單位辦事人員，提供美好的環境讓筆者得以研究、教學以及編著辭典。本辭典屬未曾有的早期佛法、早期佛教的專業辭典，獨力歷經十年始成，為了紀念在中華佛學研究所完成，命名為《中華阿含辭典》。

　　本辭典的設計，以提供佛教界信徒應用佛法於生活中為首要。方便學術界學者們研究佛學、佛法為重。兼顧關懷全人類尋覓、實踐解脫道者可以參考使用。

　　事實上，本辭典是筆者為聞、思、修、證一期的佛道，依五部阿含為主，精讀、審思、實用、印證佛法的記錄及心得。深感獲得法饒益，能得自利者，藉以利人，公諸於世，自、他俱利，何樂不為！再者，冀望使用者廣，傳之久遠，筆者再生為人時，才有機會繼續使用，不必具有宿命通力，亦能接續前緣，提供生生世世修學佛道的增上力用。

　　本辭典使用電腦工作，老花眼瞪看螢幕的字跡，頗為吃力。輸入文字時，或者按錯鄰居的鍵，或者按對鍵而選字時選錯比鄰的字，校訂時偶爾發現，可能尚有疏漏的錯字留下。有關第一義諦「實說的法」，一再審訂，不使錯誤發生。世俗諦「權說的法」，因時、因地、因人契機，有種種方便說法的可能；筆者生活經驗狹隘，只說明其中一種說法，或許不善巧，或有誤會，請方家指正！

　　但願諸位讀者與筆者，從本書所得功德，迴向成就阿耨多羅三藐三菩提，莊嚴淨土，成熟眾生！

　　南無本師釋迦牟尼佛！

　　南無佛陀耶！

　　南無達磨耶！

　　南無僧伽耶！

菩薩戒優婆塞

楊郁文

識於 阿含學園

2007/03/15

附錄七　甘露道有聲出版品

	出版年度	名稱	捲數
1	1996	三十七菩提分法的整體性	5
2	1996	見道修道證道的必要性	6
3	1996	慈悲喜捨——高貴良心的次第開展	8
4	1997	阿含道學佛三要（上）、（下）	16
5	1997	生活中的呼吸禪——安那般那念	8
6	1997	生活中的四念處——《佛說念處經》	6
7	1997	佛法的現實性與人間性	8
8	1998	《生活中的緣起》導讀	46
9	1998	阿含研修指南	8
10	1998	根本佛教的善學	8
11	1999	根本佛教的信學（上）、（中）、（下）	24
12	1999	業報的表象和實相——中阿含《分別大業經》	5
13	1999	《長阿含遊行經初分》	30
14	2000	《長阿含遊行經中分》	21
15	2000	自在增上法門——南北傳「根相應」	7
16	2002	成佛之道——三十七菩提分法	7
17	2002	佛教的生命倫理	8
18	2002	到達最上無能勝的修道者——中阿含《五支物主經》	6

19	2003	根本佛教的戒學	7
20	2003	根本佛教的定學（上）、（中）、（下）	22
21	2005	生活中的七覺支	23
22	2005	根本佛教的慧學（一）〔當修習增上慧學〕	8
23	2006	阿含道學佛三要（上）、（下）	16
24	2006	根本佛教的慧學（二）（上）、（下）〔陰法門〕	14

　　目前待出版的，包括根本佛教的慧學（三）至（十一），還有《長阿含遊行經後分》、《學佛法要》導讀、《心如熾火》等。

國家圖書館出版品預行編目資料

楊郁文：其佛法之理解與實踐／黃侃如著. --
　初版. -- 臺北市：法鼓文化，2009.05
　　面；　公分. --（中華佛學研究所論叢；
51）

　　參考書目：面
　　ISBN 978-957-598-465-6(平裝)

1. 楊郁文 2. 學術思想 3. 臺灣傳記 4. 阿
含部

220.933　　　　　　　　　　　98004963

中華佛學研究所論叢 51

楊郁文
——其佛法之理解與實踐

著者／黃侃如
出版者／法鼓文化事業股份有限公司
編輯總監／釋果賢
主編／陳重光
責任編輯／沈宜樺
內頁美編／連紫吟、曹任華
地址／台北市北投區公館路186號5樓
電話／(02)2893-4646　傳真／(02)2896-0731
網址／http://www.ddc.com.tw
E-mail／market@ddc.com.tw
讀者服務專線／(02)2896-1600
初版一刷／2009年5月
初版三刷／2009年6月
建議售價／新台幣480元
郵撥帳號／50013371
戶名／財團法人法鼓山文教基金會—法鼓文化
北美經銷處／紐約東初禪寺
Chan Meditation Center (New York, U.S.A.)
Tel／(718)592-6593　Fax／(718)592-0717

法鼓文化